新工会会计制度讲解与操作指南

（附制度原文）

郭云波　胡兴华　编著

中国财经出版传媒集团
中国财政经济出版社

图书在版编目（CIP）数据

新工会会计制度讲解与操作指南 / 郭云波，胡兴华编著. -- 北京：中国财政经济出版社，2021.8（2024.9重印）

ISBN 978-7-5223-0633-9

Ⅰ.①新… Ⅱ.①郭… ②胡… Ⅲ.①工会－会计制度－中国－指南 Ⅳ.①D412.67-62

中国版本图书馆CIP数据核字（2021）第132150号

责任编辑：尉　敏　　　　责任校对：胡永立

封面设计：卜建辰　　　　责任印制：史大鹏

新工会会计制度讲解与操作指南

XINGONGHUI KUAIJI ZHIDU JIANGJIE YU CAOZUO ZHINAN

中国财政经济出版社 出版

URL：http：//www.cfeph.cn

E-mail：cfeph @cfemg.cn

社址：北京市海淀区阜成路甲28号　邮政编码：100142

营销中心电话：010-88191522

天猫网店：中国财政经济出版社旗舰店

网址：https：//zgczjjcbs.tmall.com

北京中兴印刷有限公司印刷　　各地新华书店经销

成品尺寸：170mm × 240mm　16开　27.5印张　395 000字

2021年8月第1版　2024年9月北京第9次印刷

定价：98.00元

ISBN 978-7-5223-0633-9

（图书出现印装问题，本社负责调换，电话：010-88190548）

本社质量投诉电话：010-88190744

打击盗版举报热线：010-88191661　QQ：2242791300

PREFACE 前言

现行《工会会计制度》(财会〔2009〕7号)自2010年1月1日施行以来，在加强工会预算管理、规范工会核算工作、提高工会会计信息质量等方面发挥了重要作用。但随着我国工会事业的蓬勃发展，工会财务改革向深度和广度持续推进，工会财务管理目标发生较大变化，现行《工会会计制度》已不能满足工会会计核算的新要求，有必要对其进行全面修订。为此，财政部于2021年4月14日发布了新《工会会计制度》(财会〔2021〕7号)(以下称新制度)，自2022年1月1日起施行。

本次《工会会计制度》修订，在会计科目、收入核算、支出核算、资产核算、结转结余核算等方面发生了较大变化，为了引导和帮助广大工会会计实务工作者全面理解、准确掌握新制度修订的背景、修订的内容及重大变化等，做好新旧会计制度衔接工作，推动新制度顺利落地实施，提高工会组织的会计核算水平和会计信息质量，满足新时代工会财务管理工作需要，我们编写了本书，力求通过简洁明了的阐释、丰富的案例，为广大工会实务工作者答疑解惑，提供参考和帮助。

本书的特点是：

1. 内容完整。本书内容全面、结构完整，以新制度为标准，以会计核算为核心，紧跟相关最新政策，既有工会会计制度相关理论，又有各级工会经济业务事项的会计实务处理，最后直至财务报表，对工会会计的全面业务有充分阐述。

2.实用性强。本书紧密结合本次制度修订的重大变化，区分基层工会和县级以上工会，采用“文字+表格”的形式，对新制度有关会计科目核算内容及主要经济业务事项账务处理进行了详细解读，并辅之于丰富详实的案例，具有很强的实操指导性。

本书适用于各级工会组织的高层管理人员、会计主管人员、会计人员和有志于对工会会计领域进行学习和研究的其他人士，可作为新制度实施的工具用书、广大工会会计实务工作者不断提升核算水平的参考书，也可作为工会会计人员的学习教程。

本书由郭云波同志牵头组织编写，全书的编写、校对、总审与定稿由郭云波、胡兴华两位同志共同完成。在本书编写过程中，得到了中国财政经济出版社编辑尉敏的全程指导与鼎力支持，也得到了王崇、张小文等专家及姜娜、顿巨爽、宫庆伟、童雨婷、于洁、叶潇璐、童雨阳、冯小丽、王希文、邹桂芸等基层会计工作者的支持和帮助，在此一并表示衷心地感谢。

虽然我们尽了最大的努力，但由于水平有限，书中难免有疏漏与错误，敬请广大读者批评指正。

编者

2021年7月5日

CONTENTS

目录

第一篇　概述篇

第二篇　会计核算篇

01

第一篇

概述篇

第一章
工会会计制度概述

中国工会是中国共产党领导的职工群众自愿结合的工人阶级群众组织，是党联系职工群众的桥梁和纽带，是国家政权的重要社会支柱，是会员和职工利益的代表。工会的基本职责是维护广大职工的合法权益，表达和维护广大职工群众利益是工会一切工作的出发点和落脚点。由于工会是独立的社团组织，《中华人民共和国工会法》(以下简称《工会法》)中明确规定了工会经费应当进行独立管理。因此，根据工会的性质和业务特点，需要有专门的会计制度来规范全国各级工会组织的会计行为。

第一节　工会会计概述

中国工会会计是伴随着中国工会运动的兴起、工会组织的建立以及工会活动的开展而产生和发展起来的。1950年颁布的《工会法》第一次从法律上明确了工会独立管理经费的原则，时至今日，中国工会已经形成了一整套工会会计核算管理体系，涉及工会经费收入、管理、使用、监督等各个方面。

一、工会会计工作的特点

作为职工自愿结合的工人阶级的群众组织，工会是为广大职工服务的，其从事的活动都是非营利性活动。由于工会组织的职能与活动特性，决定了工会会计属于非营利组织会计体系，但和其他非营利组织比较，工会的职能和业务活动存在特殊性，主要表现在：

（一）独立的经费管理体制

《工会法》第四十二条规定，工会经费使用的具体办法由中华全国总工会制定。《工会法》第四十四条规定，工会应当根据经费独立原则，建立预算、决算和经费审查监督制度。按照工会组织体制，实行“统一领导、分级管理”的工会财务会计管理体制。

（二）法定的经费来源

工会履行职能的经费来源有法律规定的渠道。《工会法》第四十二条对工会经费的来源做出了明确规定：一是工会会员缴纳的会费；二是建立工会组织的企业、事业单位、机关按每月全部职工工资总额的百分之二向工会拨缴的经费；三是工会所属的企业、事业单位上缴的收入；四是人民政府的补助；五是其他收入。与之相对应，工会经费的使用应做到量入为出、保证重点。

（三）明确的工会经费用途

根据《工会法》第四十二条“工会经费主要用于为职工服务和工会活动”。工会经费的使用必须与其职能相一致，经费使用过程中始终贯穿“服务职工、面向工会”的原则。因此，工会组织的非营利性有其特殊性，已有的非营利组织会计规范难以反映工会业务活动的实质。

总之，工会会计属于专业会计，它既体现了会计规范应由国家统一制定和管理的制度理念，同时，也兼顾工会组织自身的业务实际，确保工会会计业务的真实和完整。工会会计核算必须以工会自身的经济活动为基础，并按照《工会会计制度》的要求，选择适当的会计方法，公允报告工会业务活动。

二、工会会计管理体系的原则和级次

（一）工会会计管理体系的原则

工会会计是核算、反映、监督工会预算执行和经济活动的专业会计。工会应依法建立独立的会计核算管理体系，与工会预算管理体制相适应。县级以上工会应当设置会计机构，配备专职会计人员。基层工会应当根据会计业务的需要设置会计机构或者在有关机构中设置会计人员并指定会计主管人员；不具备设置条件的，应当委托经批准设立从事代理记账业务的中介机构代理记账，或者采取国务院财政部门认可的其他方式组织本单位的会计工作。

《中国工会章程》第三十七条规定实行“统一领导、分级管理”的财务体制。因此，“统一领导、分级管理”是确定工会财务会计管理体制的原则。

“统一领导”是指全国总工会对全国各级工会的财务工作实行统一领导，通过制定统一的工会财务工作方针、政策，统一的财务制度和纪律，各级工会组织及其所属单位要严格执行各项规章制度，以保证工会组织的完整性和统一性。

“分级管理”是指在全国总工会统一制定的财会工作政策、制度、纪律的制约下，对地方总工会和按产业系统管理经费的产业工会，确定财务管理层级、经费分成比例以及各层级工会财务管理的职责权限。

（二）工会会计核算管理的层级

工会会计核算管理层级是根据工会组织体制划分的工会会计核算管理的层面（级次）。《中国工会章程》第十一条规定：“中国工会实行产业和地方相结合的组织领导原则。”根据上述组织领导原则，全国工会财务管理层级实行的是五级经费管理单位。具体管理层级为：

1.全国总工会为一级经费管理单位。

2.省、自治区、直辖市总工会和按产业系统独立管理经费的全国性产业工会为二级经费管理单位，全国共36个。其中：31个为省级地方工会，3个为按产业系统为主实行垂直管理的全国性产业工会（铁路、民航、金融），2个为中央机关工会联合会（中央国家机关、中直机关工会联合会）。

3.地市（州、盟）级总工会或垂直管理经费的省级产业工会为三级经费管理单位。

4.县（旗、市）级工会或垂直管理经费的地市级产业工会为四级经费管理单位。

5.基层工会为五级经费管理单位。

三、工会会计的职能

工会会计的职能是指工会会计固有的功能，它与工会组织的经济活动密切相关。工会会计的职能主要表现为以下两个方面：

（一）核算职能

核算职能是工会会计最基本的职能。通过核算，对工会预算执行过程的预算收入、支出和资金活动连续、全面、系统地记录下来，真实提供预算信息，反映预算的执行结果。

（二）监督职能

会计监督职能就是按照一定的目的和要求，利用会计核算提供的信息，对单位经济活动进行控制，以达到预定目标的职能。工会会计监督就是按照工会预算收支计划，按照国家财经纪律的相关规定和工会有关文件、政策，对经济业务进行严格的审查、核对，以保证每一笔经济业务的合法性、合理性和有效性。对于违纪违规的财务收支行为，工会会计人员有权拒绝办理，从而达到用好、管好工会资金的目的。

四、工会会计的作用

工会会计的基础是基层工会工作，基层工会组织会员、职工的各项活动都是以基层工会会计工作顺利开展为前提的，基层工会会计的作用主要有物质保证作用、维权作用、密切联系群众作用和保证工会事业发展的作用。

（一）物质保证

工会会计的物质保证是基层工会开展活动的基础，基层工会开展群众性劳动竞赛、提合理化建议活动、技术革新、技术比武，兴办为职工服务的“三产”、开展送温暖、帮助下岗职工再就业、提高职工文化技术素质、协调劳动关系、开展各种文体、宣传活动，都离不开工会经费的支撑。也就是说，只有工会会计工作顺利进行，工会活动才有可靠的物质保证和经济来源。

（二）维权

工会会员以及非工会会员的个人利益保障活动，需要基层工会组织作为坚强后盾，工会组织则需要资金实力作支撑。随着企业改制、转制，各种经济成分的发展，由劳动关系引起的矛盾、冲突日益增多，摆在各级工会面前的重要任务，就是在支持改革的前提下，积极维护职工群众的正当权益、协调劳动关系，积极为职工群众排忧解难，这一切都需要工会有一定的经济实力。基层工会会计工作做好了，工会经费来源有了保障，就能为维护职工的正当权益提供物质基础。

（三）密切联系群众

依靠广大职工群众，密切联系群众，是工会经费渠道畅通的主要方法。工会经费来自基层和会员群众，工会资金的筹集、分配、使用过程中，都依靠广大职工群众。同时，经费的收支、使用又置于职工群众的监督之下，向职工群众公布工会经费收支状况，共同管好、用好工会经费能使会员及职工真正感受到工会是自己的组织，以此还能增强工会的吸引力和凝聚力。

（四）保证工会事业发展

全国总工会和地方各级工会机关的经费主要来自于基层工会上解经费，基层工会会计工作的好坏，直接影响到上级工会工作的开展，直接关系到整个中国工会事业的兴衰成败，因此，各级基层工会组织一定要重视会计工作的重要作用。

第二节　工会会计制度修订概述

工会会计是核算、反映、监督工会预算执行和经济活动的专业会计。工会依法建立独立的会计核算管理体系，与工会预算管理体制相适应。

从1999年1月1日起，工会系统开始执行一系列财务会计制度规定，包括《工会预算管理办法》《工会会计制度》《基层工会经费使用管理办法》《工会事业单位财务制度》《工会事业单位会计制度》，并印发了有关问题的解释和说明，进而形成了具有工会特色、科学规范的管理型工会会计模式。

为最大限度发挥工会经费在实现工会职能、保障工会工作重点、突出工会工作特色方面的重要功能，适应工会经费拨缴方式、业务活动内容等方面的变化，从2014年以来，全国工会系统陆续印发了《工会预算管理办法》《基层工会经费使用管理办法》《基层工会预算管理办法》《关于全面实施预算绩效管理的实施意见》等一系列财务管理制度规定，对工会财务管理提出了更新、更高的要求，但现行的《工会会计制度》已不能满足新时代工会财务管理和会计核算的新要求，因此，亟需对其进行修订。

一、工会会计制度修订的背景和意义

现行的《工会会计制度》自2010年1月1日实施以来，在加强工会预算管理、规范工会核算工作、提高工会会计信息质量等方面发挥了重要作用。

但随着我国工会事业的蓬勃发展，工会财务改革向深度和广度持续推进，工会财务管理体制发生较大变化，现行《工会会计制度》已不能满足工会会计核算的新要求，有必要对其进行全面修订。

（一）与工会有关规章制度相协调，服务工会财务管理的需要

近年来，中华全国总工会先后修订或制定了多项涉及工会经费收支管理、工会预决算管理等的制度办法。如2017年印发的《基层工会经费收支管理办法》（总工办发〔2017〕32号）和2020年印发的《基层工会预算管理办法》（总工办发〔2020〕29号），对基层工会经费管理和收支行为进行了规范；2019年印发的《工会预算管理办法》（总工办发〔2019〕26号），规定工会支出预算应按基本支出和项目支出进行编制，同时对工会结转结余资金的使用作出要求；2020年印发的《工会预算稳定调节基金管理暂行办法》（总工办发〔2020〕28号），对工会预算稳定调节基金的设置、补充及使用作出规范。上述规章制度对工会会计核算提出了新要求，因此，需要对《工会会计制度》科目设置等方面的有关规定进行修订，以便与相关制度办法相协调，与现有财务管理体系相衔接。

（二）解决新形势下的新业务需要，提高工会会计信息质量的需要

随着经济社会的持续发展以及新业务的出现，现行《工会会计制度》在某些方面不能满足工会会计核算的需要，如在“工会+互联网”新形势下，信息化网络建设中购置和开发形成的信息软件等无形资产无法核算；资产不计提折旧，资产价值无法得到真实反映；基本建设项目未纳入大账，会计信息的完整性有待提高；支出科目核算内容表述较为笼统，一定程度上缺乏实务指导性等。因此，需要对有关工会业务的会计处理进一步补充或明确，以提高《工会会计制度》的适用性。

（三）规范财政拨款收支余核算，提高财政拨款决算报告编报质量的需要

按照《工会法》规定，工会的经费来源包括人民政府的补助。实务中，各级人民政府财政部门每年可安排财政资金预算用于支持和保障同级工会的重点工作，工会需就财政拨款的使用向政府部门提供决算信息。现行《工会

会计制度》未能将财政拨款和其他工会经费的使用做出明确区分，支出科目体系也未与政府收支分类科目相衔接，财政拨款决算报告编制难度较大，准确性有待提高。因此，需要更准确地核算财政拨款的收支余情况，提高财政拨款决算报告的编报质量。

（四）突出工会工作特色，满足各级工会不同业务特点的需要

截至目前，全国工会组织中99%以上均为基层工会。基层工会业务简单，多为基本的收支管理，多方呼吁在不影响会计信息质量的前提下，简化基层工会会计科目和报表，以适应基层工会实际情况，切实减轻基层会计人员负担。而县级以上工会业务相对复杂，兼具组织收入、平衡不同预算年度收支的职能，具有较高的财务管理要求，需要对相关会计处理进行补充和完善。

二、工会会计制度修订的原则

《工会会计制度》修订主要遵循了以下原则：

一是依法依规。以《中华人民共和国会计法》《中华人民共和国工会法》为依据，充分考虑工会预决算管理、资产管理、工会经费管理等制度规定，与工会现有财务管理规章制度相协调。

二是问题导向。着力解决工会会计核算中存在的不满足实际需要的问题和新需求产生的问题，满足新时期下工会预决算管理、资金管理、资产管理等需要。此外，充分考虑工会财政拨款核算与政府部门信息需求的衔接，满足财政拨款决算报告编制需要。

三是继承发展。立足《工会会计制度》执行情况和工会财务管理现状，充分继承原制度中合理的内容，适当借鉴政府会计准则制度的相关改革理念，根据工会改革发展需要进行修改和完善，确保新修订的《工会会计制度》既能满足改革需要，又能平稳过渡、稳步实施。

四是务实简化。工会管理层级复杂，99%以上为业务简单的基层工会。在满足管理需求的前提下，考虑到基层工会会计工作基础、会计人员接受程

度，对基层工会会计处理和报表进行简化，力求在科目设置上做到简单易行、方便操作。

三、工会会计制度修订的主要内容

新《工会会计制度》充分继承了原制度中合理的一般原则及科目设置等内容，沿用了原制度的5个会计要素，同时考虑到工会会计核算主要服务预算管理，工会组织中基层工会占比在99%以上且资金规模小、业务简单等现实原因，会计处理仍以收付实现制为基础，权责发生制为补充。

本次《工会会计制度》修订的主要内容体现在以下六个方面：

（一）根据工会财务规章制度，对会计科目进行调整

为了保持科目设置和财务管理制度的协调一致，本次修订根据《工会预算管理办法》及其他工会财务管理制度规定，对部分会计科目进行了调整，主要包括：一是因相关财务管理制度规定已废止，删除“专用基金”下的“增收留成基金”“财务专用基金”明细科目；二是根据全国总工会不再计提后备金的有关要求，删除“后备金”科目；三是根据《工会预算管理办法》及相关财务管理规定，对收支科目的设置、名称、核算内容等进行调整，将工会结余资金分为结转、结余资金分别进行核算；四是根据《工会预算稳定调节基金管理暂行办法》，增设“预算稳定调节基金”相关科目和报表项目等。

（二）根据工会实务需要，对科目设置和账务处理进行调整

根据近年来工会业务的发展和核算需求，本次修订增加部分科目以满足实务核算需要，主要包括：一是增加对支出明细科目核算内容的表述，增强制度的指导性；二是针对基层工会和县级以上工会，分别设置会计科目表，满足不同层级工会的业务核算需求；三是增设“无形资产”“待处理财产损溢”“长期待摊费用”“累计折旧”“累计摊销”科目，满足工会真实反映资产价值、加强资产管理的需要；四是调整资产基金的核算内容，将库存物

品、无形资产、长期待摊费用占用净资产也纳入资产基金核算等。

（三）细化财政拨款收支核算，与政府会计相衔接

为了简化县级以上工会在编制财政拨款决算报告时的数据提取流程，提高财政拨款决算报告编报质量，本次修订对财政拨款相关科目进行了调整：一是将“政府补助收入”科目细分为财政拨款收入、非同级财政拨款收入进行明细核算；二是要求县级以上工会在支出类科目下按照“财政拨款”和“工会资金”进行明细核算，同时在“财政拨款”明细科目下按照预决算管理要求进一步明细核算；三是增设“财政拨款结转”“财政拨款结余”科目，准确核算财政拨款的结转结余情况。通过上述调整，使工会财政拨款的收支余核算与政府会计制度相衔接，提高财政拨款决算报告编报质量。

（四）借鉴政府会计准则制度，充分吸收先进理念

在考虑工会财务管理特点的基础上，本次修订充分吸收了政府会计改革的先进理念，主要包括：一是对资产和负债要素的定义及确认条件进行了调整，使其更加适应工会真实完整反映资产负债等情况的需求；二是为满足工会对不同方式形成资产的定价需要，引入了政府会计准则制度中资产计价的相关内容；三是规定工会的基本建设项目纳入工会大账核算，提高工会会计信息的完整性；四是适当引入成本绩效管理的相关理念，设置“累计折旧”“长期待摊费用”等科目，并设置了成本费用表，为县级以上工会的成本管理奠定基础等。

（五）根据资产管理规定，对工会的资产进行区分

根据《关于各级总工会及所属事业单位资产产权界定问题的通知》（财行〔2008〕82号），各级总工会及所属事业单位的资产应分为工会资产和国有资产进行管理。为了与资产管理有关规定保持衔接，新《工会会计制度》中明确，县级以上工会应当根据实际情况在资产类科目下设置“国有资产”“工会资产”明细科目，分别核算工会依法确认的国有资产和工会资产；对于同时使用财政拨款和工会资金购建的资产，应当设置备查簿登记

资金来源及其金额和比例，以更好地满足行政事业性国有资产报告等工作需要。

（六）适当简化，提高《工会会计制度》适用性

为提高制度适用性，新《工会会计制度》相关内容进行了简化处理，主要包括：一是将基层工会主要适用的会计科目从42个精简到24个，同时规定基层工会依法开展的特殊业务可以按照县级以上工会会计科目进行会计处理，满足基层工会共性和个性的需求；二是在会计报表方面，删除“往来款项明细表”“经费收缴情况表”，切实减轻工会会计人员的工作量；三是对拨缴经费收入的核算基础进行了部分调整，仅在年末存在应收未收经费时采用权责发生制，其余时点均采用收付实现制，保证收入会计处理与预算执行的一致性，简化实务操作；四是将“应付工资（离退休费）”“应付地方（部门）津贴补贴”“应付其他个人收入”科目合并为“应付职工薪酬”科目，将“固定基金”“在建工程占用资金”“投资基金”等非货币性资产占用净资产合并为“资产基金”科目等。

第二章
工会会计相关理论

第一节　工会会计核算基本理论

一、工会会计核算的基本前提

会计核算前提也称会计假设，是组织工会会计核算工作必须具备的前提条件。工会会计核算的基本前提包括会计主体、持续经营、会计分期和货币计量。

（一）会计主体

会计主体，是指会计确认、计量、记录和报告的空间范围，也是会计为之服务的特定单位或组织。会计主体假设从空间上明确和界定了会计活动的范围，解决了会计为谁核算、为谁记账的问题。对工会会计主体而言，会计核算的主体就是各级工会，包括基层工会及县级以上（含县级，下同）工会。

《工会会计制度》第四条规定，工会应当对其自身发生的经济业务或者事项进行会计处理和报告。

（二）持续经营

持续经营是指会计主体在可预见的未来，会按照当前的规模和状态继续经营下去，不会破产，也不会大规模削减业务。对工会会计而言，持续经营假设明确了工会会计核算的时间范围和内容范围，因为只有在工会各项业务活动能够持续运行的前提下，其资金才会不断地进行运动，才能持续不断地发生各种经济业务，会计核算才会有其核算的内容。

《工会会计制度》第五条规定，工会会计处理应当以工会的持续运行为前提。

（三）会计分期

会计分期，是指在会计主体持续运行的过程中，人为地将其划分为一个个连续的、长短相同的期间，据以分期结算账目，按期编报财务报告，从而及时向财务报告使用者提供各期间的财务状况信息。会计期间假设是持续经营的必要补充，有了会计分期前提，才有了期初、期末、本期、非本期的区分。

《工会会计制度》第六条规定，工会会计处理应当划分会计期间，分期结算账目和编制会计报表。会计期间至少分为年度和月度。会计年度、月度等会计期间的起讫日期采用公历日期。

（四）货币计量

货币计量，是指会计主体在会计确认、计量和报告时，应当采用统一的货币单位作为计量标准。货币是商品的一般等价物，是衡量一般商品价值的共同尺度。但是，需要注意的是，会计核算只限于能够用货币来计量的经济活动。

《工会会计制度》第七条规定，工会会计处理应当以货币计量，以人民币作为记账本位币。

二、工会会计核算基础

会计核算基础是指会计主体在确认和处理一定会计期间的收入和费用

时选择的处理原则和标准。会计核算的基础有两种：权责发生制和收付实现制。

（一）权责发生制和收付实现制

1. 权责发生制

权责发生制，是指以取得收取款项的权利或支付款项的义务为标志来确定本期收入和费用的会计核算基础。凡是当期已经实现的收入和已经发生的或应当负担的费用，不论款项是否收付，都应当作为当期的收入和费用；凡是不属于当期的收入和费用，即使款项已在当期收付，也不应当作为当期的收入和费用。

2. 收付实现制

收付实现制，是指以现金的实际收付为标志来确定本期收入和支出的会计核算基础。凡在当期实际收到的现金收入和支出，均应作为当期的收入和支出；凡是不属于当期的现金收入和支出，均不应当作为当期的收入和支出。

（二）工会会计核算的基础

新《工会会计制度》第八条规定，工会会计处理一般采用收付实现制，部分经济业务或者事项应当按照本制度的规定采用权责发生制。也就是说，修订后的《工会会计制度》以收付实现制为基础，权责发生制为补充。

三、工会会计信息质量要求

会计信息质量要求是对工会会计所提供的会计信息的基本要求，也是会计信息满足其所有信息使用者的需求的特征总和。根据新《工会会计制度》规定，工会会计信息质量要求主要有以下几方面：

（一）相关性

相关性原则要求会计核算所提供的会计信息应当有助于信息使用者正确

做出经济决策，会计所提供的信息与经济决策相关。新《工会会计制度》第十六条规定，工会提供的会计信息应当符合工会管理工作的要求，满足会计信息使用者的需要，满足本级工会加强财务管理的需要。

（二）客观性

客观性原则要求工会会计核算所提供的信息必须客观真实地记录、反映各级工会组织的收入、支出状况及结果。新《工会会计制度》第十七条规定，工会应当以实际发生的经济业务或者事项为依据进行会计处理，如实反映工会财务状况和收支情况等信息，保证会计信息真实可靠、内容完整。

（三）明晰性

明晰性原则要求会计核算与会计报告必须按照制度的统一要求进行，做到内容一致、格式统一、程序规范。新《工会会计制度》第十八条规定，工会提供的会计信息应当清晰明了，便于理解和使用。

（四）可比性

可比性原则要求会计核算应当按照规定的处理方法进行，做到同一单位在不同的会计期间的会计处理方法保持一致，不得随意变更。但是，如果与原有方法相关的因素发生变化，如新的会计制度出现或者原有方法不能合理反映经济业务时，可以对方法进行变更，但需要说明变更的理由及其影响。《工会会计制度》第十九条规定，工会会计处理应当采用规定的会计政策，前后各期一致，不得随意变更，以确保会计信息口径一致，相互可比。

（五）重要性

重要性原则要求在进行会计核算时，对重要的经济业务应单独反映，而对不重要的经济业务可以合并处理。重要性的界定可以有两个方面，一是性质上很重要，如现金、银行存款，尽管金额可能不大，但属于十分重要的资产项目，因此在核算时要单独处理；二是金额上很重要，一般情况下，发生频率高、金额较大的业务都属于重要的经济业务，需要单独反映，以满足会计信息使用者的决策需要。《工会会计制度》第二十条规定，工会会计处理应当遵循重要性原则。对于重要的经济业务或者事项，应当单独反映。

（六）及时性

及时性原则要求会计主体应在经济业务发生后及时进行会计处理和报告，以便信息使用者及时利用会计信息。《工会会计制度》第二十一条规定，工会应当对已经发生的经济业务或者事项及时进行会计处理和报告，不得提前或者延后。

（七）专款专用原则

专款专用原则要求会计核算时，对有明确用途的资金必须专款专用、专门核算，单独反映，不得将资金挪作它用。《工会会计制度》第二十二条规定，工会应当对指定用途的资金按规定的用途专款专用，并单独反映。

四、工会会计要素

会计要素是对会计对象进行的基本分类，是会计核算对象的具体化，也是组成会计报表的基本单位。我国新《工会会计制度》规定，工会会计要素包括：资产、负债、净资产、收入和支出。其平衡公式为：资产=负债+净资产。

（一）资产

资产是工会过去的经济业务或者事项形成的，由工会控制的，预期能够产生服务潜力或者带来经济利益流入的经济资源。工会的资产按照流动性划分，可以分为流动资产和非流动资产。

流动资产是指预计在1年内（含1年）变现或者耗用的资产，主要包括货币资金、应收款项和库存物品等。货币资金包括库存现金、银行存款等。应收款项包括应收上级经费、应收下级经费和其他应收款等。应收上级经费是本级工会应收未收的上级工会应拨付（或转拨）的工会拨缴经费和补助。应收下级经费是县级以上工会应收未收的下级工会应上缴的工会拨缴经费。

其他应收款是工会除应收上下级经费和补助以外的其他应收及暂付款项。库存物品指工会取得的将在日常活动中耗用的材料、物品及达不到固定资产标准的工具、器具等。

非流动资产是指流动资产以外的资产，主要包括在建工程、固定资产、无形资产、投资和长期待摊费用等。在建工程是工会已经发生必要支出，但尚未交付使用的建设项目工程。固定资产是指工会使用年限超过1年（不含1年），单位价值在规定标准以上，并在使用过程中基本保持原有物质形态的资产，一般包括：房屋及构筑物，专用设备，通用设备，文物和陈列品，图书、档案，家具、用具、装具及动植物。无形资产是指工会控制的没有实物形态的可辨认非货币性资产，包括专利权、商标权、著作权、土地使用权、非专利技术等。投资是指工会按照国家有关法律、行政法规和工会的相关规定，以货币资金、实物资产等方式向其他单位的投资。长期待摊费用是工会已经支出，但应由本期和以后各期负担的分摊期限在1年以上（不含1年）的各项支出。

（二）负债

负债是指工会过去的经济业务或者事项形成的，预期会导致经济资源流出的现时义务。工会的负债包括应付职工薪酬、应付款项等。应付款项包括应付上级经费、应付下级经费和其他应付款。

应付职工薪酬是工会按照国家有关规定应付给本单位职工及为职工支付的各种薪酬，包括基本工资、国家统一规定的津贴补贴、规范津贴补贴（绩效工资）、改革性补贴、社会保险费（如职工基本养老保险费、职业年金、基本医疗保险费等）和住房公积金等。

应付上级经费指本级工会按规定应上缴上级工会的工会拨缴经费。

应付下级经费指本级工会应付下级工会的各项补助以及应转拨下级工会的工会拨缴经费。

其他应付款指除应付上下级经费之外的其他应付及暂存款项，包括工会按规定收取的下级工会筹建单位交来的建会筹备金等。

（三）净资产

净资产是指工会的资产减去负债后的余额，包括资产基金、专用基金、工会资金结转、工会资金结余、财政拨款结转、财政拨款结余和预算稳定调节基金。

资产基金指工会库存物品、固定资产、无形资产、在建工程、投资和长期待摊费用等非货币性资产在净资产中占用的金额。

专用基金指县级以上工会按规定依法提取和使用的有专门用途的基金。

工会资金结转是指工会预算安排项目的支出年终尚未执行完毕或者因故未执行，且下年需要按原用途继续使用的工会资金。

工会资金结余是指工会年度预算执行终了，预算收入实际完成数扣除预算支出和工会结转资金后剩余的工会资金。

财政拨款结转是指县级以上工会预算安排项目的支出年终尚未执行完毕或者因故未执行，且下年需要按原用途继续使用的财政拨款资金。

财政拨款结余是指县级以上工会年度预算执行终了，预算收入实际完成数扣除预算支出和财政拨款结转资金后剩余的财政拨款资金。

预算稳定调节基金是县级以上工会为平衡年度预算按规定设置的储备性资金。

（四）收入

收入是指工会根据《工会法》以及有关政策规定开展业务活动所取得的非偿还性资金。收入按照来源分为会费收入、拨缴经费收入、上级补助收入、政府补助收入、行政补助收入、附属单位上缴收入、投资收益和其他收入。

会费收入指工会会员依照规定向基层工会缴纳的会费。

拨缴经费收入指基层单位行政拨缴、下级工会按规定上缴及上级工会按规定转拨的工会拨缴经费中归属于本级工会的经费。

上级补助收入指本级工会收到的上级工会补助的款项，包括一般性转移支付补助和专项转移支付补助。

政府补助收入指各级人民政府按照《工会法》和国家有关规定给予县级以上工会的补助款项。

行政补助收入指基层工会取得的所在单位行政方面按照《工会法》和国家有关规定给予工会的补助款项。

附属单位上缴收入指工会所属的企事业单位按规定上缴的收入。

投资收益指工会对外投资发生的损益。

其他收入指工会除会费收入、拨缴经费收入、上级补助收入、政府补助收入、行政补助收入、附属单位上缴收入和投资收益之外的各项收入。

（五）支出

支出是指工会为开展各项工作和活动所发生的各项资金耗费和损失。支出按照功能分为职工活动支出、职工活动组织支出、职工服务支出、维权支出、业务支出、行政支出、资本性支出、补助下级支出、对附属单位的支出和其他支出。

职工活动支出指基层工会开展职工教育活动、文体活动、宣传活动、劳模疗休养活动、会员活动等发生的支出。

职工活动组织支出指县级以上工会组织开展职工教育活动、文体活动、宣传活动和劳模疗休养活动等发生的支出。

职工服务支出指工会开展职工劳动和技能竞赛活动、职工创新活动、建家活动、职工书屋、职工互助保障、心理咨询等工作发生的支出。

维权支出指工会用于维护职工权益的支出，包括劳动关系协调、劳动保护、法律援助、困难职工帮扶、送温暖和其他维权支出。

业务支出指工会培训工会干部、加强自身建设及开展业务工作发生的各项支出。

行政支出指县级以上工会为行政管理、后勤保障等发生的各项日常支出。

资本性支出指工会从事建设工程、设备工具购置、大型修缮和信息网络购建等而发生的实际支出。

补助下级支出指县级以上工会为解决下级工会经费不足或根据有关规定给予下级工会的各类补助款项。

对附属单位的支出指工会按规定对所属企事业单位的补助。

其他支出指工会除职工活动支出、职工活动组织支出、职工服务支出、维权支出、业务支出、行政支出、资本性支出、补助下级支出和对附属单位的支出以外的各项支出。

第二节　政府收支分类与国库集中收付

一、政府收支分类概述

（一）政府收支分类的概念

政府收支分类，就是对政府收入和支出进行类别和层次划分，以全面、准确、清晰地反映政府收支活动。政府收支分类科目，也称为预算科目，是政府收支分类的具体项目。政府收支分类科目是编制政府预决算、组织预算执行以及预算单位进行会计明细核算的重要依据。

（二）政府收支分类科目体系

我国的政府收支分类科目体系包括“收入分类”“支出功能分类”和“支出经济分类”三部分。

1. 收入分类

收入分类主要反映政府收入的来源和性质，说明政府的钱是从哪里来的。收入分类设类、款、项、目四级科目。根据财政部制定的《2020年政府收支分类科目》，一般公共预算收入分类科目的类级科目包括4个，即税收收入、非税收入、债务收入、转移性收入。

（1）税收收入。税收收入下设20个款级科目，具体是：增值税、消费税、企业所得税、企业所得税退税、个人所得税、资源税、城市维护建设税、房产税、印花税、城镇土地使用税、土地增值税、车船税、船舶吨税、车辆购置税、关税、耕地占用税、契税、烟叶税、环境保护税、其他税收收入。款以下还相应设有项、目级科目，此处略。

（2）非税收入。非税收入下设8个款级科目，具体是：专项收入、行政事业性收费收入、罚没收入、国有资本经营收入、国有资源（资产）有偿使用收入、捐赠收入、政府住房基金收入、其他收入。款以下还相应设有项、目级科目，此处略。

（3）债务收入。债务收入下设2个款级科目，具体是：中央政府债务收入、地方政府债务收入。款以下还相应设有项、目级科目，此处略。

（4）转移性收入。转移性收入下设9个款级科目，具体是：返还性收入、一般性转移支付收入、专项转移支付收入、上解收入、上年结余收入、调入资金、债务转贷收入、接受其他地区援助收入、动用预算稳定调节基金。款以下还相应设有项、目级科目，此处略。

2. 支出功能分类

支出功能分类主要根据政府职能进行分类，反映政府支出的内容和方向，表明政府支出用在了哪些领域。支出功能分类设置类、款、项三级科目。总体来说，支出功能分类的类、款、项科目主要根据政府职能，按由大到小、由粗到细分层次设置。其中：类级科目反映政府主要职能，款级科目反映政府履行某项职能所要从事的主要活动，项级科目反映某活动下的具体事项。

新《工会会计制度》明确要求，从同级政府财政部门取得财政拨款的县级以上工会，除“安排预算稳定调节基金”科目外，还应当在其他各支出类科目下根据资金来源按照“财政拨款”“工会资金”进行明细核算；同时，在“财政拨款”明细科目下按照《政府收支分类科目》中“支出功能分类科目”的项级科目进行明细核算。

根据财政部制定的《2020年政府收支分类科目》，支出功能分类科目的类级科目包括27个，详见表2-1。类以下还相应设有款、项级科目，详见二维码。

表2-1　　一般公共预算支出功能分类科目

类级科目		类级科目	
科目代码	科目名称	科目代码	科目名称
201	一般公共服务支出	216	商业服务业等支出
202	外交支出	217	金融支出
203	国防支出	219	援助其他地区支出
204	公共安全支出	220	自然资源海洋气象等支出
205	教育支出	221	住房保障支出
206	科学技术支出	222	粮油物资储备支出
207	文化旅游体育与传媒支出	224	灾害防治及应急管理支出
208	社会保障和就业支出	227	预备费
210	卫生健康支出	229	其他支出
211	节能环保支出	230	转移性支出
212	城乡社区支出	231	债务还本支出
213	农林水支出	232	债务付息支出
214	交通运输支出	233	债务发行费用支出
215	资源勘探工业信息等支出		

注：类以下还相应设有款、项级科目，此处略。

一般公共预算支出功能分类科目

3. 支出经济分类

支出经济分类主要反映政府各项支出的经济性质和具体用途，是在支出功能分类的基础上，用于某个领域支出的再细分。按照简便、实用的原则，支出经济分类设类、款两级科目。支出经济分类与支出功能分类从不同侧面、以不同方式反映政府支出活动。它们既是两个相对独立的体系，又相互联系，可结合使用。支出经济分类科目能够用于规范基本支出预算和项目支出预算的具体核定，同时也便于预算单位各项支出的明细核算。

根据政府预算管理和部门预算管理的不同特点和需要，支出经济分类科目分为政府预算支出经济分类科目和部门预算支出经济分类科目。

（1）政府预算支出经济分类科目。政府预算支出经济分类体现政府预算的管理要求，主要用于政府预算的编制、执行、决算、公开和总预算会计核算。根据财政部制定的《2020年政府收支分类科目》，政府预算支出经济分类科目的类级科目包括15个，详见表2–2。类以下还相应设有款、项级科目，此处略。

表2–2　　政府预算支出经济分类科目

类级科目		类级科目	
科目代码	科目名称	科目代码	科目名称
501	机关工资福利支出	509	对个人和家庭的补助
502	机关商品和服务支出	510	对社会保障基金补助
503	机关资本性支出（一）	511	债务利息及费用支出
504	机关资本性支出（二）	512	债务还本支出
505	对事业单位经常性补助	513	转移性支出
506	对事业单位资本性补助	514	预备费及预留
507	对企业补助	599	其他支出
508	对企业资本性支出		

注：类以下还相应设有款、项级科目，此处略。

（2）部门预算支出经济分类科目。部门预算支出经济分类体现部门预算管理的要求，主要用于部门预算的编制、执行、决算、公开和部门单位会计核算。

新《工会会计制度》要求各级工会在支出核算时，除“安排预算稳定调节基金”科目外，工会应当分别按照“基本支出”和“项目支出”进行明细核算，在“项目支出”下按照具体项目进行明细核算；同时，按照《政府收支分类科目》中“部门预算支出经济分类科目”的款级科目进行明细核算。

根据财政部制定的《2020年政府收支分类科目》，部门预算支出经济分类科目的类级科目包括10个，详见表2–3。类以下还相应设有款级科目，详见二维码。

表2–3 部门预算支出经济分类科目

类级科目		类级科目	
科目代码	科目名称	科目代码	科目名称
301	工资福利支出	310	资本性支出
302	商品和服务支出	311	对企业补助（基本建设）
303	对个人和家庭的补助	312	对企业补助
307	债务利息及费用支出	313	对社会保障基金补助
309	资本性支出（基本建设）	399	其他支出

注：类以下还相应设有款级科目。

部门预算支出经济分类科目

为了使部门预算和政府预算保持衔接，部门预算支出经济分类科目（以“3”开头的编码，如“301”工资福利支出）和政府预算支出经济分类科目（以“5”开头的编码，如“501”机关工资福利支出）这两套支出经济分类科目之间存在着一定的对应关系。

部门预算和政府预算支出
经济分类科目对应关系

二、国库集中收付概述

（一）国库集中收付

国库集中收付，是指以国库单一账户体系为基础，将所有财政性资金都纳入国库单一账户体系管理，收入直接缴入国库和财政专户，支出通过国库单一账户体系支付到商品和劳务供应者或用款单位的一项国库管理制度。

在国库集中收付制度下，财政收入通过国库单一账户体系，直接缴入国库或财政专户；财政支出通过国库单一账户体系，以财政直接支付和财政授权支付方式，将资金支付到商品和劳务供应者或用款单位，即预算单位使用资金但见不到资金；未支用的资金均保留在国库单一账户，由财政部门代表政府进行管理运作。

（二）国库单一账户体系

国库单一账户体系，是指以财政国库存款账户为核心的各类财政性资金账户的集合，所有财政性资金的收入、支付、存储及资金清算活动均在该账户体系运行。国库单一账户体系的构成包括国库单一账户、财政部门零余额账户、预算单位零余额账户、预算外资金专户和特设专户等。

各账户具有如下功能：

（1）国库单一账户。国库单一账户是财政部门在中国人民银行开设的国库单一账户，用于记录、核算和反映纳入预算管理的财政收入和支出活动，并用于与财政部门在商业银行开设的零余额账户进行清算实现支付。代理银行应当按日将支付的财政预算内资金和纳入预算管理的政府性基金与国库单一账户进行清算。国库单一账户在财政总预算会计中使用，行政单位和事业单位会计中不设该账户。

（2）财政部门零余额账户。财政部门零余额账户是财政部门按资金使用性质在商业银行开设的零余额账户，用于财政直接支付以及与国库单一账户清算。该账户每日发生时支付，于当日营业终了前与国库单一账户清算；营业中单笔支付额在5000万元人民币以上（含5000万元人民币）的，应当及时与国库单一账户清算。财政部门零余额账户在国库会计中使用，财政直接支付各单位的预算内资金就是通过其进行核算支付的，该账户不得提取现金。

（3）预算单位零余额账户。预算单位零余额账户是财政部门在商业银行为预算单位开设的零余额账户，用于财政授权支付和清算。该账户在行政单位和事业单位会计中使用，可以办理转账、提取现金等结算业务，可以向本单位按账户管理规定保留的相应账户划拨工会经费、住房公积金及提租补贴，以及经财政部门批准的特殊款项，不得违反规定向本单位其他账户和上级主管单位、所属下级单位账户划拨资金（即相当于行政单位和事业单位的基本存款账户）。

（4）预算外资金专户。预算外资金专户是财政部门在商业银行开设的预算外资金财政专户，用于记录、核算和反映预算外资金的收入支出活动，并用于预算外资金日常收支清算。预算外资金专户在财政部门设立和使用。

（5）特设专户。特设专户是经国务院和省级人民政府批准或授权财政部门批准开设的特殊专户，用于记录、核算和反映预算单位的特殊专项支出活动，并与国库单一账户清算。特设专户在按规定申请设置了特设专户的预算单位使用。

财政部门是持有和管理国库单一账户体系的职能部门，任何单位不得擅自设立、变更或撤销国库单一账户体系中的各类银行账户。中国人民银行按照有关规定，对国库单一账户和代理银行进行管理和监督。这里所指的代理银行，是指由财政部门确定的，具体办理财政性资金支付业务的商业银行。

三、财政直接支付与授权支付

（一）财政直接支付

1.财政直接支付的概念

财政直接支付是指由财政部门向中国人民银行和代理银行签发支付指令，代理银行根据支付指令通过国库单一账户体系将资金直接支付到收款人（即商品或劳务的供应商等）或用款单位（即具体申请和使用财政性资金的预算单位）账户。

2.财政直接支付的范围

预算单位实行财政直接支付的财政性资金包括工资支出、工程采购支出、物品和服务采购支出。纳入财政统发范围的工资津贴补贴、离退休费，国有资本经营预算支出，以及财政部规定的有特殊管理要求的支出，实行财政直接支付。

3.财政直接支付的程序

由预算单位按照年初部门预算控制数或批准的部门预算（包括调整预算），按季编制分月用款计划，向财政部门申报，并由财政部门正式批复给预算单位。预算单位需要支付资金时，由预算单位根据财政部门批复的分月用款计划，向财政部门提出支付申请。财政部门审核无误后，向代理银行签发财政直接支付令，通知代理银行从财政零余额账户付款给收款人（垫付），同时向中国人民银行或预算外非税收入财政专户行发出清算信息。每日营业终了，财政部门从国库单一账户或预算外非税收入财政专户付款到代理银行财政零余额账户。

（二）财政授权支付

1.财政授权支付的概念

财政授权支付是指预算单位按照财政部门授权，自行向代理银行签发支付指令，代理银行根据支付指令，在财政部门批准的预算单位的用款额度内，通过国库单一账户体系将资金支付到收款人账户。

2. 财政授权支付的范围

未纳入财政统发范围的工资津贴补贴、离退休费，社会保险缴费，职业年金缴费，住房改革支出，日常运行的水费、电费、应由单位承担的支付给供热企业的取暖费，需兑换外汇进行支付的支出，以及经财政部批准后的其他支出，实行财政授权支付。

3. 财政授权支付的程序

由预算单位按照年初部门预算控制数或批准的部门预算（包括调整预算）按季编制分月用款计划，并向财政部门申报。财政部门批复后，每月25日向代理银行下达下一月份授权支付额度，同时通知中国人民银行或预算外非税收入资金财政专户银行。代理银行负责将授权支付额度以到账通知书的形式通知到预算单位，预算单位在月度用款额度内，根据支出需要自行开具授权支付令并通知授权支付代理银行，由代理银行按照财政部门批复的额度从预算单位零余额账户中付款垫支。每日营业终了，财政部门从国库单一账户或预算外非税收入财政专户付款到代理银行预算单位零余额账户。

02

第二篇

会计核算篇

第三章 资 产

第一节 资产概述

一、工会资产的概念及特点

（一）工会资产的概念

资产是工会过去的经济业务或者事项形成的，由工会控制的，预期能够产生服务潜力或者带来经济利益流入的经济资源。服务潜力是指工会利用资产提供公共产品和服务以履行工会职能的潜在能力。经济利益流入表现为现金及现金等价物的流入，或者现金及现金等价物流出的减少。

（二）资产的特征

工会资产是开展职工活动，发展工运事业，保障工会建设和兴办工会事业的物质基础。它具有以下特点：

（1）工会资产是一项经济资源。就拥有者而言，资产应预期能够产生服务潜力或者带来经济利益流入。如果某一项资产预期不能产生服务潜力或者给工会带来经济利益，就不能将其确认为工会的资产，前期已经确认为资产的，如果不能产生服务潜力或者给工会带来经济利益，也不能再将其确认为工会的资产。

（2）工会资产应是由工会控制的经济资源。控制是资产的会计属性，工会资产作为一项经济资源，应为工会组织所控制，也就是说，资产所产生的经济利益能可靠地流入本工会组织，为本工会组织提供服务潜力或者带来经济利益，而不论工会组织是否对其拥有所有权。

（3）工会资产是由过去的经济业务或者事项形成的。即使工会拥有了某项未来经济利益，如果没有明确的经济业务或事项，也不能确认为资产。

（4）工会资产必须能够以货币计量。也就是说，纳入会计核算范畴的工会资产还必须满足货币计量属性。只有既符合前述资产特征，又满足货币计量属性的资产，才能纳入会计核算的范畴。

二、工会资产的分类

工会的资产包括流动资产、在建工程、固定资产、无形资产、投资和长期待摊费用等。

1.流动资产是指预计在1年内（含1年）变现或者耗用的资产，主要包括货币资金、应收款项和库存物品等。其中，货币资金包括库存现金、银行存款等；应收款项包括应收上级经费、应收下级经费和其他应收款。应收上级经费是本级工会应收未收的上级工会应拨付（或转拨）的工会拨缴经费和补助。应收下级经费是县级以上工会应收未收的下级工会应上缴的工会拨缴经费。其他应收款是工会除应收上下级经费和补助以外的其他应收及暂付款项。库存物品指工会取得的将在日常活动中耗用的材料、物品及达不到固定资产标准的工具、器具等。

2.在建工程是指工会已经发生必要支出，但尚未交付使用的建设项目工程。

3.固定资产是指工会使用年限超过1年（不含1年），单位价值在规定标准以上，并在使用过程中基本保持原有物质形态的资产。

4.无形资产是指工会控制的没有实物形态的可辨认非货币性资产，包括专利权、商标权、著作权、土地使用权、非专利技术等。

5.投资是指工会按照国家有关法律、行政法规和工会的相关规定，以货币资金、实物资产等方式向其他单位的投资。投资按其流动性分为短期投资和长期投资；按其性质分为股权投资和债权投资。

6.长期待摊费用是指工会已经支出，但应由本期和以后各期负担的分摊期限在1年以上（不含1年）的各项支出，如对以经营租赁方式租入的固定资产发生的改良支出等。

三、资产的确认与计量

（一）工会资产的确认

符合资产定义的经济资源，在同时满足以下条件时，确认为工会资产：（1）与该经济资源相关的服务潜力很可能实现或者经济利益很可能流入工会；（2）该经济资源的成本或者价值能够可靠地计量。

符合资产定义并确认的资产项目，应当列入资产负债表。工会的资产按照国家有关规定依法确认为国有资产的，应当作为国有资产登记入账；依法确认为工会资产的，应当作为工会资产登记入账。

（二）工会资产的计量属性

工会资产的计量属性主要包括历史成本、重置成本、现值、公允价值和名义金额。在历史成本计量下，资产按照取得时支付的现金金额或者支付对价的公允价值计量。在重置成本计量下，资产按照现在购买相同或者相似资产所需支付的现金金额计量。在现值计量下，资产按照预计从其持续使用和最终处置中所产生的未来净现金流入量的折现金额计量。在公允价值计量下，资产按照市场参与者在计量日发生的有序交易中，出售资产所能收到的价格计量。无法采用上述计量属性的，采用名义金额（即人民币1元）计量。故名义金额的采用一定有严格的限制条件，必须是在历史成本、重置成本、现值、公允价值均无法实施的情况下才能够加以使用。工会会计主体在对资产进行计量时，一般应当采用历史成本。采用重置成本、现值、公允价值计量的，应当保证所确定的资产金额能够持续、可靠计量。

四、资产类会计科目的设置

基层工会和县级以上工会应按照《工会会计制度》的规定来设置和使用会计科目，基层工会资产类一级会计科目共有8个，县级以上工会资产类一级会计科目共有16个，详见表3-1。在工会会计科目使用中需要注意以下几点：（1）本制度已规定的一级科目，不得减并、自行增设；本制度已规定的明细科目，不得减并，不得擅自更改科目名称，不需要的科目可以不用。（2）各省级工会可以根据需要自行增设未规定的明细科目，或将相应权限授权给所属下级工会。（3）工会在填制会计凭证、登记会计账簿时，应当填列会计科目的名称，或者同时填列会计科目的名称和编号，不得只填列科目编号、不填列科目名称。

另外，这里还需要特别提醒的是，县级以上工会的部分资产依法确认为国有资产的，应当根据实际情况在“资产基金”科目下设置“国有资产”“工会资产”明细科目，分别核算工会持有的国有资产和工会资产。对于同时使用财政拨款和工会资金购建的资产，县级以上工会应当设置备查簿登记资金来源及其金额和比例。

表3-1　　资产类科目表

基层工会资产类科目		县级以上工会资产类科目	
科目编号	科目名称	科目编号	科目名称
101	库存现金	101	库存现金
102	银行存款	102	银行存款
131	应收上级经费	111	零余额账户用款额度
135	其他应收款	121	财政应返还额度
141	库存物品	131	应收上级经费
162	固定资产	132	应收下级经费

续表

基层工会资产类科目		县级以上工会资产类科目	
科目编号	科目名称	科目编号	科目名称
163	累计折旧	135	其他应收款
182	待处理财产损溢	141	库存物品
		151	投资
		161	在建工程
		162	固定资产
		163	累计折旧
		171	无形资产
		172	累计摊销
		181	长期待摊费用
		182	待处理财产损溢

注：对于本表未列出的会计科目，基层工会可以根据实际需要按照县级以上工会的会计科目进行账务处理。

第二节 货币资金

一、货币资金概述

（一）货币资金的概念及分类

货币资金是指工会在运营过程中处于货币形态的那部分资金。工会的货币资金一般包括库存现金、银行存款、零余额账户用款额度、财政应返还额度等。

库存现金是指工会为了保持日常零星开支需要，由出纳人员保管的现金。

银行存款是指工会存入银行或者其他金融机构的各种存款。

零余额账户用款额度是指财政拨款并未实际拨到县级以上工会的实户上，而是给工会一个用款额度控制数，需要用钱的时候再在国库集中支付系统中申请。

财政应返还额度是指实行国库集中支付的县级以上工会应收财政返还的资金额度，包括可以使用的以前年度财政直接支付资金额度和财政应返还的财政授权支付资金额度。

（二）货币资金的管理要求

1.库存现金的管理

现金是货币资产中流动性最强的资产，也是工会日常经济业务活动中重要的管理内容之一。在工会的现金管理中，需要严格遵循《现金管理暂行条例》《现金管理暂行条例实施细则》及其他有关规定，加强现金管理控制，确保现金安全、完整，具体要求如下：

（1）严格现金使用范围。根据《现金管理暂行条例》第五条规定，工会可以在下列范围内使用现金：①职工工资、津贴；②个人劳务报酬；③根据国家规定颁发给个人的科学技术、文化艺术、体育等各种奖金；④各种劳保、福利费用以及国家规定的对个人的其他支出；⑤向个人收购农副产品和其他物资的价款；⑥出差人员必须随身携带的差旅费；⑦结算起点以下的零星支出；⑧中国人民银行确定需要支付现金的其他支出。结算起点定为1000元。结算起点的调整由中国人民银行确定，报国务院备案。因采购地点不固定，交通不便，生产或者市场急需，抢险救灾以及其他特殊情况必须使用现金的，开户单位应当向开户银行提出申请，由本单位财会部门负责人签字盖章，经开户银行审核后，予以支付现金。

（2）遵循库存现金使用限额。库存现金使用限额是指为了保证工会日常零星开支，由开户银行核定的，允许工会保留的库存现金的最高限额。根据《现金管理暂行条例》规定，开户银行应当根据实际需要，核定开户单位3天至5天的日常零星开支所需的库存现金限额。边远地区和交通不便地区的开户单位的库存现金限额，可以多于5天，但不得超过15天的日常零星开支。经核定的库存现金限额，开户单位必须严格遵守。需要增加或者减少库存现金限额的，应当向开户银行提出申请，由开户银行核定。开户单位现金收入应当于当日送存开户银行。当日送存确有困难的，由开户银行确定送存时间。

（3）不允许“坐支”现金。所谓“坐支”，就是指从工会的现金收入中直接支付现金支出。工会需要支付现金时，应当从库存现金限额中支付或者从开户银行提取，不得从工会的现金收入中直接支付。因特殊情况需要坐支现金的，应当事先报经开户银行审查批准，由开户银行核定坐支范围和限额。坐支单位应当定期向开户银行报送坐支金额和使用情况。工会从开户银行提取现金，应当写明用途，由工会财会部门负责人签字盖章，经开户银行审核后，予以支付现金。

工会应当建立健全现金账目，按照业务发生顺序逐日逐笔登记现金支付。库存现金应当做到日清月结，账款相符。

（4）完善现金内部控制。各级工会在严格遵循上述国家现金管理制度的同时，应注意不断完善现金内部控制，严格落实不相容职务分离等控制措施，做好现金业务关键环节的风险控制，如出纳、会计岗位分设，定期或不定期组织现金清查盘点，不得私设“小金库”等。

2.银行存款的管理

工会应当根据《人民银行结算账户管理办法》的规定开立银行结算账户，按照《支付结算办法》《票据管理实施办法》等国家有关支付结算办法的规定办理银行存款收支业务。

根据《银行账户管理办法实施细则》的规定，存款账户分为基本存款账户、一般存款账户、临时存款账户和专用存款账户。每家工会只能在银行开立一个基本存款账户。基本存款账户是办理日常转账结算和现金收付的账户。基层工会开立银行基本账户时，需持《工会法人资格证书》《工会法人法定代表人证书》《组织机构代码证》以及工会法人法定代表人身份证原件及复印件等到开户银行办理基本存款账户，用于办理工会银行存款的各项收支业务。

各级工会应按开户银行、存款种类分别设置“银行存款日记账”，由出纳人员根据收付款凭证，按照业务的发生顺序逐笔登记，每日终了应结出余额。“银行存款日记账”应定期与银行对账，至少每月核对一次，如有差额，应编制“银行存款余额调节表”，调节相符。

3. 零余额账户的管理

零余额账户是指财政部门或预算单位经财政部门批准，在国库集中支付代理银行和非税收入收缴代理银行开立的，用于办理国库集中收付业务的银行结算账户。零余额账户主要包括以下三类：财政部门零余额账户、预算单位零余额账户和财政汇缴零余额账户（即财政汇缴专户）。其中，财政部门零余额账户和财政汇缴零余额账户的性质为专用存款账户；预算单位零余额账户的性质为基本存款账户或专用存款账户。预算单位未开立基本存款账户，或原基本存款账户在国库集中支付改革后已经按财政部门要求撤销的，经同级财政部门批准，预算单位零余额账户作为基本存款账户，除上述情况外，预算单位零余额账户作为专用存款账户。关于零余额账户的管理，需要注意以下几点：

（1）零余额账户需由同级财政部门批准开立，并出具证明文件，由开户银行报经中国人民银行核准后核发开户许可证。

（2）预算单位新开立零余额账户的，财政部门在批准开户时，应在相关证明文件中明确账户性质。零余额账户的变更、合并与撤销须经同级财政部门批准，并按照财政国库管理制度规定的程序和要求执行。

（3）零余额账户用款额度具有与人民币相同的支付结算功能，可以办理转账、汇兑、委托收款和提取现金等支付结算业务。

（4）县级以上工会应当设置零余额用款额度日记账，按照业务发生顺序逐日逐笔登记。零余额用款额度的账面余额应当与银行对账单定期核对，如有不符，应编制零余额账户调节表并调节相符。

4.财政应返还额度的管理

财政应返还额度是县级以上工会年末未使用完的直接支付和授权支付预算资金，均沉淀在财政国库部门，从权责发生制的角度看，这种沉淀资金实际上构成了财政对工会的应付款项，因此，对县级以上工会而言，无论是财政授权支付还是财政直接支付，都要作为单位对财政部门的应收款项，全部转作财政应返还额度。

财政应返还的直接支付额度就是本年财政直接支付预算指标与当年财政实际直接支付数的差额。财政应返还的授权支付额度包括两个方面的内容：一是未下达授权支付额度的预算指标，即当年预算已经安排，但财政部门当年没有下达授权支付额度的预算指标，数量上等于当年授权支付预算指标数额与当年实际下达授权支付额度之间的差额；二是已下达但未使用的授权支付额度，即财政部门当年根据预算指标将授权支付额度下达到代理银行，但单位当年尚未实际支付的额度余额，数量上等于当年已经下达的授权支付额度与当年实际支用的授权支付额度之间的差额。

二、库存现金的核算

（一）会计科目设置

工会应当设置“库存现金”科目，核算工会的库存现金。本科目期末借方余额，反映工会实际持有的库存现金。

工会有受托代管资金业务的，应当在本科目下设置“代管经费”明细科目，核算工会受托代管的现金。

（二）主要账务处理

1.从银行等金融机构提取现金，按照实际提取的金额，借记“库存现金”科目，贷记“银行存款”科目；将现金存入银行等金融机构，按照实际存入的金额，借记“银行存款”科目，贷记“库存现金”科目。

2.因支付内部职工出差等原因所需的现金，按照实际借出的金额，借记“其他应收款”科目，贷记“库存现金”科目；收到出差人员交回的差旅费剩余款并结算时，按实际收回的现金，借记“库存现金”科目，按应报销的金额，借记“行政支出”等有关科目，按实际借出的现金，贷记“其他应收款”科目。

3.因其他业务收到现金，按照实际收到的金额，借记“库存现金”科目，贷记有关科目；支出现金，按照实际支出的金额，借记有关科目，贷记“库存现金”科目。

4.收到受托代管的现金时，按照实际收到的金额，借记“库存现金”科目（代管经费），贷记“代管经费”科目；支付受托代管的现金时，按照实际支付的金额，借记“代管经费”科目，贷记“库存现金”科目（代管经费）。

5.本科目应设置“现金日记账”，由出纳人员根据收付款凭证，按照业务发生顺序，逐笔登记，每日终了，应计算当日的现金收入合计数、支出合计数和结余数，并将结余数与实际库存数进行核对，做到账款相符。

每日账款核对中发现有待查明原因的现金短缺或溢余的，应当通过“待处理财产损溢”科目核算。属于现金溢余，应当按照实际溢余的金额，借记“库存现金”科目，贷记“待处理财产损溢”科目；属于现金短缺，应当按照实际短缺的金额，借记“待处理财产损溢”科目，贷记“库存现金”科目。待查明原因后及时进行账务处理，具体内容参见“待处理财产损溢”科目。

6.有外币现金的工会，按照折算后的人民币金额记账，并设立辅助账登记外币现金的币种、外币金额、即期汇率、折算后的人民币金额及来源简要说明等。有关外币现金业务的账务处理参见“银行存款”科目的相关规定。

库存现金的主要账务处理如表3-2所示。

表3-2　　　　“库存现金”科目核算内容

<table>
<tr><th rowspan="2">序号</th><th rowspan="2" colspan="2">业务和事项内容</th><th colspan="2">账务处理</th></tr>
<tr><th>基层工会</th><th>县级以上工会</th></tr>
<tr><td rowspan="2">1</td><td rowspan="2">银行存取业务</td><td>从银行提取现金</td><td colspan="2">借：库存现金
　贷：银行存款</td></tr>
<tr><td>将现金存入银行</td><td colspan="2">借：银行存款
　贷：库存现金</td></tr>
<tr><td rowspan="2">2</td><td rowspan="2">差旅费业务</td><td>职工出差等借出现金</td><td colspan="2">借：其他应收款
　贷：库存现金</td></tr>
<tr><td>出差人员报销差旅费</td><td colspan="2">借：行政支出等［实际报销金额］
　贷：其他应收款
　　库存现金［差额，贷方或借方］</td></tr>
<tr><td rowspan="2">3</td><td rowspan="2">因其他业务收付现金</td><td>收到现金</td><td colspan="2">借：库存现金
　贷：其他收入等</td></tr>
<tr><td>支出现金</td><td colspan="2">借：维权支出/业务支出/其他支出等
　贷：库存现金</td></tr>
<tr><td rowspan="2">4</td><td rowspan="2">现金捐赠业务</td><td>对外捐赠现金</td><td colspan="2">借：其他支出
　贷：库存现金</td></tr>
<tr><td>收到现金捐赠</td><td colspan="2">借：库存现金
　贷：其他收入</td></tr>
<tr><td rowspan="2">5</td><td rowspan="2">受托代管业务</td><td>收到受托代管的现金</td><td colspan="2">借：库存现金——代管经费
　贷：代管经费</td></tr>
<tr><td>支付受托代管的现金</td><td colspan="2">借：代管经费
　贷：库存现金——代管经费</td></tr>
<tr><td rowspan="3">6</td><td rowspan="3">发现现金溢余</td><td>转入待处理财产损溢</td><td colspan="2">借：库存现金
　贷：待处理财产损溢</td></tr>
<tr><td>属于应支付给个人或单位的部分</td><td colspan="2">借：待处理财产损溢
　贷：其他应付款
借：其他应付款
　贷：库存现金</td></tr>
<tr><td>属于无法查明原因的，报经批准后</td><td colspan="2">借：待处理财产损溢
　贷：其他收入</td></tr>
<tr><td rowspan="3">7</td><td rowspan="3">发现现金短缺</td><td>转入待处理财产损溢</td><td colspan="2">借：待处理财产损溢
　贷：库存现金</td></tr>
<tr><td>属于应由责任人赔偿的部分</td><td colspan="2">借：其他应收款
　贷：待处理财产损溢
借：库存现金
　贷：其他应收款</td></tr>
<tr><td>属于无法查明原因的，报经批准后</td><td colspan="2">借：其他支出
　贷：待处理财产损溢</td></tr>
</table>

（三）会计实务举例

【例3–1】202×年2月1日，某基层工会库存现金余额300元，因慰问本单位生病住院职工、报销慰问职工李某生育慰问品、报销文体活动用品等需要的现金估算约为4 000元，变卖废旧物资收入200元，由于库存现金不够用于现金开支，2月3日开出现金支票从银行提取现金6 000元。报销后现金余额2 300元，本单位现金限额2 000元，将多余的300元存入银行。

相关账务处理如下：

（1）从银行提取现金时：

借：库存现金	6 000	
贷：银行存款		6 000

（2）取得废旧物资变卖收入：

借：库存现金	200	
贷：其他收入		200

（3）将不得坐支的废旧物资变卖收入和其他多余现金存入银行：

借：银行存款	500	
贷：库存现金		500

【例3–2】202×年2月10日，某基层工会开展体育活动，需要在活动地点附近用午餐，根据用餐标准和活动人数，工会小组长李三借支现金3 000元，活动结束后，剩余1 000元，退回财务。

相关账务处理如下（支出经济分类略）：

（1）活动借支现金时：

借：其他应收款——李三	3 000	
贷：库存现金		3 000

（2）报销活动餐费并交回剩余现金时：

借：职工活动支出——文体活动支出	2 000	
库存现金	1 000	
贷：其他应收款——李三		3 000

【例3–3】202×年2月18日，某基层工会办公室购买乒乓球等文体活动用品200元。

相关账务处理如下（支出经济分类略）：

借：职工活动支出——文体活动支出　　200

　　贷：库存现金　　200

【例3–4】202×年3月31日，某工会接受审计，在审计过程中根据审计组安排接受了现金盘点，在审计组监督下，主管会计与出纳共同对该单位库存现金进行盘点，根据盘点结果编制了现金盘点表（见表3–3），发现现金溢余50元。经查，确实无法查明溢余原因，报经批准后核销处理。

表3–3　　现金盘点表

被审计单位名称：　　编制人：　　日期：202_/8/10

截止日（会计期间）：202_/12/31　　复核人：　　日期：202_/8/10

项目	项次	人民币	面额	人民币 张（枚）	人民币 金额
上一日账面库存余额	1	1 530.02	100元	8	800.00
盘点日未记账单据收入金额	2	150.00	50元	5	250.00
盘点日未记账传票付出金额	3	510.00	20元	2	40.00
盘点日账面应有余额	4=1+2–3	1 170.02	10元	1	10
盘点实有现金数额	5	1 220.02	5元	19	95
盘点日应有与实际金额差异	6=4–5	–50.00	2元	1	2
差异原因分析：白条抵库			1元	20	20
			0.5元	1	0.5
			0.2元	11	2.20
			0.1元	1	0
			0.05元	0	0
			0.02元	0	0
			0.01元	32	0.32
			合计	98	1 220.02
追溯至报表账面结存额：报表日至查账日现金付出总额（+）		6 872.00			
报表日至查账日现金收入总额（–）		8 001.01			
报表日库存现金应有金额		401.01			
报表日余额表实际金额		401.01			
合计					

盘点人：　　出纳：　　会计主管：　　监盘人：　　审计人员：

相关账务处理如下：

（1）发现现金溢余时：

借：库存现金　　50

　　贷：待处理财产损溢　　50

（2）报经批准后核销处理时：

借：待处理财产损溢　　50

　　贷：其他收入　　50

三、银行存款的核算

（一）会计科目设置

工会应当设置“银行存款”科目，核算工会存入银行或其他金融机构的各种款项，包括活期存款、定期存款等。工会可以根据实际情况在本科目下设置经费集中户等明细科目。设置经费集中户的工会，应当先在经费集中户中归集工会经费，再按规定将属于本级工会的经费转入本级工会基本户，属于上级或下级工会的经费上缴上级工会或转拨下级工会。本科目期末借方余额，反映工会实际存在银行或其他金融机构的款项。

工会有受托代管资金业务的，应当在“银行存款”科目下设置“代管经费”明细科目，核算工会受托代管的银行存款。

（二）主要账务处理

1.将现金存入银行等金融机构，按照实际存入的金额，借记“银行存款”科目，贷记“库存现金”科目。从银行等金融机构提取现金，按照实际提取的金额，借记“库存现金”科目，贷记“银行存款”科目。

2.通过银行转账方式取得工会拨缴经费和其他相关收入，按照实际收到的金额，借记“银行存款”科目，按照应确认收入的金额，贷记“拨缴经费收入”“上级补助收入”“政府补助收入”“行政补助收入”等科目，按照应付上下级工会的金额，贷记“应付上级经费”“应付下级经费”科目。

3.通过银行转账方式支付各项支出，按照实际支出的金额，借记“职工活动支出”“维权支出”“业务支出”等科目，贷记“银行存款”科目。

4.收到银行存款利息，按照实际收到的金额，借记“银行存款”科目，贷记“其他收入”科目。

5.收到受托代管的银行存款时，按照实际收到的金额，借记“银行存款”科目（代管经费），贷记“代管经费”科目；支付受托代管的银行存款时，按照实际支付的金额，借记“代管经费”科目，贷记“银行存款”科目（代管经费）。

6.工会发生外币业务的，主要相关账务处理如下：

（1）以外币购买物资、设备等，按照购入当日的即期汇率将支付的外币折算为人民币金额，借记“职工活动支出”“维权支出”等科目，贷记“银行存款”科目的外币账户；同时，借记“库存物品”等科目，贷记“资产基金”科目。

（2）以外币收取相关款项等，按照收入确认当日的即期汇率将收取的外币折算为人民币金额，借记“银行存款”科目的外币账户，贷记有关收入科目。

（3）期末，根据各外币银行存款账户按照期末汇率调整后的人民币余额与原账面人民币余额的差额，作为汇兑损益，借记或贷记“银行存款”科目，贷记或借记“其他支出”科目。

银行存款的主要账务处理如表3-4所示。

表3-4　“银行存款”科目核算内容

<table>
<tr><th rowspan="2">序号</th><th colspan="2" rowspan="2">业务和事项内容</th><th colspan="2">账务处理</th></tr>
<tr><th>基层工会</th><th>县级以上工会</th></tr>
<tr><td rowspan="2">1</td><td rowspan="2">银行存取业务</td><td>从银行提取现金</td><td colspan="2">借：库存现金
　贷：银行存款</td></tr>
<tr><td>将现金存入银行</td><td colspan="2">借：银行存款
　贷：库存现金</td></tr>
</table>

续表

<table>
<tr><th rowspan="2">序号</th><th colspan="2" rowspan="2">业务和事项内容</th><th colspan="2">账务处理</th></tr>
<tr><th>基层工会</th><th>县级以上工会</th></tr>
<tr><td rowspan="3">2</td><td rowspan="3">银行转账业务</td><td>取得工会拨缴经费</td><td>借：银行存款
贷：拨缴经费收入/应付上级经费</td><td>借：银行存款
贷：拨缴经费收入/应付上级经费/应付下级经费</td></tr>
<tr><td>取得其他相关收入</td><td>借：银行存款
贷：上级补助收入/行政补助收入/其他收入等</td><td>借：银行存款
贷：上级补助收入/政府补助收入/其他收入等</td></tr>
<tr><td>支付各项支出</td><td>借：职工活动支出/维权支出/业务支出/其他支出等
贷：银行存款</td><td>借：职工活动组织支出/维权支出/业务支出/行政支出/其他支出等
贷：银行存款</td></tr>
<tr><td rowspan="2">3</td><td rowspan="2">银行存款账户</td><td>收到银行存款利息</td><td colspan="2">借：银行存款
贷：其他收入</td></tr>
<tr><td>支付银行手续费等</td><td>借：业务支出
贷：银行存款</td><td>借：行政支出
贷：银行存款</td></tr>
<tr><td rowspan="2">4</td><td rowspan="2">受托代管业务</td><td>收到受托代管的银行存款</td><td colspan="2">借：银行存款——代管经费
贷：代管经费</td></tr>
<tr><td>支付受托代管的银行存款</td><td colspan="2">借：代管经费
贷：银行存款——代管经费</td></tr>
<tr><td rowspan="4">5</td><td rowspan="4">外币业务</td><td>以外币购买物资、设备等</td><td>借：职工活动支出/维权支出等
贷：银行存款——外币账户
借：库存物品等
贷：资产基金</td><td>借：职工活动组织支出/维权支出等
贷：银行存款——外币账户
借：库存物品等
贷：资产基金</td></tr>
<tr><td>以外币收取相关款项等</td><td colspan="2">借：银行存款——外币账户
贷：其他收入等</td></tr>
<tr><td>期末，发生汇兑损失</td><td colspan="2">借：其他支出
贷：银行存款——外币账户</td></tr>
<tr><td>期末，发生汇兑收益</td><td colspan="2">借：银行存款——外币账户
贷：其他支出</td></tr>
</table>

（三）会计实务举例

【例3–5】某省的工会经费收缴采取自主收缴的模式，按照工会经费分成比例，其中，基层留存60%，县级留成10%，地市留成10%，省级留成15%，全总5%。202×年3月，某基层工会收到所在单位行政划拨的工会经费50 000元，该基层工会根据分成比例要求，逐级上解上述款项。各级工会已通过银行存款收讫。

相关账务处理如下：

（1）基层工会收到单位行政划拨的工会经费时：

借：银行存款	50 000
贷：拨缴经费收入	（50 000×60%）30 000
应付上级经费	（50 000×40%）20 000

（2）县总工会收到基层工会上解工会经费时：

借：银行存款	20 000
贷：拨缴经费收入	（50 000×10%）5 000
应付上级经费	（50 000×30%）15 000

（3）地市级总工会收到县级工会上解经费时：

借：银行存款	15 000
贷：拨缴经费收入	（50 000×10%）5 000
应付上级经费	（50 000×20%）10 000

（4）省级工会收到地市级工会上解经费时：

借：银行存款	10 000
贷：拨缴经费收入	（50 000×15%）7 500
应付上级经费	（50 000×5%）2 500

【例3-6】202×年3月，某县级工会为当地企业和职工提供法律服务专场活动，为职工和企业咨询用工中的各种问题，计划使用上级工会给予的专项补助开展该项活动，不足部分由本级经费补充。发生如下经济业务：

（1）10日，收到上级拨入的专项经费10 000元。

（2）12日，根据采购程序聘请现场咨询的律师，并签订服务合同，总金额10 000元，通过银行存款付讫。

（3）20日，支付活动租用场地费4 000元，通过银行存款付讫。

相关账务处理如下（支出经济分类略）：

（1）收到上级拨入的专项经费时：

借：银行存款　　10 000

　　贷：上级补助收入——专项转移支付补助　　10 000

（2）支付法律援助费时：

借：维权支出——法律援助费　　10 000

　　贷：银行存款　　10 000

（3）支付活动租用场地费时：

借：维权支出——法律援助支出　　4 000

　　贷：银行存款　　4 000

注：各支出类会计科目，除“安排预算稳定调节基金”科目外，工会应当分别按照“基本支出”和“项目支出”进行明细核算，在“项目支出”下按照具体项目进行明细核算；同时，按照《政府收支分类科目》中“部门预算支出经济分类科目”的款级科目进行明细核算。从同级政府财政部门取得财政拨款的县级以上工会，除“安排预算稳定调节基金”科目外，还应当在其他各支出类科目下根据资金来源按照“财政拨款”“工会资金”进行明细核算；同时，在“财政拨款”明细科目下按照《政府收支分类科目》中“支出功能分类科目”的项级科目进行明细核算。为简化核算，本书未对所列举的案例中涉及的上述相关明细科目一一列出，特此说明，下同。

【例3–7】202×年3月15日，因疫情影响，某省的县总工会收到一笔外币捐款1万美元，当日美元与人民币汇率为1∶6.7。该工会按规定不能开立美元账户，直接按照当日汇率结汇存入银行。

相关账务处理如下（支出经济分类略）：

（1）收到外币捐款时：

借：银行存款　　67 000

　　贷：其他收入　　67 000

（2）按照捐赠的指定用途，用于购买医疗物资，赠送当地医院，签批手续完备。

借：其他支出　　67 000

　　贷：银行存款——外币账户　　67 000

【例3–8】编制银行存款余额调节表。202×9月30日，某工会月末账面银行存款余额为2 350 000元，银行存款账户余额为2 467 200元，经核对存在以下未达账项：

（1）当月购买的节日慰问品银行已经付款，尚未报销完毕50 000元。

（2）收到下级工会解缴工会经费，银行已经入账，单位因尚未收到银行回单未记账80 000元；利息收入7 200元工会未入账。

（3）单位收到下级单位解缴工会经费支票一张，已经存入银行，并根据银行回单入账，但是实际银行存款在途未达，金额20 000元。

（4）拨付下级工会补助100 000元，工会已经列支，银行尚未实际支出。

银行存款余额调节表编制如表3–5所示。

表3–5　　银行存款余额调节表

开户行：某银行某支行某分理处　　　　账号：8888888888888

截止日期		202×年9月30日					
工会账面余额：		2 350 000.00		银行对账单余额：		2 467 200.00	
序号	未达账项		金额	序号	未达账项		金额
1	银行已收、工会未收	收到上解经费未入账	80 000.00	1	工会已收、银行未收	支票收到上级解缴经费	20 000.00
2		利息收入	7 200.00	2			
3				3			
4				4			
5				5			
小计			87 200.00	小计			20 000.00
9	银行已付、工会未付	节日慰问品未报销	50 000.00	9	工会已付、银行未付	拨付下级工会补助	100 000.00
10				10			
11				11			
12				12			
13				13			
14				14			
小计			50 000.00	小计			100 000.00
调整后账面余额		2 387 200.00		调整后银行余额		2 387 200.00	

复核人：　　　　编表人：

四、零余额账户用款额度的核算

（一）会计科目设置

工会应当设置“零余额账户用款额度”科目，核算实行国库集中支付的县级以上工会根据财政部门批复的用款计划收到和支用的零余额账户用款额度。本科目期末借方余额，反映县级以上工会尚未支用的零余额账户用款额度。年度终了注销零余额账户用款额度后，本科目应无余额。

（二）主要账务处理

1.收到代理银行转来的“财政授权支付额度到账通知书”时，根据通知书所列金额，借记“零余额账户用款额度”科目，贷记“政府补助收入”科目。

2.实际发生支出时，按照实际支出的金额，借记“维权支出”“行政支出”“资本性支出”等科目，贷记“零余额账户用款额度”科目。

3.年末，根据代理银行提供的对账单作注销额度的相关账务处理，借记“财政应返还额度——财政授权支付”科目，贷记“零余额账户用款额度”科目。如果工会本年度财政授权支付预算指标数大于零余额账户用款额度下达数，根据未下达的用款额度，借记“财政应返还额度——财政授权支付”科目，贷记“政府补助收入”科目。

下年初，根据代理银行提供的额度恢复到账通知书作相关恢复额度的账务处理，借记“零余额账户用款额度”科目，贷记“财政应返还额度——财政授权支付”科目。工会收到财政部门批复的上年未下达零余额账户用款额度，借记“零余额账户用款额度”科目，贷记“财政应返还额度——财政授权支付”科目。

零余额账户用款额度的主要账务处理如表3-6所示。

表3-6 “零余额账户用款额度”科目核算内容

序号	业务和事项内容		账务处理
			县级以上工会
1	收到额度	收到“财政授权支付额度到账通知书”	借：零余额账户用款额度 贷：政府补助收入
2	按照规定支用额度	实际发生支出时	借：维权支出/行政支出/资本性支出等 贷：零余额账户用款额度
3	年末，注销额度	根据代理银行提供的对账单注销财政授权支付额度	借：财政应返还额度——财政授权支付 贷：零余额账户用款额度
		根据未下达的用款额度	借：财政应返还额度——财政授权支付 贷：政府补助收入
4	下年初，恢复额度	根据代理银行提供的额度恢复到账通知书恢复财政授权支付额度	借：零余额账户用款额度 贷：财政应返还额度——财政授权支付
		收到财政部门批复的上年末未下达零余额账户用款额度	借：零余额账户用款额度 贷：财政应返还额度——财政授权支付

（三）会计实务举例

【例3-9】202×年9月，某省总工会发生下列经济业务：

（1）3日，某省总工会收到代理银行转来的“财政授权支付额度到账通知书”，收到困难职工帮扶资金财政授权支付额度200 000元。

（2）15日，支付该笔资金用于本省建档立卡的困难职工进行专项慰问，购买慰问品20 000元，已经支付并报销完毕，并取得合同、发票以及发放记录等必要单据。

（3）根据规定对在档困难职工进行补助，金额83 000元，财政授权支付完毕。

（4）收到银行对账单，显示财政直接支付方式付本单位离退休人员工资150 000元。

相关账务处理如下（支出经济分类、功能分类略）：

（1）收到财政授权支付额度时：

借：零余额账户用款额度 200 000

　　贷：政府补助收入 200 000

（2）购买困难职工慰问品时：

借：库存物品 20 000

贷：资产基金——库存物品　　20 000

借：维权支出——困难职工帮扶支出（财政拨款）　　20 000

贷：零余额账户用款额度　　20 000

（3）发放慰问品时：

借：资产基金——库存物品　　20 000

贷：库存物品　　20 000

（4）补助在档困难职工时：

借：维权支出——困难职工帮扶支出（财政拨款）　　83 000

贷：零余额账户用款额度　　83 000

（5）发放退休人员工资：

借：行政支出——财政拨款　　150 000

贷：政府补助收入——财政直接支付　　150 000

五、财政应返还额度的核算

（一）会计科目设置

工会应当设置“财政应返还额度”科目，核算实行国库集中支付的县级以上工会年终应收财政返还的资金额度。本科目应当设置“12101 财政直接支付”“12102 财政授权支付”两个明细科目，进行明细核算。本科目期末借方余额，反映县级以上工会应收财政返还的资金额度。

（二）主要账务处理

1. 财政直接支付

年末，根据本年度财政直接支付预算指标数大于当年财政直接支付实际支出数的差额，借记“财政应返还额度”科目（财政直接支付），贷记“政府补助收入”科目。

工会使用以前年度财政直接支付额度支付款项时，借记“维权支出”“行政支出”“资本性支出”等科目的相关明细科目，贷记“财政应返还额度”科目（财政直接支付）。

2. 财政授权支付

年末，根据代理银行提供的对账单注销额度，具体账务处理参见“零余额账户用款额度”科目。下年初，根据代理银行提供的额度恢复到账通知书恢复额度，具体账务处理参见“零余额账户用款额度”科目。

财政应返还额度的主要账务处理如表3–7所示。

表3–7 “财政应返还额度”科目核算内容

<table>
<tr><th rowspan="2">序号</th><th colspan="2" rowspan="2">业务和事项内容</th><th>账务处理</th></tr>
<tr><th>县级以上工会</th></tr>
<tr><td rowspan="2">1</td><td rowspan="2">财政直接支付方式</td><td>年末，根据本年度预算指标数与当年实际支付数的差额</td><td>借：财政应返还额度——财政直接支付
贷：政府补助收入</td></tr>
<tr><td>使用以前年度财政直接支付额度支付款项时</td><td>借：维权支出/行政支出/资本性支出等
贷：财政应返还额度——财政直接支付</td></tr>
<tr><td rowspan="2">2</td><td rowspan="2">财政授权支付方式</td><td>年末，根据代理银行提供的对账单注销额度</td><td rowspan="2">参见“零余额账户用款额度”科目</td></tr>
<tr><td>下年初，根据代理银行提供的额度恢复到账通知书恢复额度</td></tr>
</table>

（三）会计实务举例

【例3–10】202×年12月，某市级总工会发生下列经济业务：

（1）年终，送温暖项目财政授权支付预算指标数为500 000元，零余额账户代理银行收到零余额账户用款额度450 000元，财政授权支付实际支出430 000元，尚未使用的财政授权支付预算额度20 000元，尚未下达的财政授权支付预算指标50 000元。

（2）年终，人员工资财政直接支付实际支出数比预算指标数少30 000元。

（3）次年初，收到代理银行提供的额度恢复到账通知书，恢复财政授权支付额度20 000元。同时，收到财政部门批复的上年终未下达的单位零余额账户用款额度50 000元。

（4）收到财政部门批转的财政直接支付额度恢复通知单，收到直接支付额度返还30 000元，并用其发放人员工资。

相关账务处理如下（支出经济分类、功能分类略）：

（1）年末，注销尚未使用的财政授权支付预算额度：

借：财政应返还额度——财政授权支付　　20 000

　　贷：零余额账户用款额度　　20 000

（2）年末，根据尚未下达的财政授权支付预算指标：

借：财政应返还额度——财政授权支付　　50 000

　　贷：政府补助收入　　50 000

（3）年末，根据尚未使用的财政直接支付额度：

借：财政应返还额度——财政直接支付　　30 000

　　贷：政府补助收入　　30 000

（4）次年初，根据额度恢复到账通知书恢复财政授权支付额度：

借：零余额账户用款额度　　20 000

　　贷：财政应返还额度——财政授权支付　　20 000

（5）收到财政部门批复的上年终未下达的零余额账户用款额度：

借：零余额账户用款额度　　50 000

　　贷：财政应返还额度——财政授权支付　　50 000

（6）收到财政部门批转的财政直接支付额度恢复通知单不做分录。

（7）次年初，使用恢复的财政直接支付额度发放人员工资：

借：行政支出——财政拨款　　30 000

　　贷：财政应返还额度——财政直接支付　　30 000

第三节　应收款项

一、应收款项概述

（一）应收款项的概念及分类

应收款项包括应收上级经费、应收下级经费和其他应收款等。

应收上级经费是本级工会应收未收的上级工会应拨付（或转拨）的工会拨缴经费和补助。应收下级经费是县级以上工会应收未收的下级工会应上缴的工会拨缴经费。其他应收款是工会除应收上下级经费和补助以外的其他应收及暂付款项。

（二）应收款项的管理要求

应收款项应当按照实际发生额入账。年末，工会应当分析各项应收款项的可收回性，对于确实不能收回的应收款项应报经批准认定后及时予以核销。各级工会尤其应对其他应收及暂付款项严格控制，健全手续，及时清理，不得长期挂账。

二、应收上级经费的核算

（一）会计科目设置

工会应当设置“应收上级经费”科目，核算工会应收未收的上级工会应拨付（或转拨）的工会拨缴经费和补助。本科目期末借方余额，反映工会年末应收未收的上级拨缴经费和补助。

工会可以根据需要在本科目下设置以下明细科目：（1）应收上级补助：核算上级工会应拨付给本级工会的各项补助收入；（2）应收上级转拨经费：核算上级工会采用税务代收、财政划拨形式收缴的工会经费中应划转给本级工会的部分。

（二）主要账务处理

1.年末，根据上级工会补助通知中的相关金额，借记“应收上级经费”科目（应收上级补助），贷记“上级补助收入”科目。收到上级工会拨来的补助时，按照实际收到的金额，借记“银行存款”科目，贷记“应收上级经费”科目（应收上级补助）。

2.年末，根据上级工会经费转拨通知中的相关金额，借记“应收上级经费”科目（应收上级转拨经费），按规定属于本级工会的部分，贷记“拨缴经费收入”科目，按规定应转拨下级工会的部分，贷记“应付下级经费——

应付下级转拨经费”科目。

收到上级工会转拨的工会经费时，按照实际收到的金额，借记“银行存款”科目，贷记“应收上级经费”科目（应收上级转拨经费）。

应收上级经费的主要账务处理如表3-8所示。

表3-8　　“应收上级经费”科目核算内容

<table>
<tr><th rowspan="2">序号</th><th rowspan="2" colspan="2">业务和事项内容</th><th colspan="2">账务处理</th></tr>
<tr><th>基层工会</th><th>县级以上工会</th></tr>
<tr><td rowspan="2">1</td><td rowspan="2">年末</td><td>根据上级工会补助通知中的相关金额</td><td colspan="2">借：应收上级经费——应收上级补助
　贷：上级补助收入</td></tr>
<tr><td>收到上级工会拨来的补助时</td><td colspan="2">借：银行存款
　贷：应收上级经费——应收上级补助</td></tr>
<tr><td rowspan="2">2</td><td rowspan="2">年末</td><td>根据上级工会经费转拨通知中的相关金额</td><td>借：应收上级经费——应收上级转拨经费
　贷：拨缴经费收入</td><td>借：应收上级经费——应收上级转拨经费
　贷：拨缴经费收入
　　应付下级经费——应付下级转拨经费</td></tr>
<tr><td>收到上级工会转拨的工会经费时</td><td colspan="2">借：银行存款
　贷：应收上级经费——应收上级转拨经费</td></tr>
</table>

（三）会计实务举例

【例3-11】202×年12月，某县级工会发生下列经济业务：

（1）3日，根据项目申报批复情况知悉，上级工会应对本县工会进行补助，补助金额10万元。

（2）30日，本地实行工会经费税务代收，根据第四季度数据统计，应收到上级拨回的转拨经费70万元。

（3）次年初收到上述经费。

相关账务处理如下：

（1）收到批复，年终结账之前：

借：应收上级经费——应收上级补助　　100 000

　贷：上级补助收入　　100 000

（2）根据税务代收有关记录，年终结账之前：

借：应收上级经费——应收上级转拨经费　　700 000

贷：拨缴经费收入　　700 000

（3）收到上述拨款时：

借：银行存款　　100 000

贷：应收上级经费——应收上级补助　　100 000

借：银行存款　　700 000

贷：应收上级经费——应收上级转拨经费　　700 000

三、应收下级经费的核算

（一）会计科目设置

工会应当设置"应收下级经费"科目，核算县级以上工会应收未收的下级工会应上缴的工会拨缴经费。本科目期末借方余额，反映县级以上工会年末应收未收的下级工会应上缴的工会拨缴经费。

（二）主要账务处理

1.年末，根据下级工会经费收缴报告表中的相关金额，借记"应收下级经费"科目，按规定属于本级工会的部分，贷记"拨缴经费收入"科目，按规定应上缴上级工会的部分，贷记"应付上级经费"科目。

2.收到下级工会的上缴经费时，借记"银行存款"科目，贷记"应收下级经费"科目。

应收下级经费的主要账务处理如表3–9所示。

表3–9　"应收下级经费"科目核算内容

序号	业务和事项内容	账务处理
		县级以上工会
1	年末，根据下级工会经费收缴报告表中的相关金额	借：应收下级经费 贷：拨缴经费收入［按规定属于本级工会的部分］ 应付上级经费［按规定应上缴上级工会的部分］
2	收到下级工会的上缴经费时	借：银行存款 贷：应收下级经费

（三）会计实务举例

【例3-12】202×年12月，某县级总工会发生下列经济业务：

（1）3日，当地工会经费实行自主收缴，根据年末所属基层工会上报的有关四季度经费收缴情况表，汇总后金额为120万元。

（2）次年初，收到上述有关经费。

补充信息：该地区基层工会留成经费为60%，县级工会留成比例为10%，其他需要拨缴上级工会。

相关账务处理如下：

（1）根据汇总报表得出四季度应缴经费，年终结账前：

借：应收下级经费　　（1 200 000×40%）480 000

　　贷：拨缴经费收入　　（1 200 000×10%）120 000

　　　　应付上级经费　　（1 200 000×30%）360 000

（2）次年初，收到上述经费时：

借：银行存款　　480 000

　　贷：应收下级经费　　480 000

四、其他应收款的核算

（一）会计科目设置

工会应当设置“其他应收款”科目，核算工会除应收上下级经费和补助以外的其他应收及暂付款项。本科目应按其他应收款的类别以及债务单位（或个人）设置明细账，进行明细核算。本科目期末借方余额，反映工会尚未收回的其他应收及暂付款项。

（二）主要账务处理

1.发生其他应收及暂付款项，借记“其他应收款”科目，贷记“库存现金”“银行存款”等科目。结算收回或核销转列支出时，按收回的金额，借记“库存现金”“银行存款”等科目，按列入支出的金额，借记有关支出科目，按结算总额，贷记“其他应收款”科目。

2.逾期三年以上、因债务人原因尚未收回的其他应收款，报经批准认定确实无法收回的应予以核销。转入待处理资产时，按照待核销的其他应收款金额，借记“待处理财产损溢”科目，贷记“其他应收款”科目。报经批准予以核销时，借记“其他支出”科目，贷记“待处理财产损溢”科目。

核销的呆账，应在备查簿中保留登记。已核销呆账重新收回的，按照实际收到的款项，借记“银行存款”科目，贷记“其他收入”科目。

其他应收款的主要账务处理如表3-10所示。

表3-10 “其他应收款”科目核算内容

<table>
<tr><th rowspan="2">序号</th><th rowspan="2" colspan="2">业务和事项内容</th><th colspan="2">账务处理</th></tr>
<tr><th>基层工会</th><th>县级以上工会</th></tr>
<tr><td rowspan="3">1</td><td rowspan="3">发生其他应收及暂付款项</td><td>发生时</td><td colspan="2">借：其他应收款
贷：库存现金/银行存款等</td></tr>
<tr><td>结算收回时</td><td colspan="2">借：库存现金/银行存款等
贷：其他应收款</td></tr>
<tr><td>核销转列支出时</td><td colspan="2">借：维权支出/行政支出/资本性支出等［实际核销金额］
贷：其他应收款</td></tr>
<tr><td rowspan="3">2</td><td rowspan="3">逾期无法收回的其他应收款</td><td>转入待处理资产</td><td colspan="2">借：待处理财产损溢
贷：其他应收款</td></tr>
<tr><td>报经批准予以核销时</td><td colspan="2">借：其他支出
贷：待处理财产损溢</td></tr>
<tr><td>已核销的其他应收款在以后期间收回</td><td colspan="2">借：银行存款
贷：其他收入</td></tr>
</table>

（三）会计实务举例

【例3-13】 202×年4月，某省级总工会发生下列经济业务：

（1）3日，下属××文化宫装修，经费不足，该省总工会经研究决定以借款形式支持资金500万元，后续由文化宫的收入中逐年归还，分五年等额还清。

（2）按照约定每年4月收到文化宫还款。

相关账务处理如下：

（1）款项借出时，根据会议决策纪要、签订的协议、请款的审批记录等：

借：其他应收款——××文化宫　5 000 000

　　贷：银行存款　5 000 000

（2）归还款项时：

借：银行存款　1 000 000

　　贷：其他应收款——××文化宫　1 000 000

【例3-14】202×年，某单位工会发生下列经济业务：

（1）5月15日，单位工会接到任务，该单位某施工现场发生事故，工会协助处理，垫付医疗费50万元。

（2）5月20日，垫付慰问相关职工及家属4万元。

（3）垫付现场工作会等零星开支6万元。

（4）11月20日，收到各项保险赔付35万元。

（5）12月20日，收到单位行政拨付处理事故有关工作经费25万元。

相关账务处理如下：

（1）垫付医疗费时：

借：其他应收款　500 000

　　贷：银行存款　500 000

（2）慰问职工及家属时：

借：其他应收款　40 000

　　贷：银行存款　40 000

（3）垫付现场处理各种资金时：

借：其他应收款　60 000

　　贷：银行存款　60 000

（4）收到保险赔付时：

借：银行存款　350 000

　　贷：其他应收款　350 000

（5）收到单位行政专项补助时：

借：银行存款　250 000

　　贷：其他应收款　250 000

第四节 库存物品

一、库存物品概述

（一）库存物品的概念

库存物品是指工会取得的将在日常活动中耗用的材料、物品及达不到固定资产标准的工具、器具等。

（二）库存物品的特征

库存物品在物质形态、流动性、储存目的等方面具有显著特征：

1. 从物质形态来看，库存物品具有物质实体，是有形资产，与无形资产、投资、其他应收款等没有实物形态的资产具有明显区别。

2. 从流动性来看，库存物品具有很强的流动性，通常会在短期内被耗用，并不断地被重置，具有较强的变现能力和流动性，与固定资产、在建工程有着显著区别。

3. 从储存目的来看，库存物品储存是为了在工会日常活动中被耗用，因此，一项资产是否属于库存物品，主要取决于其用途，如果此项资产不是用于工会日常活动，而是为建造固定资产等各项工程而储存的各种材料，虽然也具备库存物品的某些特征，但它并不符合库存物品的概念，因此，也不能作为库存物品核算。

（三）库存物品的确认

库存物品同时满足下列条件的，应当予以确认：（1）与该库存物品有关的服务潜力很可能实现或经济利益很可能流入工会；（2）该库存物品的成本或者价值能够可靠地计量。

（四）库存物品的计量

1.库存物品的初始计量

（1）库存物品在取得时应当按照其实际成本入账。

（2）工会购入、有偿调入的库存物品以实际支付的价款记账。

（3）工会接受捐赠、无偿调入的库存物品，其成本按照有关凭据注明的金额加上相关税费、运输费等确定；没有相关凭据、但按照规定经过资产评估的，其成本按照评估价值加上相关税费、运输费等确定；没有相关凭据、也未经过评估的，其成本比照同类或类似资产的价格加上相关税费、运输费等确定。如无法采用上述方法确定资产成本的，按照名义金额（人民币1元）入账，相关税费、运输费等计入当期支出。

（4）盘盈的库存物品，其成本比照上述接受捐赠、无偿调入的库存物品处理。

2.库存物品的后续计量

（1）库存物品在发出（领用或出售等）时，工会应当根据实际情况在先进先出法、加权平均法、个别计价法中选择一种方法确定发出库存物品的实际成本。库存物品发出方法一经选定，不得随意变更。

①先进先出法。先进先出法是指以先购入的库存物品应先发出（销售或耗用）这样一种库存物品实物流转假设为前提，对发出库存物品进行计价的一种方法。采用这种方法，先购入的库存物品成本在后购入库存物品成本之前转出，据此确定发出库存物品和期末库存物品的成本。

采用先进先出法，收入库存物品时，需逐笔登记收入库存物品的数量、单价和金额；发出库存物品时，按照先进先出的原则逐笔登记库存物品的发出成本和结存金额。这种方法的优点是：符合需要保鲜、容易变质和有效期短的库存物品流转的规律；期末库存物品成本是按最近购货确定的，比较接近现行的市场价值；对发出的库存物品及时计价，利于均衡计价工作量，加速月末结账速度。但是，这种方法也有缺点，具体是：在单位库存物品收发业务较多、库存物品单价不稳定时，工作量较大；在物价上涨的情况下，期末库存物品成本接近于市价，而发出库存物品所计算的成本偏低，会高估单位当期利润和库存物品价值；反之，在物价下跌的情况下，会低估企业库存物品价值和当期利润。因此，先进先出法适合于时效性强的库存物品以及库存物品收发业务量不大的单位。

【例3–15】某基层工会202×年10月1日结存甲类纸张100千克，每千克实际成本为6元；10月6日购入甲类纸张400千克，每千克实际成本为6.5元；10月12日发出甲类纸张300千克；10月17日购入甲类纸张600千克，每千克实际成本为7元；10月24日发出甲类纸张500千克。按照先进先出法核算发出和结存纸张的成本。

在先进先出法下：

本月发出纸张成本=（100×6+200×6.5）+（200×6.5+300×7）=5 300（元）

本月末库存纸张成本=300×7=2 100（元）

②月末一次加权平均法。月末一次加权平均法是指以当月全部库存物品进货数量加上月初库存物品数量作为权数，去除当月全部进货成本加上月初库存物品成本，计算出库存物品的加权平均单位成本，以此为基础计算当月发出库存物品的成本和期末库存物品的成本的一种方法。

其计算公式为：

加权平均单位成本=［月初库存物品成本+∑（本月各批库存物品实际单位成本×本月各批进货数量）］÷（月初库存物品数量+∑本月各批进货数量）

发出库存物品的成本=本月发出库存物品的数量×加权平均单位成本

月末库存物品的成本=月末库存物品的数量×加权平均单位成本

或者

月末库存物品的成本=月初库存物品的实际成本+本月收入库存物品的实际成本−本月发出库存物品的实际成本

采用月末一次加权平均法，平时领用库存物品只在库存物品明细账中登记数量，不登记单价和金额，月末一次性计算全月领用库存物品的实际成本。这样，可以减少日常核算的工作量，而且在市场价格上涨或下跌时所计算出来的单位成本较为平均，有利于消除物价变动对库存物品成本计算的不利影响。但是，这种方法将领用库存物品实际成本的计算工作集中在月末进行，影响了核算的及时性；此外，由于平时从库存物品明细账内看不出库存物品的结存金额，因此，不利于加强对库存物品的日常管理。为克服这一缺陷，在各月库存物品的实际单价出入不大的情况下，可以按上月的加权平均单价计算本月所领用库存物品的实际成本，以对本月领用库存物品及时计价，同时减轻月末核算的工作量。

【例3–16】接例3–15，若采用月末一次加权平均法，计算本月发出和结存纸张的成本。

月末一次加权平均法下：

加权平均单位成本 =（100 × 6+400 × 6.5+600 × 7）÷（100+400+600）≈ 6.73（元）

本月发出纸张成本 =（300+500）× 6.73=5 384（元）

本月末库存纸张成本 =300 × 6.73=2 019（元）

③移动加权平均法。移动加权平均法，是指以本次进货的成本加上原有库存物品的成本，除以本次进货数量与原有库存物品的数量之和，据以计算加权平均单位成本，并作为在下次进货前计算各次发出库存物品成本的依据。

移动加权平均法是加权平均法的一种特殊形式。这种方法下，每次购入库存物品后，需要计算新的库存单价和库存成本；领用库存物品时，按前一次进货后确定的库存物品单位成本计算领用成本和领用后的库存成本。由于移动加权平均单价随购入价格的变动而变动，因此，结果比较准确，且能随时计算所领用库存物品的实际成本，可使管理当局及时了解库存物品的结存情况，但每购入一批库存物品都要重新计算一次加权平均单价（指购入库存物品单价与结存库存物品单价不一致的情况），因此，计算工作量较大。

其计算公式如下：

库存物品单位成本=（原有库存物品的实际成本+本次进货的实际成本）÷（原有库存物品的数量+本次进货的数量）

本次发出库存物品的成本=本次发出库存物品的数量×本次发出库存物品前库存物品的单位成本

本月月末库存物品的成本=月末库存物品的数量×本月月末库存物品单位成本

【例3–17】接例3–15，若采用移动加权平均法，计算本月发出和结存纸张的成本。

移动加权平均法下：

第一次收入库存物品后的加权平均单位成本=（100×6+400×6.5）÷（100+400）=6.4（元）

第一批发出纸张成本=300×6.4=1 920（元）

当时结存的纸张实际成本=200×6.4=1 280（元）

第二次收入库存物品后的加权平均单位成本=（1 280+600×7）÷（200+600）=6.85（元）

第二批发出纸张成本=500×6.85=3 425（元）

本月末库存纸张成本=300×6.85=2 055（元）

④个别计价法。个别计价法又称个别认定法、具体辨认法、分批实际法，是假设库存物品具体项目的实物流转与成本流转相一致，按照各种库存物品逐一辨认各批发出库存物品和期末库存物品所属的购进批别或生产批别，分别按购入或生产时所确定的单位成本计算各批发出库存物品成本和期末库存物品成本的一种方法。这种方法把每一种库存物品的实际成本作为计

算发出库存物品成本和期末库存物品成本的基础。对于不能替代使用的库存物品、为特定项目专门购入或加工的库存物品，通常采用个别计价法确定发出库存物品的成本。

其计算公式为：

发出库存物品的实际成本=所发出库存物品的数量×该库存物品的实际单位成本

个别计价法可以及时对发出库存物品进行计价，符合实际情况，且计算结果准确，但因采用此法必须以购入的库存物品分批存放和保管为前提，而且在库存物品收发频繁的情况下，其发出成本分辨的工作量较大。实务工作中，由于信息化技术的广泛应用，越来越多的单位采用计算机系统进行会计处理，个别计价法可以广泛应用于发出库存物品的计价，并且个别计价法确定的库存物品成本最为准确。

（2）工会盘盈的库存物品按照确定的成本入账，报经批准后相应增加资产基金；盘亏的库存物品，冲减其账面余额，报经批准后相应减少资产基金。

（3）对于报废、毁损的库存物品，冲减其账面余额，报经批准后相应减少资产基金，清理中取得的变价收入扣除清理费用后的净收入（或损失）计入当期收入（或支出），按规定应上缴财政的计入其他应付款。

（五）库存物品的管理要求

工会应当定期对库存物品进行清查盘点，每年至少全面盘点一次。对于盘盈、盘亏或报废、毁损的库存物品，应当及时查明原因，报经批准认定后及时进行会计处理。

二、库存物品的核算

（一）会计科目设置

工会应当设置“库存物品”科目，核算工会取得的将在日常活动中耗用的材料、物品及达不到固定资产标准的工具、器具等。本科目应按库存物品的类别、品名设置明细账，并根据出入库单逐笔核算。本科目期末借方余额，反映工会尚未使用的库存物品的实际成本。

（二）主要账务处理

1. 取得库存物品时

（1）购入物品验收入库，按照确定的成本，借记“库存物品”科目，贷记“资产基金——库存物品”科目；同时，按照实际支付的金额，借记“职工活动支出”“维权支出”“行政支出”等科目，贷记“银行存款”“零余额账户用款额度”“政府补助收入”等科目。

（2）接受捐赠、无偿调入的库存物品，按照确定的成本，借记“库存物品”科目，贷记“资产基金——库存物品”科目；同时，按照实际支付的相关税费、运输费等金额，借记“其他支出”科目，贷记“银行存款”“零余额账户用款额度”“政府补助收入”等科目。

2. 发出库存物品时

（1）开展业务活动等领用、发出库存物品时，按照领用、发出库存物品的实际成本，借记“资产基金——库存物品”科目，贷记“库存物品”科目。

（2）经批准对外出售库存物品时，按照出售库存物品的实际成本，借记“资产基金——库存物品”科目，贷记“库存物品”科目。按照出售过程中取得的价款，借记“银行存款”等科目，贷记“其他收入”科目，按规定应上缴同级财政的，贷记“其他应付款”科目。出售过程中工会发生的税费等支出，借记“其他支出”科目，贷记“银行存款”等科目。

（3）经批准对外捐赠、无偿调出库存物品时，按照对外捐赠、无偿调出库存物品的实际成本，借记“资产基金——库存物品”科目，贷记“库存物品”科目。对外捐赠、无偿调出库存物品发生的由工会承担的运输费等支出，借记“职工活动支出”“维权支出”“行政支出”等科目，贷记“银行存款”“零余额账户用款额度”等科目。

（4）以库存物品对外进行股权投资时，按照投出库存物品的实际成本，借记“资产基金——库存物品”科目，贷记“库存物品”科目；同时，按照确定的投资成本，借记“投资”科目，贷记“资产基金——投资”科目。按照发生的相关税费，借记“其他支出”科目，贷记“银行存款”等科目。

3.库存物品每年至少盘点一次，盘盈、盘亏或报废、毁损应查明原因，按规定程序批准后及时处理

（1）盘盈的库存物品，按照确定的成本，借记“库存物品”科目，贷记“待处理财产损溢”科目。

（2）盘亏或者报废、毁损的库存物品，按照账面余额，借记“待处理财产损溢”科目，贷记“库存物品”科目。

库存物品的主要账务处理如表3–11所示。

（三）会计实务举例

【例3–18】接例3–15，某基层工会当月购入甲类纸张两批，金额为6 800元，纸张已验收入库，以银行存款付讫。同时，按照先进先出法计算，当月工会办公室领用发出纸张成本为5 300元，月末库存材料成本为2 100元。

相关账务处理如下（支出经济分类略）：

（1）购入纸张验收入库时：

借：库存物品　　6 800

　　贷：资产基金——库存物品　　6 800

借：业务支出　　6 800

　　贷：银行存款　　6 800

（2）领用纸张时：

借：资产基金——库存物品　　5 300

　　贷：库存物品　　5 300

表3-11 “库存物品”科目核算内容

<table>
<tr><th rowspan="2">序号</th><th rowspan="2" colspan="3">业务和事项内容</th><th colspan="2">账务处理</th></tr>
<tr><th>基层工会</th><th>县级以上工会</th></tr>
<tr><td rowspan="3">1</td><td rowspan="3">取得库存物品时</td><td>外购</td><td>购入物品验收入库</td><td>借：库存物品
贷：资产基金——库存物品
借：职工活动支出/维权支出/业务支出等
贷：银行存款等</td><td>借：库存物品
贷：资产基金——库存物品
借：职工活动组织支出/维权支出/行政支出等
贷：银行存款/零余额账户用款额度/政府补助收入等</td></tr>
<tr><td rowspan="2">接受捐赠无偿调入</td><td>接受捐赠、无偿调入库存物品</td><td colspan="2">借：库存物品
贷：资产基金——库存物品</td></tr>
<tr><td>实际支付相关税费、运输费等</td><td colspan="2">借：其他支出
贷：银行存款/零余额账户用款额度/政府补助收入等</td></tr>
<tr><td rowspan="5">2</td><td rowspan="5">发出库存物品时</td><td colspan="2">开展业务活动等领用、发出时</td><td colspan="2">借：资产基金——库存物品
贷：库存物品</td></tr>
<tr><td rowspan="4">经批准对外出售</td><td>发出时</td><td colspan="2">借：资产基金——库存物品
贷：库存物品</td></tr>
<tr><td>取得净收入不需要上缴同级财政的</td><td colspan="2">借：银行存款
贷：其他收入</td></tr>
<tr><td>取得净收入需要上缴同级财政的</td><td colspan="2">借：银行存款
贷：其他应付款</td></tr>
<tr><td>发生相关税费</td><td colspan="2">借：其他支出
贷：银行存款等</td></tr>
</table>

续表

<table>
<tr><th rowspan="2">序号</th><th colspan="3" rowspan="2">业务和事项内容</th><th colspan="2">账务处理</th></tr>
<tr><th>基层工会</th><th>县级以上工会</th></tr>
<tr><td rowspan="5">2</td><td rowspan="5">发出库存物品时</td><td rowspan="2">经批准对外捐赠、无偿调出</td><td>发出时</td><td colspan="2">借：资产基金——库存物品
贷：库存物品</td></tr>
<tr><td>发生的由工会承担的运输费等支出</td><td>借：职工活动支出/维权支出等
贷：银行存款等</td><td>借：职工活动组织支出/维权支出/行政支出等
贷：银行存款/零余额账户用款额度等</td></tr>
<tr><td rowspan="2">经批准以库存物品对外进行股权投资</td><td>对外投资时</td><td colspan="2">借：资产基金——库存物品
贷：库存物品
借：投资
贷：资产基金——投资</td></tr>
<tr><td>发生相关税费</td><td colspan="2">借：其他支出
贷：银行存款等</td></tr>
<tr style="display:none"></tr>
<tr><td rowspan="2">3</td><td colspan="2" rowspan="2">库存物品定期盘点及毁损、报废</td><td>盘盈库存物品</td><td colspan="2">借：库存物品
贷：待处理财产损溢</td></tr>
<tr><td>盘亏或者报废、毁损库存物品</td><td colspan="2">借：待处理财产损溢
贷：库存物品</td></tr>
</table>

注：本表中“零余额账户用款额度”和“政府补助收入”科目适用于有财政拨款的县级以上工会。

【例3-19】某县级工会收到捐赠防疫物资一批，主要为口罩和防护服，捐赠清单显示总价值为50 000元，已经验收入库，并及时转拨给当地医疗部门，签收手续完备。

相关账务处理如下：

（1）收到捐赠物资时：

借：库存物品　　50 000

　　贷：资产基金——库存物品　　50 000

（2）将所得捐赠物资转拨给当地医疗部门：

借：资产基金——库存物品　　50 000

　　贷：库存物品　　50 000

【例3-20】202×年，某企业集团工会发生以下经济业务：

（1）9月15日，购入活动用品一批，价款30 000元，对方代垫运费800元，计划组织全体职工开展职工活动发放奖品，上述款项已通过银行存款支付，该批活动用品已经验收入库。

（2）10月，组织职工开展大型体育活动，上述奖品已全部发放。

（3）年末，对库存物品进行盘点，发现盘盈婴幼儿用品3套、雨伞30把。经查，盘盈婴幼儿用品为上月购入的慰问职工用品，价值2 400元，尚未入账；盘盈的雨伞为捐赠物品，价值300元。

（4）年末盘点，发现盘亏移动硬盘1块和慰问品3份，移动硬盘价值为400元、慰问品价值为500元/份。经查，盘亏移动硬盘的原因是上月工会新增工作人员1人，已经领用移动硬盘，但尚未入账；盘亏慰问品未能查清原因，后追究2名保管人员的责任，每人赔偿500元，其他经批准确定为损失。

（5）年末盘点，发现2件库存物品毁损，总价值为800元，经批准进行报废处理，经查，系保管不当的原因导致毁损。该产品原用途是职工活动用品，已对相关责任人员进行处罚，现金赔偿300元已入账。

相关账务处理如下（支出经济分类略）：

（1）验收入库时：

借：库存物品　　30 800

贷：资产基金——库存物品		30 800
借：职工活动支出——文体活动支出	30 800	
贷：银行存款		30 800

（2）组织职工活动，奖品出库时：

借：资产基金——库存物品	30 800	
贷：库存物品		30 800

（3）年终盘点盘盈时：

借：库存物品	2 700	
贷：待处理财产损溢——待处理财产价值		2 700

（4）经批准对盘盈库存物品进行处理时：

借：待处理财产损溢——待处理财产价值	2 700	
贷：资产基金——库存物品		2 700

（5）年终盘点盘亏时：

借：待处理财产损溢——待处理财产价值	1 900	
贷：库存物品		1 900

（6）经批准对盘亏库存物品进行处理时：

借：资产基金——库存物品	1 900	
贷：待处理财产损溢——待处理财产价值		1 900

（7）收到责任人赔偿时：

借：库存现金	1 000	
贷：其他收入		1 000

（8）年末盘点，库存物品毁损时：

借：待处理财产损溢——待处理财产价值	800	
贷：库存物品		800

（9）经批准对毁损库存物品进行处理时：

借：资产基金——库存物品	800	
贷：待处理财产损溢——待处理财产价值		800

（10）收到责任人赔偿时：

借：库存现金	300	
贷：其他收入		300

第五节 投 资

一、投资概述

（一）投资的概念及分类

投资是指工会按照国家有关法律、行政法规和工会的相关规定，以货币资金、实物资产等方式向其他单位的投资。

投资按其流动性分为短期投资和长期投资；按其性质分为股权投资和债权投资。短期投资，是指工会取得的持有时间不超过1年（含1年）的投资。长期投资，是指工会取得的除短期投资以外的债权和股权性质的投资。

（二）投资的计量

1.投资的初始计量

投资在取得时应当按照其实际成本入账。工会以货币资金方式对外投资的，以实际支付的款项（包括购买价款以及税金、手续费等相关税费）作为投资成本记账。工会以实物资产和无形资产方式对外投资的，以评估确认或合同、协议确定的价值记账。

2.投资的后续计量

（1）对于投资期内取得的利息、利润、红利等各项投资收益，工会应当计入当期投资收益。

（2）工会处置（出售）投资时，实际取得价款与投资账面余额的差额，应当计入当期投资收益。对于因被投资单位破产、被撤销、注销、吊销营业执照或者被政府责令关闭等情况造成难以收回的未处置不良投资，工会应当在报经批准后及时核销。

（三）投资的管理要求

工会投资主要有以下几个方面的要求：

1. 各级工会对外投资必须在本级工会经费有结余的情况下才可以考虑。

2. 对外发生的投资，必须遵循国家法律、法规的规定；必须符合工会事业发展的需要；规模适度，量力而行，不影响工会业务的发展；坚持效益优先。

3. 工会对外投资需按照有关规定，进行严格的可行性研究与论证。

4. 对经可行性论证为可以投资的，需要按照规定程序审批后才能投资。具体要做到：一是要经过本级工会经费审查委员会审查；二是要经主席办公会讨论通过；三是要报上级主管部门审批或备案。

5. 投资需要与被投资方签订协议和合同，办理必要的实物移交手续，并取得被投资方出具的投资证明或其他有效凭据。

6. 工会组织应对投资事项实行激励和约束相结合的机制，进行跟踪管理，及时发现问题，并进行妥善处理。

二、投资的核算

（一）会计科目设置

工会应当设置“投资”科目，核算工会按照国家有关法律、行政法规和工会的相关规定，以货币资金、实物资产等方式向其他单位的投资。本科目应当按照投资类别、投资单位等设置明细账，进行明细核算。本科目期末借方余额，反映工会持有投资的金额。

（二）主要账务处理

1. 债券投资

（1）购入国债等债券，按照确定的成本，借记“投资”科目，贷记

“资产基金——投资”科目；同时，按照投资成本金额，借记“工会资金结余——累计结余”科目，贷记“银行存款”等科目。

（2）债券投资持有期间收到利息时，按照实际收到的金额，借记“银行存款”等科目，贷记“投资收益”科目。

（3）对外转让或到期收回债券投资本息，按照收回投资的账面余额，借记“资产基金——投资”科目，贷记“投资”科目；同时，按照实际收到的金额，借记“银行存款”科目，按照收回投资的账面余额，贷记“工会资金结余——累计结余”科目，按照其差额，贷记或借记“投资收益”科目。

2.股权投资

（1）以货币资金对外进行股权投资，按照确定的成本，借记“投资”科目，贷记“资产基金——投资”科目；同时，按照投资成本金额，借记“工会资金结余——累计结余”科目，贷记“银行存款”等科目。

以库存物品、固定资产、无形资产对外进行股权投资，按照确定的成本，借记“投资”科目，贷记“资产基金——投资”科目；按照发生的相关税费，借记“其他支出”科目，贷记“银行存款”等科目；同时，按照投出资产的账面价值，借记“资产基金”科目，按照已经计提的折旧、摊销金额，借记“累计折旧”“累计摊销”科目，按照投出资产的账面余额，贷记“库存物品”“固定资产”“无形资产”科目。

（2）投资持有期间实际收到股利等投资收益时，按照实际收到的金额，借记“银行存款”等科目，贷记“投资收益”科目。

（3）转让股权投资时，按照转让股权投资的账面余额，借记“资产基金——投资”科目，贷记“投资”科目。按照实际取得的价款，借记“银行存款”等科目，按照投资的账面价值，贷记“工会资金结余——累计结余”科目，按照其差额，贷记或借记“投资收益”科目。

（4）因被投资单位破产清算等原因，有确凿证据表明股权投资发生损失，按规定报经批准后予以核销。按照待核销的股权投资账面余额，借记“待处理财产损溢”科目，贷记“投资”科目。

报经批准予以核销时，按照已核销的股权投资账面余额，借记“资产基金——投资”科目，贷记“待处理财产损溢”科目。

已经核销的投资呆账，保留备查账簿。已经核销的投资呆账，重新收回的，借记“银行存款”等科目，贷记“其他收入”科目。收回实物的，需重新进行评估，按照评估价值入账。

投资的主要账务处理如表3–12所示。

表3–12 “投资”科目核算内容

<table>
<tr><th rowspan="2">序号</th><th rowspan="2" colspan="3">业务和事项内容</th><th colspan="2">账务处理</th></tr>
<tr><th>基层工会</th><th>县级以上工会</th></tr>
<tr><td rowspan="3">1</td><td rowspan="3">债券投资</td><td colspan="2">购入国债等债券</td><td colspan="2">借：投资
贷：资产基金——投资
借：工会资金结余——累计结余
贷：银行存款等</td></tr>
<tr><td colspan="2">债券投资持有期间收到利息时</td><td colspan="2">借：银行存款等
贷：投资收益</td></tr>
<tr><td colspan="2">对外转让或到期收回债券投资本息</td><td colspan="2">借：资产基金——投资
贷：投资
借：银行存款
贷：工会资金结余——累计结余［收回投资的账面余额］
投资收益［差额，贷方或借方］</td></tr>
<tr><td rowspan="2">2</td><td rowspan="2">股权投资</td><td>以货币资金对外投资</td><td>投资时</td><td colspan="2">借：投资
贷：资产基金——投资
借：工会资金结余——累计结余
贷：银行存款</td></tr>
<tr><td>以库存物品、固定资产、无形资产对外投资</td><td>以库存物品对外投资</td><td colspan="2">借：投资
贷：资产基金——投资
借：资产基金——库存物品
贷：库存物品</td></tr>
</table>

续表

序号	业务和事项内容			账务处理	
				基层工会	县级以上工会
2	股权投资	以库存物品、固定资产、无形资产对外投资	以固定资产对外投资	借：投资 　　贷：资产基金——投资 借：资产基金——固定资产 　　累计折旧 　　贷：固定资产	
			以无形资产对外投资	借：投资 　　贷：资产基金——投资 借：资产基金——无形资产 　　累计摊销 　　贷：无形资产	
			发生相关税费	借：其他支出 　　贷：银行存款等	
		投资持有期间	实际收到股利等投资收益时	借：银行存款 　　贷：投资收益	
		转让股权投资	转让时	借：资产基金——投资 　　贷：投资 借：银行存款 　　贷：工会资金结余——累计结余［投资的账面价值］ 　　　　投资收益［差额，贷方或借方］	
		有确凿证据表明股权投资发生损失	转入待处理	借：待处理财产损溢 　　贷：投资	
			报经批准予以核销时	借：资产基金——投资 　　贷：待处理财产损溢	
			已核销的投资呆账重新收回的	借：银行存款 　　贷：其他收入	

（三）会计实务举例

【例3-21】某市总工会发生下列投资相关经济业务：

（1）20×1年1月3日，购入五年期国债100万元，利率为5%，以银行存款付讫。

（2）20×2年1月15日，收到国债利息5万元，通过银行存款收讫。

（3）20×2年2月2日，对外转让上述国债，实际收到102万元，款项已通过银行存款收讫。

相关账务处理如下：

（1）购入国债时：

借：投资——债券投资　　1 000 000

　　贷：资产基金——投资　　1 000 000

借：工会资金结余——累计结余　　1 000 000

　　贷：银行存款　　1 000 000

（2）持有期间收到利息时：

借：银行存款　　50 000

　　贷：投资收益　　50 000

（3）对外转让债券时：

借：资产基金——投资　　1 000 000

　　贷：投资——债券投资　　1 000 000

借：银行存款　　1 020 000

　　贷：工会资金结余——累计结余　　1 000 000

　　　　投资收益　　20 000

【例3-22】20×1年4月，某市总工会下属事业单位改制转为企业A，原事业单位净资产经评估后作价2 000万元，现金增资扩股1 000万元，以银行存款付讫。

相关账务处理如下：

（1）事业单位改制转为企业，净资产经评估后作价入股时：

借：投资——股权投资　　20 000 000

　　贷：资产基金——投资　　20 000 000

（2）现金增资扩股时：

借：投资——股权投资　　10 000 000

　　贷：资产基金——投资　　10 000 000

借：工会资金结余——累计结余 10 000 000

　　贷：银行存款 10 000 000

【例3-23】20×1年，某市总工会发生以下业务：

（1）7月，用其位于该市的一座闲置房产和一部分库存物品进行投资，与某企业合资兴办一个电影院，占股比例51%。该房屋账面原值300万元，已提折旧100万元，账面价值200万元，评估价值400万元；库存物品账面价值30万元，作价25万元；另发生相关税费2万元，款项已通过银行存款收付讫（注：上述用于投资的房产和库存物品均为工会资产）。

（2）12月，将上述股份转让给C公司，评估转让价格600万元，假设相关资产转让程序、手续完备，已收到银行存款600万元。

相关账务处理如下（支出经济分类略）：

（1）使用闲置房产投资时：

借：投资——股权投资 4 000 000

　　贷：资产基金——投资 4 000 000

借：资产基金——固定资产 2 000 000

　　累计折旧 1 000 000

　　贷：固定资产 3 000 000

（2）使用库存物品投资时：

借：投资——股权投资 250 000

　　贷：资产基金——投资 250 000

借：资产基金——库存物品 300 000

　　贷：库存物品 300 000

（3）投资过程中支付相关税费：

借：其他支出 20 000

　　贷：银行存款 20 000

（4）股权投资转让时：

借：资产基金——投资 4 250 000

　　贷：投资——股权投资 4 250 000

借：银行存款 6 000 000

贷：工会资金结余——累计结余　　4 250 000
　　投资收益　　1 750 000

第六节　在建工程

一、在建工程概述

（一）在建工程的概念

在建工程是指工会已经发生必要支出，但尚未交付使用的建设项目工程。

（二）在建工程的特征

1. 从建设进度来看，在建工程一般是尚未交付使用的建设项目工程，且该项工程已经发生了一些必要支出。

2. 从涵盖范围来看，在建工程所涵盖的建设项目工程，既包括各种建筑项目工程、设备安装项目，也包括信息系统项目工程等。

3. 从建设方式来看，建设项目的新建、改建、扩建、修缮以及技术改造、设备更新等所发生的各种建筑和安装支出都属于资本性支出，都属于在建工程的核算范围，所形成的资产都属于固定资产或无形资产。

4. 从核算要求来看，工会基本建设项目按照制度规定“并入大账”统一进行会计核算，而不需要再单独建账，但应区分项目分别核算，并保证项目资料完整。

（三）在建工程的计量

1. 在建工程应当按照实际发生的支出确定其工程成本，并单独核算。

2. 在建工程的工程成本应当根据以下具体情况分别确定：

（1）对于自营工程，按照直接材料、直接人工、直接机械施工费等确定其成本。

（2）对于出包工程，按照应支付的工程价款等确定其成本。

（3）对于设备安装工程，按照所安装设备的价值、工程安装费用、工程试运转等所发生的支出等确定工程成本。

3.建设项目完工交付使用时，工会应当将在建工程成本转入固定资产等进行核算。

二、在建工程的核算

（一）会计科目设置

工会应当设置“在建工程”科目，核算工会在建的建设项目工程的实际成本。工会在建的信息系统项目工程，也通过本科目核算。本科目的期末借方余额，反映工会尚未完工的各项在建工程发生的实际支出。

（二）明细科目设置

“在建工程”科目应当设置“建筑安装工程投资”“设备投资”“待摊投资”“其他投资”“待核销基建支出”“基建转出投资”“预付工程款”等明细科目，并按照具体项目进行明细核算。

1.“建筑安装工程投资”明细科目，核算工会发生的构成建设项目实际支出的建筑工程和安装工程的实际成本，不包括被安装设备本身的价值以及按照合同规定支付给施工单位的预付备料款和预付工程款。本明细科目应当设置“建筑工程”和“安装工程”两个明细科目进行明细核算。

2.“设备投资”明细科目，核算工会发生的构成建设项目实际支出的各种设备的实际成本。

3.“待摊投资”明细科目，核算工会发生的构成建设项目实际支出的、按照规定应当分摊计入有关工程成本和设备成本的各项间接费用和税费支出。本明细科目应当按照具体费用项目进行明细核算。

4.“其他投资”明细科目，核算工会发生的构成建设项目实际支出的房屋购置支出，基本畜禽、林木等购置、饲养、培育支出，办公生活用家具、器具购置支出，软件研发和不能计入设备投资的软件购置等支出。工会为进行可行性研究而购置的固定资产，以及取得土地使用权支付的土地出让金，也通过本明细科目核算。本明细科目应当设置“房屋购置”“基本畜禽支出”“林木支出”“办公生活用家具、器具购置”“可行性研究固定资产购置”“无形资产”等明细科目。

5.“待核销基建支出”明细科目，核算建设项目发生的江河清障、航道清淤、飞播造林、补助群众造林、水土保持、城市绿化、取消项目的可行性研究费以及项目整体报废等不能形成资产部分的基建投资支出。本明细科目应当按照待核销基建支出的类别进行明细核算。

6.“基建转出投资”明细科目，核算为建设项目配套而建成的、产权不归属本工会的专用设施的实际成本。本明细科目应当按照转出投资的类别进行明细核算。

7.“预付工程款”明细科目，核算工会预付给施工企业或代建单位的工程款。本明细科目应当按照收取预付款的单位进行明细核算。

（三）主要账务处理

1.建筑安装工程投资

（1）将固定资产转入改建、扩建等时，按照固定资产的账面价值，借记“在建工程”科目（建筑安装工程投资），贷记“资产基金——在建工程”科目；同时，按照固定资产的账面价值，借记“资产基金——固定资产”科目，按照已计提的折旧金额，借记“累计折旧”科目，按照固定资产的账面余额，贷记“固定资产”科目。

固定资产改建、扩建过程中涉及到替换（或拆除）原资产的某些组成部分的，按照被替换（或拆除）部分的账面价值，借记“待处理财产损溢”科目，贷记“在建工程”科目（建筑安装工程投资）。

（2）对于发包建筑安装工程，预付工程款时，根据实际支付的金额，借记“在建工程”科目（预付工程款），贷记“资产基金——在建工程”科目；同时，借记“资本性支出”科目，贷记“银行存款”“零余额账户用款额度”“政府补助收入”等科目。根据建筑安装工程价款结算账单与施工企业结算工程价款时，按照应承付的工程价款，借记“在建工程”科目（建筑安装工程投资），贷记“在建工程”科目（预付工程款）。涉及补付价款的，借记“在建工程”科目（建筑安装工程投资），贷记“资产基金——在建工程”科目；同时，借记“资本性支出”科目，贷记“银行存款”“零余额账户用款额度”“政府补助收入”等科目。

（3）对于自行施工的小型建筑安装工程，按照发生的各项支出金额，借记“在建工程”科目（建筑安装工程投资），贷记“资产基金——在建工程”科目；同时，借记“资本性支出”科目，贷记“银行存款”“零余额账户用款额度”“政府补助收入”“应付职工薪酬”等科目。

（4）工程竣工，办妥竣工验收交接手续并交付使用时，按照建筑安装工程成本（含应分摊的待摊投资），借记“资产基金——在建工程”科目，贷记“在建工程”科目（建筑安装工程投资）；同时，借记“固定资产”等科目，贷记“资产基金——固定资产”等科目。

2.设备投资

（1）购入设备时，按照购入成本，借记“在建工程”科目（设备投资），贷记“资产基金——在建工程”科目；同时，借记“资本性支出”科目，贷记“银行存款”“零余额账户用款额度”“政府补助收入”等科目。采用预付款方式购入设备的，有关预付款的账务处理参照本科目有关“建筑安装工程投资”明细科目的规定。

（2）设备安装完毕，办妥竣工验收交接手续并交付使用时，按照设备投资成本（含设备安装工程成本和分摊的待摊投资），借记“资产基金——在建工程”科目，贷记“在建工程”科目（设备投资、建筑安装工程投资——

安装工程）；同时，借记“固定资产”科目，贷记“资产基金——固定资产”科目。

将不需要安装的设备和达不到固定资产标准的工具、器具交付使用时，按照相关设备、工具、器具的实际成本，借记“资产基金——在建工程”科目，贷记“在建工程”科目（设备投资）；同时，借记“固定资产”“库存物品”科目，贷记“资产基金——固定资产”“资产基金——库存物品”科目。

3.待摊投资

建设工程发生的构成建设项目实际支出的，按照规定应当分摊计入有关工程成本和设备成本的各项间接费用和税费支出，先在本明细科目中归集；建设工程办妥竣工验收手续并交付使用时，按照合理的分配方法，摊入相关工程成本、在安装设备成本等。

（1）工会发生的构成待摊投资的各类费用，按照实际发生金额，借记“在建工程”科目（待摊投资），贷记“资产基金——在建工程”科目；同时，借记“资本性支出”“资产基金”科目，贷记“银行存款”“零余额账户用款额度”“政府补助收入”“累计折旧”“累计摊销”等科目。

（2）对于建设过程中试生产、设备调试等产生的收入，按照依据有关规定应当冲减建设工程成本的部分，借记“资产基金——在建工程”科目，贷记“在建工程”科目（待摊投资）；同时，按照取得的收入金额，借记“银行存款”等科目，按照依据有关规定应当冲减建设工程成本的部分，贷记“资本性支出”科目，按照其差额，贷记“其他应付款”或“其他收入”科目。

（3）由于自然灾害、管理不善等原因造成的单项工程或单位工程报废或毁损，扣除残料价值和过失人或保险公司等赔款后的净损失，报经批准后计入继续施工的工程成本的，按照工程成本扣除残料价值和过失人或保险公司等赔款后的净损失，借记“在建工程”科目（待摊投资），按照报废或毁损的工程成本，贷记“在建工程”科目（建筑安装工程投资），按照其差额，借记“资产基金——在建工程”科目；同时，按照残料变价收入、过失人或保险公司赔款等，借记“银行存款”“其他应收款”等科目，贷记“资本性支出”科目。

（4）工程交付使用时，按照合理的分配方法分配待摊投资，借记“在建工程”科目（建筑安装工程投资、设备投资），贷记“在建工程”科目（待摊投资）。待摊投资中有按规定应当分摊计入待核销基建支出和转出投资价值的，应当借记“在建工程”科目（待核销基建支出、基建转出投资），贷记“在建工程”科目（待摊投资）。

待摊投资的分配方法，可按照下列公式计算：

①按照实际分配率分配。此方法适用于建设工期较短、整个项目的所有单项工程一次竣工的建设项目。

实际分配率=待摊投资明细科目余额÷（建筑工程明细科目余额+安装工程明细科目余额+设备投资明细科目余额）×100%

②按照概算分配率分配。此方法适用于建设工期长、单项工程分期分批建成投入使用的建设项目。

概算分配率=（概算中各待摊投资项目的合计数－其中可直接分配部分）÷（概算中建筑工程、安装工程和设备投资合计）×100%

③某项固定资产应分配的待摊投资=该项固定资产的建筑工程成本或该项固定资产（设备）的采购成本和安装成本合计×分配率

4.其他投资

（1）工会为建设工程发生的房屋购置支出，基本畜禽、林木等的购置、饲养、培育支出，办公生活用家具、器具购置支出，软件研发和不能计入设备投资的软件购置等支出，按照实际发生金额，借记“在建工程”科目（其他投资），贷记“资产基金——在建工程”科目；同时，借记“资本性支出”科目，贷记“银行存款”“零余额账户用款额度”“政府补助收入”等科目。

（2）工程完成将形成的房屋、基本畜禽、林木等各种财产以及无形资产交付使用时，按照其实际成本，借记“资产基金——在建工程”科目，贷记“在建工程”科目（其他投资）；同时，借记“固定资产”“无形资产”等科目，贷记“资产基金——固定资产”“资产基金——无形资产”等科目。

5. 待核销基建支出

（1）建设项目发生的江河清障、航道清淤、飞播造林、补助群众造林、水土保持、城市绿化等不能形成资产的各类待核销基建支出，按照实际发生金额，借记“在建工程”科目（待核销基建支出），贷记“资产基金——在建工程”科目；同时，借记“资本性支出”科目，贷记“银行存款”“零余额账户用款额度”“政府补助收入”等科目。

（2）取消的建设项目发生的可行性研究费，按照实际发生金额，借记“在建工程”科目（待核销基建支出），贷记“在建工程”科目（待摊投资）。

（3）由于自然灾害等原因发生的建设项目整体报废所形成的净损失，报经批准后转入待核销基建支出，按照项目整体报废所形成的净损失，借记“在建工程”科目（待核销基建支出），按照报废的工程成本，贷记“在建工程”科目（建筑安装工程投资等），按照其差额，借记“资产基金—— 在建工程”科目；同时，按照报废工程回收的残料变价收入、保险公司赔款等，借记“银行存款”“其他应收款”等科目，贷记“资本性支出”科目。

（4）建设项目竣工验收并交付使用时，对发生的待核销基建支出进行冲销，借记“资产基金——在建工程”科目，贷记“在建工程”科目（待核销基建支出）。

6. 基建转出投资

为建设项目配套而建成的、产权不归属本工会的专用设施，在项目竣工验收并交付使用时，按照转出的专用设施的成本，借记“在建工程”科目（基建转出投资），贷记“在建工程”科目（建筑安装工程投资）；同时，借记“资产基金——在建工程”科目，贷记“在建工程”科目（基建转出投资）。

7. 代建制项目的会计处理

（1）拨付代建单位工程款时，按照拨付的款项金额，借记“在建工程”

科目（预付工程款），贷记“资产基金——在建工程”科目；同时，借记“资本性支出”科目，贷记“银行存款”“零余额账户用款额度”“政府补助收入”等科目。

（2）按照工程进度结算工程款或年终代建单位对账确认在建工程成本时，按照确定的金额，借记“在建工程”科目下的“建筑安装工程投资”等明细科目，贷记“在建工程”科目（预付工程款）。

（3）确认代建管理费时，按照确定的金额，借记“在建工程”科目（待摊投资），贷记“在建工程”科目（预付工程款）。

（4）项目完工交付使用资产时，按照代建单位转来在建工程成本中尚未确认入账的金额，借记“在建工程”科目“建筑安装工程投资”等明细科目，贷记“在建工程”科目（预付工程款）。按照在建工程成本，借记“资产基金——在建工程”科目，贷记“在建工程”科目（建筑安装工程投资）；同时，借记“固定资产”等科目，贷记“资产基金——固定资产”等科目。

工程结算、确认代建费或竣工决算时涉及补付资金的，应当在确认在建工程和资产基金的同时，按照补付的金额，借记“资本性支出”科目，贷记“银行存款”“零余额账户用款额度”“政府补助收入”等科目。

在建工程的主要账务处理如表3-13所示。

表3-13　“在建工程”科目核算内容

<table>
<tr><th rowspan="2">序号</th><th rowspan="2" colspan="3">业务和事项内容</th><th colspan="2">账务处理</th></tr>
<tr><th>基层工会</th><th>县级以上工会</th></tr>
<tr><td rowspan="2">1</td><td rowspan="2">建筑安装工程投资</td><td rowspan="2">固定资产改建、扩建</td><td>将固定资产转入改建、扩建等时</td><td colspan="2">借：在建工程——建筑安装工程投资［固定资产的账面价值］
贷：资产基金——在建工程
借：资产基金——固定资产［账面价值］
累计折旧［已计提的折旧］
贷：固定资产［账面余额］</td></tr>
<tr><td>资产改建、扩建过程中涉及到替换（或拆除）原资产的某些组成部分</td><td colspan="2">借：待处理财产损溢
贷：在建工程——建筑安装工程投资</td></tr>
</table>

续表

<table>
<tr><th rowspan="2">序号</th><th rowspan="2" colspan="3">业务和事项内容</th><th colspan="2">账务处理</th></tr>
<tr><th>基层工会</th><th>县级以上工会</th></tr>
<tr><td rowspan="5">1</td><td rowspan="5">建筑安装工程投资</td><td rowspan="3">发包建筑安装工程</td><td>预付工程款时</td><td colspan="2">借：在建工程——预付工程款
　　贷：资产基金——在建工程
借：资本性支出
　　贷：银行存款/零余额账户用款额度/政府补助收入等</td></tr>
<tr><td>根据建筑安装工程价款结算账单与施工企业结算工程价款时</td><td colspan="2">借：在建工程——建筑安装工程投资
　　贷：在建工程——预付工程款</td></tr>
<tr><td>涉及补付价款的</td><td colspan="2">借：在建工程——建筑安装工程投资
　　贷：资产基金——在建工程
借：资本性支出
　　贷：银行存款/零余额账户用款额度/政府补助收入等</td></tr>
<tr><td colspan="2">自行施工小型建筑安装工程发生支出时</td><td colspan="2">借：在建工程——建筑安装工程投资
　　贷：资产基金——在建工程
借：资本性支出
　　贷：银行存款/零余额账户用款额度/政府补助收入/应付职工薪酬等</td></tr>
<tr><td colspan="2">工程竣工验收并交付使用时</td><td colspan="2">借：资产基金——在建工程
　　贷：在建工程——建筑安装工程投资
借：固定资产
　　贷：资产基金——固定资产</td></tr>
<tr><td rowspan="3">2</td><td rowspan="3">设备投资</td><td colspan="2">购入设备时</td><td colspan="2">借：在建工程——设备投资
　　贷：资产基金——在建工程
借：资本性支出
　　贷：银行存款/零余额账户用款额度/政府补助收入等</td></tr>
<tr><td colspan="2">安装完毕，交付使用时</td><td colspan="2">借：资产基金——在建工程
　　贷：在建工程——设备投资
　　　　　　　　——建筑安装工程投资——安装工程
借：固定资产
　　贷：资产基金——固定资产</td></tr>
<tr><td colspan="2">不需要安装设备和达不到固定资产标准的工具器具交付使用时</td><td colspan="2">借：资产基金——在建工程
　　贷：在建工程——设备投资
借：固定资产/库存物品
　　贷：资产基金——固定资产/库存物品</td></tr>
</table>

续表

<table>
<tr><th rowspan="2">序号</th><th rowspan="2" colspan="3">业务和事项内容</th><th colspan="2">账务处理</th></tr>
<tr><th>基层工会</th><th>县级以上工会</th></tr>
<tr><td rowspan="6">3</td><td rowspan="6">待摊投资</td><td colspan="2">发生构成待摊投资的各类费用时</td><td colspan="2">借：在建工程——待摊投资
贷：资产基金——在建工程
借：资本性支出
贷：银行存款/零余额账户用款额度/政府补助收入等</td></tr>
<tr><td colspan="2">构成待摊投资的是固定资产或无形资产时</td><td colspan="2">借：在建工程——待摊投资
贷：资产基金——在建工程
借：资产基金
贷：累计折旧/累计摊销等</td></tr>
<tr><td colspan="2">对于建设过程中试生产、设备调试等产生的收入</td><td colspan="2">借：资产基金——在建工程
贷：在建工程——待摊投资
借：银行存款等
贷：资本性支出［按规定冲减工程成本的部分］
其他应付款/其他收入［差额］</td></tr>
<tr><td colspan="2">由于自然灾害、管理不善等原因造成的单项工程或单位工程报废或毁损</td><td colspan="2">借：在建工程——待摊投资［净损失］
资产基金——在建工程［差额］
贷：在建工程——建筑安装工程投资［报废或毁损的工程成本］
借：银行存款/其他应收款等［残料变价收入、赔款等］
贷：资本性支出</td></tr>
<tr><td rowspan="2">工程交付使用时</td><td>按照合理的分配方法分配待摊投资</td><td colspan="2">借：在建工程——建筑安装工程投资/设备投资
贷：在建工程——待摊投资</td></tr>
<tr><td>待摊投资中有按规定应当分摊计入待核销基建支出和转出投资价值的</td><td colspan="2">借：在建工程——待核销基建支出/基建转出投资
贷：在建工程——待摊投资</td></tr>
<tr><td rowspan="2">4</td><td rowspan="2">其他投资</td><td colspan="2">发生其他投资支出时</td><td colspan="2">借：在建工程——其他投资
贷：资产基金——在建工程
借：资本性支出
贷：银行存款/零余额账户用款额度/政府补助收入等</td></tr>
<tr><td colspan="2">资产交付使用时</td><td colspan="2">借：资产基金——在建工程
贷：在建工程——其他投资
借：固定资产/无形资产等
贷：资产基金——固定资产/无形资产等</td></tr>
</table>

续表

<table>
<tr><th rowspan="2">序号</th><th colspan="3" rowspan="2">业务和事项内容</th><th colspan="2">账务处理</th></tr>
<tr><th>基层工会</th><th>县级以上工会</th></tr>
<tr><td rowspan="4">5</td><td rowspan="4">待核销基建支出</td><td colspan="2">发生各类待核销基建支出时</td><td colspan="2">借：在建工程——待核销基建支出
　　贷：资产基金——在建工程
借：资本性支出
　　贷：银行存款/零余额账户用款额度/政府补助收入等</td></tr>
<tr><td colspan="2">取消的项目发生的可行性研究费</td><td colspan="2">借：在建工程——待核销基建支出
　　贷：在建工程——待摊投资</td></tr>
<tr><td colspan="2">由于自然灾害等原因发生的项目整体报废所形成的净损失</td><td colspan="2">借：在建工程——待核销基建支出
　　资产基金——在建工程［差额］
　　贷：在建工程——建筑安装工程投资等
借：银行存款/其他应收款等［残料变价收入、赔款等］
　　贷：资本性支出</td></tr>
<tr><td colspan="2">经批准冲销待核销基建支出时</td><td colspan="2">借：资产基金——在建工程
　　贷：在建工程——待核销基建支出</td></tr>
<tr><td>6</td><td>基建转出投资</td><td colspan="2">为建设项目配套而建成的、产权不归属本工会的专用设施转出时</td><td colspan="2">借：在建工程——基建转出投资
　　贷：在建工程——建筑安装工程投资
借：资产基金——在建工程
　　贷：在建工程——基建转出投资</td></tr>
<tr><td rowspan="4">7</td><td rowspan="4">代建制项目</td><td colspan="2">拨付代建单位工程款时</td><td colspan="2">借：在建工程——预付工程款
　　贷：资产基金——在建工程
借：资本性支出
　　贷：银行存款/零余额账户用款额度/政府补助收入等</td></tr>
<tr><td colspan="2">按照工程进度结算工程款或年终代建单位对账确认在建工程成本</td><td colspan="2">借：在建工程——建筑安装工程投资等
　　贷：在建工程——预付工程款</td></tr>
<tr><td colspan="2">确认代建管理费时</td><td colspan="2">借：在建工程——待摊投资
　　贷：在建工程——预付工程款</td></tr>
<tr><td>项目完工交付使用资产</td><td>在建工程成本中尚未确认入账部分</td><td colspan="2">借：在建工程——建筑安装工程投资等
　　贷：在建工程——预付工程款</td></tr>
</table>

续表

<table>
<tr><th rowspan="2">序号</th><th colspan="3" rowspan="2">业务和事项内容</th><th colspan="2">账务处理</th></tr>
<tr><th>基层工会</th><th>县级以上工会</th></tr>
<tr><td rowspan="2">7</td><td rowspan="2">代建制项目</td><td rowspan="2">项目完工交付使用资产</td><td>结转在建工程成本</td><td colspan="2">借：资产基金——在建工程
　贷：在建工程——建筑安装工程投资
借：固定资产
　贷：资产基金——固定资产</td></tr>
<tr><td>工程结算、确认代建费或竣工决算时涉及补付资金的</td><td colspan="2">借：资本性支出
　贷：银行存款/零余额账户用款额度/政府补助收入等</td></tr>
</table>

注：本表中“零余额账户用款额度”和“政府补助收入”科目适用于有财政拨款的县级以上工会。

（四）会计实务举例

【例3–24】某市总工会决定将临街的一处办公用房进行装修改造，改为职工服务的对外场所。该办公楼账面原值500万元，折旧200万元，建筑面积2 000平方米，发生以下经济业务：

（1）设计费30万元，预付50%，金额为15万元，以银行存款付讫。

（2）采用公开招标方式确定施工单位、监理单位以及工程审计单位，合同标的额分别为350万元、5万元，工程审计费按照工程量以及审减额确定。

（3）按照合同约定支付给施工单位30%工程备料款105万元，支付监理费2.5万元，以银行存款付讫。

（4）工程进度达80%，根据合同约定，扣除30%工程备料款后实际支付给施工单位第二笔工程款175万元，以银行存款付讫。

（5）施工过程中因各种需求变更导致工程价格增加，具体工程量已经监理等必要程序确认，施工单位增加工程量洽商合计50万元。

（6）报经批准后，将部分库存物品用于该工程，原值2万元；将其他拆除的小件固定资产一件安装在本工程中，原价值4万元，已经计提折旧0.5万元。

（7）竣工验收后进行结算审计，审定价格370万元，审减30万元；根据合同约定，扣除质保金5%计18.5万元后，剩余工程尾款71.5万元已通过银行存款支付完毕。

（8）支付设计费15万元、监理费2.5万元、工程结算审计费8万元，以上款项合计25.5万元，均以银行存款付讫。

（9）支付财务竣工决算审计费2万元，核定原办公楼原值减少100万元，核销价值经审批程序后，进行财务处理。

（10）上述资产投入使用。

（11）次年支付质保金5%，金额为18.5万元，以银行存款付讫。

补充信息：上述业务均为工会资金，无财政拨款，形成的资产为工会资产。

相关账务处理如下（支出经济分类略）：

（1）将固定资产转入在建工程：

借：在建工程——建筑安装工程投资	3 000 000	
贷：资产基金——在建工程		3 000 000
借：资产基金——固定资产	3 000 000	
累计折旧	2 000 000	
贷：固定资产		5 000 000

（2）付第一笔设计费时：

借：在建工程——待摊投资	150 000	
贷：资产基金——在建工程		150 000
借：资本性支出	150 000	
贷：银行存款		150 000

（3）根据合同支付30%工程备料款时：

借：在建工程——建筑安装工程投资	1 050 000	
贷：资产基金——在建工程		1 050 000
借：资本性支出	1 050 000	
贷：银行存款		1 050 000

（4）支付监理费时：

借：在建工程——待摊投资	25 000	
贷：资产基金——在建工程		25 000

借：资本性支出　25 000
　　贷：银行存款　25 000

（5）根据工程进度支付工程款：

借：在建工程——建筑安装工程投资　1 750 000
　　贷：资产基金——在建工程　1 750 000

借：资本性支出　1 750 000
　　贷：银行存款　1 750 000

（6）将部分库存物品用于本工程：

借：在建工程——待摊投资　20 000
　　贷：资产基金——在建工程　20 000

借：资产基金——库存物品　20 000
　　贷：库存物品　20 000

（7）将其他拆除的小件固定资产用于本工程：

借：在建工程——待摊投资　35 000
　　贷：资产基金——在建工程　35 000

借：资产基金——固定资产　35 000
　　累计折旧　5 000
　　贷：固定资产　40 000

（8）结算审计之后支付工程尾款：

借：在建工程——建筑安装工程投资　900 000
　　贷：资产基金——在建工程　900 000

借：资本性支出　900 000
　　贷：银行存款　715 000
　　　　其他应付款　185 000

（9）支付监理、设计和审计费用：

借：在建工程——待摊投资　255 000
　　贷：资产基金——在建工程　255 000

借：资本性支出　255 000
　　贷：银行存款　255 000

（10）支付决算审计费用：

借：在建工程——待摊投资　　20 000

　　贷：资产基金——在建工程　　20 000

借：资本性支出　　20 000

　　贷：银行存款　　20 000

（11）核销原资产部分价值，报经批准核销：

借：待处理财产损溢　　1 000 000

　　贷：在建工程——建筑安装工程投资　　1 000 000

借：资产基金——在建工程　　1 000 000

　　贷：待处理财产损溢　　1 000 000

（12）待摊投资分摊结转：

借：在建工程——建筑安装工程投资　　505 000

　　贷：在建工程——待摊投资　　505 000

结转的待摊投资=150 000+25 000+20 000+35 000+255 000+20 000=505 000（元）。

（13）资产交付使用：

借：资产基金——在建工程　　6 205 000

　　贷：在建工程——建筑安装工程投资　　6 205 000

借：固定资产　　6 205 000

　　贷：资产基金——固定资产　　6 205 000

交付使用的固定资产总价值=办公楼原账面价值+施工成本+待摊投资=3 000 000+（1 050 000+1 750 000+900 000−1 000 000）+505 000=6 205 000（元）。

（14）支付质保金：

借：其他应付款　　185 000

　　贷：银行存款　　185 000

【例3-25】某市级工会建一个综合办公楼，已列入财政年度预算，并明确此幢办公楼产权为国有资产，根据当地管理要求同类工程统一采用代建制，预计工期两年，施工中标金额1 500万元，发生如下经济业务：

（1）20×1年6月工程开工，拨付给代建单位代建工程款500万元，财政直接支付完毕。

（2）20×1年末，与代建单位对账，预估施工进度完成35%。

（3）拨付给代建单位代建工程款600万元，财政直接支付完毕。

（4）确认代建管理费60万元。

（5）20×2年12月，与代建单位对账，预估施工进度完成80%。

（6）20×3年6月，拨付给代建单位代建工程款400万元，财政直接支付完毕。

（7）施工过程中发生洽商增加工程量100万元，经审计，审定金额1 550万元，增加工程额度50万元，此部分资金由工会承担，一并作为国有资产登记，工会资金份额仅作备查登记，全部工程款确认完毕。

（8）按约定交付工程给工会投入使用，补付资金50万元，银行存款付讫。

相关账务处理如下（支出经济分类、功能分类略）：

（1）第一次拨付给代建单位代建工程款：

借：在建工程——预付工程款　5 000 000

　　贷：资产基金——在建工程　5 000 000

借：资本性支出——项目支出（财政拨款）　5 000 000

　　贷：政府补助收入　5 000 000

（2）年终与代建单位对账确认在建工程成本：

借：在建工程——建筑安装工程投资　5 250 000

　　贷：在建工程——预付工程款　5 250 000

年终与代建单位对账确认在建工程成本=15 000 000×35%=5 250 000（元）。

（3）第二次拨付给代建单位代建工程款：

借：在建工程——预付工程款　6 000 000

　　贷：资产基金——在建工程　6 000 000

借：资本性支出——项目支出（财政拨款）　6 000 000

　　贷：政府补助收入　6 000 000

（4）确认代建管理费时：

借：在建工程——待摊投资　600 000

　　贷：在建工程——预付工程款　600 000

（5）与代建单位对账确认在建工程成本：

借：在建工程——建筑安装工程投资　　6 750 000

　　贷：在建工程——预付工程款　　6 750 000

年终与代建单位对账确认在建工程成本=15 000 000×80%-5 250 000=6 750 000（元）。

（6）第三次拨付给代建单位代建工程款：

借：在建工程——预付工程款　　4 000 000

　　贷：资产基金——在建工程　　4 000 000

借：资本性支出——项目支出（财政拨款）　　4 000 000

　　贷：政府补助收入　　4 000 000

（7）确认剩余代建工程款：

借：在建工程——建筑安装工程投资　　3 500 000

　　贷：在建工程——预付工程款　　3 500 000

尚未确认入账的在建工程款=（15 000 000+500 000）-5 250 000-6 750 000=3 500 000（元）

（8）结转在建工程成本：

借：资产基金——在建工程　　15 500 000

　　贷：在建工程——建筑安装工程投资　　15 500 000

借：固定资产——国有资产　　15 500 000

　　贷：资产基金——固定资产（国有资产）　　15 500 000

注：由于本幢综合办公楼建造同时使用了财政拨款和工会资金，其中：财政拨款1 500万元，工会资金50万元，因此，该市级工会还应当设置备查簿登记资金来源及其金额和比例。

（9）支付补付资金时：

借：资本性支出　　500 000

　　贷：银行存款　　500 000

【例3-26】某工会经批准于20×2年4月6日取消一项建设项目，该项目前期发生可行性研究费70 000元。

相关账务处理如下：

（1）建设项目取消时：

借：在建工程——待核销基建支出 70 000

　　贷：在建工程——待摊投资 70 000

（2）经批准冲销待核销基建支出：

借：资产基金——在建工程 70 000

　　贷：在建工程——待核销基建支出 70 000

第七节 固定资产和累计折旧

一、固定资产概述

（一）固定资产的概念和分类

固定资产是指工会使用年限超过1年（不含1年），单位价值在规定标准以上，并在使用过程中基本保持原有物质形态的资产。

通用设备单位价值在1 000元以上，专用设备单位价值在1 500元以上的，应当确认为固定资产。单位价值虽未达到规定标准，但是使用时间超过1年（不含1年）的大批同类物资，应当按照固定资产进行核算和管理。

工会固定资产一般分为六类：房屋及构筑物；专用设备；通用设备；文物和陈列品；图书、档案；家具、用具、装具及动植物。

（二）固定资产的确认

1.固定资产同时满足下列条件的，应当予以确认：

（1）与该固定资产相关的服务潜力很可能实现或者经济利益很可能流入工会；

（2）该固定资产的成本或者价值能够可靠地计量。

2.通常情况下，购入、换入、接受捐赠、无偿调入不需安装的固定资产，在固定资产验收合格时确认；购入、换入、接受捐赠、无偿调入需要安装的固定资产，在固定资产安装完成交付使用时确认；自行建造、改建、扩建的固定资产，在建造完成交付使用时确认。

3.确认固定资产时，应当考虑以下情况：

（1）固定资产的各组成部分具有不同使用年限或者以不同方式为工会实现服务潜力或提供经济利益，适用不同折旧率或折旧方法且可以分别确定各自原价的，应当分别将各组成部分确认为单项固定资产。

（2）应用软件构成相关硬件不可缺少的组成部分的，应当将该软件的价值包括在所属的硬件价值中，一并确认为固定资产；不构成相关硬件不可缺少的组成部分的，应当将该软件确认为无形资产。

（3）购建房屋及构筑物时，不能分清购建成本中的房屋及构筑物部分与土地使用权部分的，应当全部确认为固定资产；能够分清购建成本中的房屋及构筑物部分与土地使用权部分的，应当将其中的房屋及构筑物部分确认为固定资产，将其中的土地使用权部分确认为无形资产。

（三）固定资产的初始计量

1.固定资产在取得时应当按照其实际成本入账。

2.工会购入、有偿调入的固定资产，其成本包括实际支付的买价、运输费、保险费、安装费、装卸费及相关税费等。

3.工会自行建造的固定资产，其成本包括该项资产至交付使用前所发生的全部必要支出。

4.工会接受捐赠、无偿调入的固定资产，其成本按照有关凭据注明的金额加上相关税费、运输费等确定；没有相关凭据、但按照规定经过资产评估的，其成本按照评估价值加上相关税费、运输费等确定；没有相关凭据、也未经过评估的，其成本比照同类或类似资产的价格加上相关税费、运输费等确定。如无法采用上述方法确定资产成本的，按照名义金额（人民币1元）

入账，相关税费、运输费等计入当期支出。

5.工会在原有固定资产基础上进行改建、扩建、大型修缮后的固定资产，其成本按照原固定资产账面价值加上改建、扩建、大型修缮发生的支出，再扣除固定资产被替换部分的账面价值后的金额确定。

6.已交付使用但尚未办理竣工决算手续的固定资产，工会应当按照估计价值入账，待办理竣工决算后再按照实际成本调整原来的暂估价值。

（四）固定资产折旧

1.折旧的计提范围

折旧，是指在固定资产的预计使用年限内，按照确定的方法对应计的折旧额进行系统分摊。工会应当对固定资产计提折旧，但文物和陈列品，动植物，图书、档案，单独计价入账的土地和以名义金额计量的固定资产除外。

2.折旧的计提年限

工会应当根据相关规定以及固定资产的性质和使用情况，合理确定固定资产的使用年限。固定资产的使用年限一经确定，不得随意变更。

工会确定固定资产使用年限，应当考虑下列因素：（1）预计实现服务潜力或提供经济利益的期限；（2）预计有形损耗和无形损耗；（3）法律或者类似规定对资产使用的限制。

通常情况下，工会应当根据《工会会计制度》附录2《工会固定资产折旧年限表》中列示的通用年限范围内，结合自身实际，合理确定各类应计提折旧的固定资产折旧年限。

3.折旧的计提方法

工会一般应当采用年限平均法或者工作量法计提固定资产折旧，计提折旧时不考虑预计净残值。在确定固定资产折旧方法时，应当考虑与固定资产相关的服务潜力或经济利益的预期实现方式。固定资产的折旧方法一经确定，不得随意变更。

（1）年限平均法：又称直线法，是指将固定资产的应计折旧额均衡地分摊到固定资产预计使用寿命内的一种方法。在不考虑预计净残值的情况下，其计算公式是：

固定资产年折旧率=1 ÷ 预计使用年限

固定资产月折旧率=年折旧率 ÷ 12

固定资产月折旧额=固定资产原值 × 月折旧率

或者

固定资产年折旧额=固定资产原值 ÷ 预计使用年限

固定资产月折旧额=固定资产年折旧额 ÷ 12

（2）工作量法：是指某项固定资产的使用是以一定的工作量为单位来计提相应折旧额的方法。例如，机器设备以运转的小时数核算应计提的折旧额；小汽车，以该汽车的行驶公里数核算应计提的折旧额。

在不考虑预计净残值的情况下，其计算公式是：

① 按照行驶里程数计算折旧：

单位里程折旧额=设备原值 ÷ 总计划里程数

② 按工作小时计算折旧：

每工作小时折旧额=设备原值 ÷ 总计划小时数

4. 折旧的计提时点

工会应当按月对固定资产计提折旧。当月增加的固定资产，当月计提折旧；当月减少的固定资产，当月不再计提折旧。固定资产提足折旧后，无论是否继续使用，均不再计提折旧；提前报废的固定资产，也不再补提折旧。

固定资产因改建、扩建或大型修缮等原因而延长其使用年限的，工会应当按照重新确定的固定资产成本以及重新确定的折旧年限，重新计算折旧额。

工会应当对暂估入账的固定资产计提折旧，实际成本确定后不需调整原已计提的折旧额。

（五）固定资产处置

工会处置（出售）固定资产时，应当冲减其账面价值并相应减少资产基金，处置中取得的变价收入扣除处置费用后的净收入（或损失）计入当期收入（或支出），按规定应当上缴财政的计入其他应付款。

（六）固定资产清查

1.工会应当定期对固定资产进行清查盘点，每年至少全面盘点一次。对于盘盈、盘亏或报废、毁损的固定资产，工会应当及时查明原因，报经批准认定后及时进行会计处理。

2.工会盘盈的固定资产，应当按照确定的成本入账，报经批准后相应增加资产基金；盘亏的固定资产，应当冲减其账面余额，报经批准后相应减少资产基金。对于报废、毁损的固定资产，工会应当冲减其账面余额，报经批准后相应减少资产基金，清理中取得的变价收入扣除清理费用后的净收入（或损失）计入当期收入（或支出），按规定应当上缴财政的计入其他应付款。

二、固定资产的核算

（一）会计科目设置

1.工会应当设置“固定资产”科目，核算工会各项固定资产的原值。工会应设置固定资产明细账，按类别和项目进行明细核算。本科目期末借方余额，反映工会固定资产的原值。

2. 工会固定资产核算时，应当考虑以下情况：

（1）购入需要安装的固定资产，应当先通过“在建工程”科目核算，安装完毕交付使用时再转入“固定资产”科目核算。

（2）单位行政方面提供工会使用的、工会以经营租赁方式取得的固定资产，不通过“固定资产”科目核算，应当设置备查簿进行登记。

（二）主要账务处理

1. 固定资产在取得时，应当分以下情况进行处理：

（1）购入、有偿调入固定资产，按照确定的成本，借记“固定资产”科目［不需安装］或“在建工程”科目［需安装］，贷记“资产基金——固定资产”［不需安装］或“资产基金——在建工程”［需安装］科目；同时，按照实际支付的金额，借记“资本性支出”科目，贷记“银行存款”“零余额账户用款额度”“政府补助收入”等科目。

购入固定资产扣留质量保证金的，在取得固定资产时，按照确定的固定资产成本，借记“固定资产”科目［不需安装］或“在建工程”科目［需安装］，贷记“资产基金——固定资产”［不需安装］或“资产基金——在建工程”［需安装］科目。同时取得固定资产全款发票的，按照构成资产成本的全部支出金额，借记“资本性支出”科目，按照实际支付的金额，贷记“银行存款”“零余额账户用款额度”“政府补助收入”等科目，按照扣留的质量保证金金额，贷记“其他应付款”科目；取得的发票金额不包括质量保证金的，按照不包括质量保证金的支出金额，借记“资本性支出”科目，贷记“银行存款”“零余额账户用款额度”“政府补助收入”等科目。

实际支付质量保证金时，借记“其他应付款”科目或“资本性支出”科目，贷记“银行存款”“零余额账户用款额度”“政府补助收入”等科目。

（2）自行建造固定资产，工程完工交付使用时，按照自行建造过程中发生的实际支出，借记“固定资产”科目，贷记“资产基金——固定资产”科目；同时，借记“资产基金——在建工程”科目，贷记“在建工程”科目。

已交付使用但尚未办理竣工决算手续的固定资产，按照估计价值入账，待办理竣工决算后再按照实际成本调整原来的暂估价值。按照实际成本与暂估价值的差额，借记或贷记“固定资产”科目，贷记或借记“资产基金——固定资产”科目。

（3）接受捐赠、无偿调入的固定资产，按照确定的成本，借记“固定资产”科目［不需安装］或“在建工程”科目［需安装］，贷记“资产基金——固定资产”［不需安装］或“资产基金——在建工程”［需安装］科目；按照发生的相关税费、运输费等，借记“其他支出”科目，贷记“银行存款”“零余额账户用款额度”等科目。

（4）在原有固定资产基础上进行改建、扩建、大型修缮的固定资产，将固定资产转入改建、扩建、大型修缮时，按照固定资产的账面价值，借记“资产基金——固定资产”科目，按照固定资产已计提折旧金额，借记“累计折旧”科目，按照固定资产的账面余额，贷记“固定资产”科目；同时，按照固定资产的账面价值，借记“在建工程”科目，贷记“资产基金——在建工程”科目。工程完工交付使用时，按照确定的固定资产成本，借记“固定资产”科目，贷记“资产基金——固定资产”科目；同时，借记“资产基金——在建工程”科目，贷记“在建工程”科目。

2.按月计提固定资产折旧时，按照应计提的金额，借记“资产基金——固定资产”科目，贷记“累计折旧”科目。

3.与固定资产有关的后续支出，应当分以下情况进行处理：

（1）为增加固定资产使用效能或延长其使用寿命而发生的改建、扩建或大型修缮等后续支出，应当计入固定资产成本，通过“在建工程”科目核算，完工交付使用时转入本科目。有关账务处理参见“在建工程”科目。

（2）为维护固定资产正常使用而发生的日常修理等后续支出，应当计入当期支出但不计入固定资产成本，借记“行政支出”等科目，贷记“银行存款”“零余额账户用款额度”等科目。

4.按规定报经批准处置固定资产，应当分以下情况进行处理：

（1）以固定资产对外进行股权投资，按照投出固定资产的账面价值，借记“资产基金——固定资产”科目，按照已计提折旧，借记“累计折旧”科目，按照固定资产的账面余额，贷记“固定资产”科目。同时，按照确定的投资成本，借记“投资”科目，贷记“资产基金——投资”科目。

（2）出售固定资产，按照出售固定资产的账面价值，借记“资产基金——固定资产”科目，按照已计提折旧，借记“累计折旧”科目，按照固定资产的账面余额，贷记“固定资产”科目。按照出售过程中取得的价款，借记“银行存款”等科目，贷记“其他收入”科目，按规定应上缴同级财政的，贷记“其他应付款”科目。出售过程中工会发生的税费等支出，借记“其他支出”科目，贷记“银行存款”等科目。

（3）经批准对外捐赠、无偿调出固定资产，按照固定资产的账面价值，借记“资产基金——固定资产”科目，按照已计提折旧，借记“累计折旧”科目，按照固定资产的账面余额，贷记“固定资产”科目。发生的由工会承担的运输费、装卸费等，按照实际支付的金额，借记“其他支出”科目，贷记“银行存款”等科目。

5.固定资产应当每年至少盘点一次，对盘盈、盘亏、毁损或报废的，应当查明原因，写出书面报告，按规定报经批准认定后及时进行账务处理，同时将有关情况在会计报表附注中予以披露。

（1）盘盈的固定资产，按照确定的入账成本，借记“固定资产”科目，贷记“待处理财产损溢”科目。

（2）盘亏或者毁损、报废的固定资产，按照账面价值，借记“待处理财产损溢”科目，按照已计提折旧，借记“累计折旧”科目，按照固定资产的账面余额，贷记“固定资产”科目。

固定资产的主要账务处理如表3-14所示。

表3-14　　“固定资产”科目核算内容

序号	业务和事项内容		账务处理	
			基层工会	县级以上工会
1	购入、有偿调入固定资产		借：固定资产［不需安装］/在建工程［需安装］ 贷：资产基金——固定资产［不需安装］/在建工程［需安装］ 借：资本性支出 贷：银行存款/零余额账户用款额度/政府补助收入等	
2	购入固定资产扣留质量保证金的	取得固定资产时	借：固定资产［不需安装］/在建工程［需安装］ 贷：资产基金——固定资产［不需安装］/在建工程［需安装］	
		同时取得固定资产全款发票的	借：资本性支出 贷：银行存款/零余额账户用款额度/政府补助收入等 其他应付款［扣留的质量保证金］	
		取得的发票金额不包括质量保证金的	借：资本性支出［不包括质量保证金］ 贷：银行存款/零余额账户用款额度/政府补助收入等	
		实际支付质量保证金时	借：其他应付款/资本性支出［实际支付质量保证金］ 贷：银行存款/零余额账户用款额度/政府补助收入等	
3	自行建造固定资产	工程完工交付使用时	借：固定资产 贷：资产基金——固定资产 借：资产基金——在建工程 贷：在建工程	
		竣工决算实际成本大于暂估价值	借：固定资产 贷：资产基金——固定资产	
		竣工决算实际成本小于暂估价值	借：资产基金——固定资产 贷：固定资产	
4	接受捐赠、无偿调入固定资产	取得固定资产时	借：固定资产［不需安装］/在建工程［需安装］ 贷：资产基金——固定资产［不需安装］/在建工程［需安装］	
		发生的相关税费、运输费等	借：其他支出 贷：银行存款/零余额账户用款额度等	

续表

<table>
<tr><th rowspan="2">序号</th><th rowspan="2" colspan="3">业务和事项内容</th><th colspan="2">账务处理</th></tr>
<tr><th>基层工会</th><th>县级以上工会</th></tr>
<tr><td rowspan="2">5</td><td rowspan="2">在原有固定资产基础上进行改建、扩建、大型修缮</td><td colspan="2">将固定资产转入改建、扩建、大型修缮时</td><td colspan="2">借：资产基金——固定资产［账面价值］
累计折旧［已计提折旧］
贷：固定资产［账面余额］
借：在建工程
贷：资产基金——在建工程</td></tr>
<tr><td colspan="2">工程完工交付使用时</td><td colspan="2">借：固定资产
贷：资产基金——固定资产
借：资产基金——在建工程
贷：在建工程</td></tr>
<tr><td>6</td><td colspan="3">按月计提固定资产折旧时</td><td colspan="2">借：资产基金——固定资产
贷：累计折旧</td></tr>
<tr><td rowspan="4">7</td><td rowspan="4">与固定资产有关的后续支出</td><td rowspan="3">符合固定资产确认条件的</td><td>固定资产转入在建工程</td><td colspan="2">借：在建工程
贷：资产基金——在建工程
借：资产基金——固定资产［账面价值］
累计折旧
贷：固定资产［账面余额］</td></tr>
<tr><td>发生后续支出</td><td colspan="2">借：在建工程
贷：资产基金——在建工程
借：资本性支出
贷：银行存款/零余额账户用款额度/政府补助收入等</td></tr>
<tr><td>完工交付使用时</td><td colspan="2">借：资产基金——在建工程
贷：在建工程
借：固定资产
贷：资产基金——固定资产</td></tr>
<tr><td colspan="2">不符合固定资产确认条件的</td><td colspan="2">借：行政支出等
贷：银行存款/零余额账户用款额度等</td></tr>
<tr><td>8</td><td colspan="3">以固定资产对外进行股权投资</td><td colspan="2">借：资产基金——固定资产［账面价值］
累计折旧
贷：固定资产［账面余额］
借：投资
贷：资产基金——投资</td></tr>
<tr><td>9</td><td>出售固定资产</td><td colspan="2">出售时</td><td colspan="2">借：资产基金——固定资产［账面价值］
累计折旧
贷：固定资产［账面余额］</td></tr>
</table>

续表

<table>
<tr><th rowspan="2">序号</th><th rowspan="2" colspan="2">业务和事项内容</th><th colspan="2">账务处理</th></tr>
<tr><th>基层工会</th><th>县级以上工会</th></tr>
<tr><td rowspan="2">9</td><td rowspan="2">出售固定资产</td><td>取得出售收入</td><td colspan="2">借：银行存款［实际取得价款］
贷：其他收入
其他应付款［按规定应上缴同级财政的金额］</td></tr>
<tr><td>出售过程中发生税费等支出</td><td colspan="2">借：其他支出
贷：银行存款等</td></tr>
<tr><td rowspan="2">10</td><td rowspan="2">经批准对外捐赠、无偿调出固定资产</td><td>资产调出时</td><td colspan="2">借：资产基金——固定资产［账面价值］
累计折旧
贷：固定资产［账面余额］</td></tr>
<tr><td>发生由工会承担的运输费、装卸费</td><td colspan="2">借：其他支出
贷：银行存款</td></tr>
<tr><td rowspan="2">11</td><td rowspan="2">固定资产定期盘点清查</td><td>盘盈的固定资产</td><td colspan="2">借：固定资产
贷：待处理财产损溢</td></tr>
<tr><td>盘亏或者毁损、报废的固定资产</td><td colspan="2">借：待处理财产损溢［账面价值］
累计折旧
贷：固定资产［账面余额］</td></tr>
</table>

注：本表中“零余额账户用款额度”和“政府补助收入”科目适用于有财政拨款的县级以上工会。

三、累计折旧的核算

（一）会计科目设置

工会应当设置“累计折旧”科目，核算工会计提的固定资产累计折旧。本科目应当按照所对应固定资产的类别、项目进行明细核算。本科目期末贷方余额，反映工会计提的固定资产折旧累计数。

（二）主要账务处理

1.按月计提固定资产折旧时，按照应计提折旧金额，借记“资产基金——固定资产”科目，贷记“累计折旧”科目。

2.经批准处置固定资产时，按照所处置固定资产的账面价值，借记“资产基金——固定资产”［对外捐赠、无偿调出等］或“待处理财产损溢”［盘亏、毁损、报废等］科目，按照固定资产已计提折旧，借记“累计折旧”科目，按照固定资产的账面余额，贷记“固定资产”科目。

固定资产累计折旧的主要账务处理如表3-15所示。

表3-15　“累计折旧”科目核算内容

<table>
<tr><th rowspan="2">序号</th><th rowspan="2" colspan="2">业务和事项内容</th><th colspan="2">账务处理</th></tr>
<tr><th>基层工会</th><th>县级以上工会</th></tr>
<tr><td>1</td><td colspan="2">按月计提固定资产折旧时</td><td colspan="2">借：资产基金——固定资产
　贷：累计折旧</td></tr>
<tr><td rowspan="2">2</td><td rowspan="2">经批准处置固定资产</td><td>对外捐赠、无偿调出等</td><td colspan="2">借：资产基金——固定资产［账面价值］
　累计折旧［已计提折旧金额］
　贷：固定资产［账面余额］</td></tr>
<tr><td>盘亏、毁损、报废等</td><td colspan="2">借：待处理财产损溢
　累计折旧［已计提折旧金额］
　贷：固定资产［账面余额］</td></tr>
</table>

（三）会计实务举例

【例3-27】20×1年4月，某县级总工会购入跑步机两台，每台价格15 000元，用银行存款支付完毕。固定资产折旧年限为8年。

相关账务处理如下（支出经济分类略）：

（1）购入固定资产时：

借：固定资产　　30 000

　　贷：资产基金——固定资产　　30 000

借：资本性支出　　30 000

　　贷：银行存款　　30 000

（2）当月计提折旧：

每月应计提折旧=30 000÷（8×12）=312.5（元）

借：资产基金——固定资产　　312.5

　　贷：累计折旧　　312.5

【例3-28】20×1年4月，某集团公司二级工会收到集团公司工会调入的母婴关爱室建设设备冰箱两台，单价6 000元，折旧年限为5年。

相关账务处理如下：

（1）调入固定资产时：

借：固定资产　　12 000

　　贷：资产基金——固定资产　　12 000

（2）当月计提折旧时：

每月应计提折旧=12 000÷（5×12）=200（元）

借：资产基金——固定资产　　200

　　贷：累计折旧　　200

【例3-29】20×2年10月，某集团公司工会职工活动中心的健身设备日常保养维修7台套，花费3 500元，以银行存款支付。

相关账务处理如下（支出经济分类略）：

借：业务支出　　3 500

　　贷：银行存款　　3 500

【例3-30】20×2年10月，某工会报废一台设备，原值50 000元，已经计提折旧45 000元，残值收入200元，以银行存款收讫。

相关账务处理如下：

（1）报废固定资产转入待处理：

借：待处理财产损溢——待处理财产价值　　5 000

　　累计折旧　　45 000

　　贷：固定资产　　50 000

（2）收到残值收入：

借：银行存款　　200

　　贷：待处理财产损溢——处理净收入　　200

（3）报经批准后处理时：

借：资产基金——固定资产　　5 000

　　贷：待处理财产损溢——待处理财产价值　　5 000

借：待处理财产损溢——处理净收入　　200

贷：其他收入 200

【例3-31】20×2年5月，某工会捐赠两个乒乓球台给对口援助地区的小学，账面原值每台6 000元，每台已经计提折旧500元，发生运输费等1 500元，以银行存款支付。

相关账务处理如下（支出经济分类略）：

（1）对外捐赠固定资产时：

借：资产基金——固定资产 11 000

累计折旧 1 000

贷：固定资产 12 000

（2）支付运输费时：

借：其他支出 1 500

贷：银行存款 1 500

【例3-32】20×2年12月，某工会组织固定资产清查，盘盈空气净化器两台，市场估值每台3 500元，九成新。盘亏乒乓球台一套，价值5 000元，折旧2 000元。

相关账务处理如下：

（1）固定资产盘盈时：

借：固定资产 7 000

贷：待处理财产损溢——待处理财产价值 7 000

（2）盘盈报经批准后处理时：

借：待处理财产损溢——待处理财产价值 7 000

贷：资产基金——固定资产 7 000

（3）固定资产盘亏时：

借：待处理财产损溢——待处理财产价值 3 000

累计折旧 2 000

贷：固定资产 5 000

（4）盘亏报经批准后处理时：

借：资产基金——固定资产 3 000

贷：待处理财产损溢——待处理财产价值 3 000

第八节 无形资产和累计摊销

一、无形资产概述

（一）无形资产的概念

无形资产是指工会控制的没有实物形态的可辨认非货币性资产，包括专利权、商标权、著作权、土地使用权、非专利技术等。工会购入的不构成相关硬件不可缺少组成部分的应用软件，应当确认为无形资产。

资产满足下列条件之一的，符合无形资产定义中的可辨认性标准：

（1）能够从工会会计主体中分离或者划分出来，并能单独或者与相关合同、资产或负债一起，用于出售、转移、授予许可、租赁或者交换。

（2）源自合同性权利或其他法定权利，无论这些权利是否可以从工会会计主体或其他权利和义务中转移或者分离。

（二）无形资产的确认

无形资产同时满足下列条件的，应当予以确认：

（1）与该无形资产相关的服务潜力很可能实现或者经济利益很可能流入工会会计主体；

（2）该无形资产的成本或者价值能够可靠地计量。工会会计主体在判断无形资产的服务潜力或经济利益是否很可能实现或流入时，应当对无形资产在预计使用年限内可能存在的各种社会、经济、科技因素做出合理估计，并且应当有确凿的证据支持。

（三）无形资产的初始计量

1.无形资产在取得时应当按照其实际成本入账。

2.工会外购的无形资产，其成本包括购买价款、相关税费以及可归属于该项资产达到预定用途前所发生的其他支出。工会委托软件公司开发的软件，视同外购无形资产确定其成本。

3.工会接受捐赠、无偿调入的无形资产，其成本按照有关凭据注明的金额加上相关税费、运输费等确定；没有相关凭据、但按照规定经过资产评估的，其成本按照评估价值加上相关税费、运输费等确定；没有相关凭据、也未经过评估的，其成本比照同类或类似资产的价格加上相关税费、运输费等确定。如无法采用上述方法确定资产成本的，按照名义金额（人民币1元）入账，相关税费、运输费等计入当期支出。

4.对于非大批量购入、单价小于1 000元的无形资产，工会可以于购买的当期将其成本直接计入支出。

（四）无形资产摊销

1.无形资产的摊销范围

摊销是指在无形资产使用年限内，按照确定的方法对应摊销金额进行系统分摊。工会应当按月对无形资产进行摊销，使用年限不确定的、以名义金额计量的无形资产除外。

2.无形资产的摊销年限

工会应当按照以下原则确定无形资产的摊销年限：

（1）法律规定了有效年限的，按照法律规定的有效年限作为摊销年限；

（2）法律没有规定有效年限的，按照相关合同中的受益年限作为摊销年限；

（3）上述两种方法无法确定有效年限的，应当根据无形资产为工会带来服务潜力或者经济利益的实际情况，预计其使用年限。

3.无形资产的摊销方法

工会应当采用年限平均法或工作量法对无形资产进行摊销，应摊销金额为其成本，不考虑预计净残值。

年限平均法和工作量法的计算公式参见本章第七节“固定资产折旧的计提方法”，此处不赘述。

4.无形资产的摊销时点

工会应当按月进行摊销。当月增加的无形资产，当月进行摊销；当月减少的无形资产，当月不再进行摊销。无形资产提足摊销后，无论是否继续使用，均不再进行摊销；核销的无形资产，也不再补提摊销。

因发生后续支出而增加无形资产成本的，对于使用年限有限的无形资产，工会应当按照重新确定的无形资产成本以及重新确定的摊销年限计算摊销额。

（五）无形资产的处置

工会处置（出售）无形资产时，应当冲减其账面价值并相应减少资产基金，处置中取得的变价收入扣除处置费用后的净收入（或损失）计入当期收入（或支出），按规定应当上缴财政的计入其他应付款。

（六）无形资产的清查

1.工会应当定期对无形资产进行清查盘点，每年至少全面盘点一次。对于资产清查盘点过程中发现的无形资产盘盈、盘亏等，应当及时查明原因，报经批准认定后及时进行会计处理。

2.工会盘盈的无形资产，应当按照确定的成本入账，报经批准后相应增加资产基金；盘亏的无形资产，应当冲减其账面余额，报经批准后相应减少资产基金。对于报废、毁损的无形资产，工会应当冲减其账面余额，报经批准后相应减少资产基金，清理中取得的变价收入扣除清理费用后的净收入（或损失）计入当期收入（或支出），按规定应当上缴财政的计入其他应付款。

二、无形资产的核算

（一）会计科目设置

工会应当设置“无形资产”科目，核算工会各项无形资产的原值。本科目期末借方余额，反映工会无形资产的原值。工会应当设置无形资产明细账，按照类别、项目等进行明细核算。

（二）主要账务处理

1.无形资产在取得时，应当分以下情况进行处理：

（1）外购的无形资产，按照确定的成本，借记“无形资产”科目，贷记“资产基金——无形资产”科目；同时，按照实际支付的金额，借记“资本性支出”科目，贷记“银行存款”“零余额账户用款额度”“政府补助收入”等科目。

（2）委托软件公司开发软件视同外购无形资产进行处理。支付软件开发费时，按照实际支付的金额，借记“资本性支出”科目，贷记“银行存款”“零余额账户用款额度”“政府补助收入”等科目。软件开发完成交付使用时，按照确定的成本，借记“无形资产”科目，贷记“资产基金——无形资产”科目。

（3）接受捐赠、无偿调入的无形资产，按照确定的成本，借记“无形资产”科目，贷记“资产基金——无形资产”科目；按照发生的相关税费等，借记“其他支出”科目，贷记“银行存款”“零余额账户用款额度”等科目。

2.按月摊销无形资产时，按照应摊销的金额，借记“资产基金——无形资产”科目，贷记“累计摊销”科目。

3.按规定报经批准处置无形资产时，应当分以下情况进行处理：

（1）以无形资产对外进行股权投资，按照投出无形资产的账面价值，借记“资产基金——无形资产”科目，按照已计提摊销，借记“累计摊销”科目，按照无形资产的账面余额，贷记“无形资产”科目；同时，按照确定的投资成本，借记“投资”科目，贷记“资产基金——投资”科目。

（2）出售无形资产，按照出售无形资产的账面价值，借记“资产基金——无形资产”科目，按照已计提摊销，借记“累计摊销”科目，按照无形资产的账面余额，贷记“无形资产”科目。按照取得的价款金额，借记“银行存款”等科目，贷记“其他收入”科目，按规定应上缴同级财政的，贷记“其他应付款”科目。出售过程中发生的税费等支出，借记“其他支出”科目，贷记“银行存款”等科目。

（3）对外捐赠、无偿调出无形资产，按照无形资产的账面价值，借记“资产基金——无形资产”科目，按照已计提摊销，借记“累计摊销”科目，按照无形资产的账面余额，贷记“无形资产”科目。

（4）无形资产预期不能为工会带来服务潜力或经济利益，应当按规定报经批准后将该无形资产的账面价值予以核销。转入待处理资产时，按照待核销无形资产的账面价值，借记“待处理财产损溢”科目，按照已计提摊销，借记“累计摊销”科目，按照无形资产的账面余额，贷记“无形资产”科目。报经批准予以核销时，按照核销无形资产的账面价值，借记“资产基金——无形资产”科目，贷记“待处理财产损溢”科目。

4.无形资产应当每年至少盘点一次，对盘盈、盘亏的无形资产，工会资产监督管理部门应当查明原因，写出书面报告，按规定报经批准认定后及时进行账务处理，同时将有关情况在会计报表说明中加以披露。

（1）盘盈的无形资产，按照确定的入账成本，借记“无形资产”科目，贷记“待处理财产损溢”科目。

（2）盘亏的无形资产，按账面价值，借记“待处理财产损溢”科目，按照已计提摊销，借记“累计摊销”科目，按照无形资产的账面余额，贷记“无形资产”科目。

无形资产的主要账务处理如表3–16所示。

表3–16 “无形资产”科目核算内容

<table>
<tr><th rowspan="2">序号</th><th rowspan="2" colspan="2">业务和事项内容</th><th colspan="2">账务处理</th></tr>
<tr><th>基层工会</th><th>县级以上工会</th></tr>
<tr><td>1</td><td>无形资产取得</td><td>外购无形资产</td><td colspan="2">借：无形资产
贷：资产基金——无形资产
借：资本性支出
贷：银行存款/零余额账户用款额度/政府补助收入等</td></tr>
</table>

续表

序号	业务和事项内容			账务处理（基层工会）	账务处理（县级以上工会）
1	无形资产取得	委托软件公司开发软件	支付软件开发费时	借：资本性支出 贷：银行存款/零余额账户用款额度/政府补助收入等	
			软件开发完成交付使用时	借：无形资产 贷：资产基金——无形资产	
		接受捐赠、无偿调入无形资产	收到时	借：无形资产 贷：资产基金——无形资产	
			发生相关税费	借：其他支出 贷：银行存款/零余额账户用款额度等	
2	按月摊销无形资产时			借：资产基金——无形资产 贷：累计摊销	
3	无形资产处置	以无形资产对外进行股权投资		借：资产基金——无形资产 累计摊销 贷：无形资产 借：投资 贷：资产基金——投资	
		出售无形资产	出售时	借：资产基金——无形资产 累计摊销 贷：无形资产	
			取得出售收入	借：银行存款［实际取得价款金额］ 贷：其他收入 其他应付款［按规定应上缴同级财政的金额］	
			出售过程中发生税费等支出	借：其他支出 贷：银行存款	
		对外捐赠、无偿调出无形资产		借：资产基金——无形资产 累计摊销 贷：无形资产	
4	经批准核销无形资产	转入待处理资产时		借：待处理财产损溢 累计摊销 贷：无形资产	
		报经批准予以核销时		借：资产基金——无形资产 贷：待处理财产损溢	

续表

<table>
<tr><th rowspan="2">序号</th><th colspan="2" rowspan="2">业务和事项内容</th><th colspan="2">账务处理</th></tr>
<tr><th>基层工会</th><th>县级以上工会</th></tr>
<tr><td rowspan="2">5</td><td rowspan="2">无形资产盘点清查</td><td>盘盈无形资产</td><td colspan="2">借：无形资产
贷：待处理财产损溢</td></tr>
<tr><td>盘亏无形资产</td><td colspan="2">借：待处理财产损溢
累计摊销
贷：无形资产</td></tr>
</table>

注：本表中“零余额账户用款额度”和“政府补助收入”科目适用于有财政拨款的县级以上工会。

三、累计摊销的核算

（一）会计科目设置

工会应当设置“累计摊销”科目，核算工会对使用年限有限的无形资产计提的累计摊销。本科目应当按照所对应无形资产的类别、项目进行明细核算。本科目期末贷方余额，反映工会计提的无形资产摊销累计数。

（二）主要账务处理

1.按月对无形资产进行摊销时，按照应摊销的金额，借记“资产基金——无形资产”科目，贷记“累计摊销”科目。

2.经批准处置无形资产时，按照所处置无形资产的账面价值，借记“资产基金——无形资产”［对外捐赠、无偿调出等］或“待处理财产损溢”［盘亏、待核销等］科目，按照已计提摊销，借记“累计摊销”科目，按照无形资产的账面余额，贷记“无形资产”科目。

无形资产累计摊销的主要账务处理如表3-17所示。

表3-17　“累计摊销”科目核算内容

<table>
<tr><th rowspan="2">序号</th><th rowspan="2" colspan="2">业务和事项内容</th><th colspan="2">账务处理</th></tr>
<tr><th>基层工会</th><th>县级以上工会</th></tr>
<tr><td>1</td><td colspan="2">按月进行无形资产摊销时</td><td colspan="2">借：资产基金——无形资产
贷：累计摊销</td></tr>
<tr><td rowspan="2">2</td><td rowspan="2">处置无形资产</td><td>对外捐赠、无偿调出等</td><td colspan="2">借：资产基金——无形资产
累计摊销
贷：无形资产</td></tr>
<tr><td>盘亏、待核销等</td><td colspan="2">借：待处理财产损溢
累计摊销
贷：无形资产</td></tr>
</table>

（三）会计实务举例

【例3-33】20×2年2月，某工会购入职工活动APP平台，费用为50 000元，按照5年时间进行摊销。

相关账务处理如下（支出经济分类略）：

（1）购入无形资产时：

借：无形资产　　50 000

　　贷：资产基金——无形资产　　50 000

借：资本性支出　　50 000

　　贷：银行存款　　50 000

（2）按月摊销无形资产时：

无形资产每月摊销额=50 000÷（5×12）=833.33（元）

借：资产基金——无形资产　　833.33

　　贷：累计摊销　　833.33

【例3-34】某省总工会建设外网平台，发生如下经济事项：

（1）20×2年3月，购入服务器一套，价值30万元。同月，委托某软件公司开发单位外网平台，费用为10万元。上述费用由同级财政专项资金支付，采取财政直接支付方式付讫，经过与当地财政认定，此次信息化建设为当地政府统一建设项目，服务器和外网平台确认为国有资产，日常维护等由工会自行承担。（根据当地财政要求实行采购）

（2）20×2年6月，平台软件验收后投入使用。

补充信息：硬件按照8年折旧，软件按照5年摊销。

相关账务处理如下（支出经济分类、功能分类略）：

（1）购入服务器时：

借：固定资产——国有资产 300 000

　　贷：资产基金——固定资产（国有资产） 300 000

借：资本性支出——财政拨款 300 000

　　贷：政府补助收入 300 000

（2）按月计提固定资产折旧：

固定资产每月折旧额=300 000÷（8×12）=3 125（元）

借：资产基金——固定资产 3 125

　　贷：累计折旧 3 125

（3）开发单位外网平台：

借：资本性支出——财政拨款 100 000

　　贷：政府补助收入 100 000

借：无形资产——国有资产 100 000

　　贷：资产基金——无形资产（国有资产） 100 000

（4）按月摊销无形资产：

无形资产每月摊销额=100 000÷（5×12）=1666.67（元）

借：资产基金——无形资产 1666.67

　　贷：累计摊销 1666.67

【例3–35】202×年5月，某工会出售闲置的软件一套，取得收入16 000元，已存入银行。该套软件账面原价为20 000元，已经摊销5 000元。

相关账务处理如下：

（1）出售无形资产时：

借：资产基金——无形资产 15 000

　　累计摊销 5 000

　　贷：无形资产 20 000

（2）收到出售收入：

借：银行存款 16 000

贷：其他收入　　16 000

第九节　长期待摊费用

一、长期待摊费用概述

长期待摊费用是指工会已经支出，但应由本期和以后各期负担的分摊期限在1年以上（不含1年）的各项支出，如对以经营租赁方式租入的固定资产的改良支出等。

长期待摊费用应当在对应资产的受益年限内平均摊销。如果某项长期待摊费用已经不能使单位受益，应当将其摊余金额一次性转销。

二、长期待摊费用的核算

（一）会计科目设置

工会应当设置“长期待摊费用”科目，核算工会已经支出，但应由本期和以后各期负担的分摊期限在1年以上（不含1年）的各项支出。本科目期末借方余额，反映工会尚未摊销完毕的长期待摊费用。本科目应当按照对应资产的类别进行明细核算。

（二）主要账务处理

1.发生长期待摊费用时，按照支出金额，借记“长期待摊费用”科目，贷记“资产基金——长期待摊费用”科目；同时，按照实际支付的金额，借记“资本性支出”科目，贷记“银行存款”“零余额账户用款额度”“政府补助收入”等科目。

2.在受益期间摊销长期待摊费用时，按照摊销金额，借记“资产基金——长期待摊费用”科目，贷记“长期待摊费用”科目。

3.如果某项长期待摊费用已经不能使工会受益，应当将其摊余金额一次性转销。按照剩余待摊销金额，借记“资产基金——长期待摊费用”科目，贷记“长期待摊费用”科目。

长期待摊费用的主要账务处理如表3-18所示。

表3-18 “长期待摊费用”科目核算内容

序号	业务和事项内容	账务处理	
		基层工会	县级以上工会
1	发生长期待摊费用	借：长期待摊费用 　贷：资产基金——长期待摊费用 借：资本性支出 　贷：银行存款/零余额账户用款额度/政府补助收入等	
2	在受益期间摊销长期待摊费用	借：资产基金——长期待摊费用 　贷：长期待摊费用	
3	一次转销长期待摊费用剩余账面余额	借：资产基金——长期待摊费用 　贷：长期待摊费用	

注：本表中“零余额账户用款额度”和“政府补助收入”科目适用于有财政拨款的县级以上工会。

（三）会计实务举例

【例3-36】某集团总工会根据集团职工需要，向集团申请建立职工文化体育活动阵地，集团决定将自身所有的一处闲置房屋给工会使用，产权不变，工会根据自身需要进行装修后用于职工文化体育活动。20×2年，4月工会对该活动场所进行装修，建立职工活动室三个，发生装修费用80万元，交付使用。按照10年进行摊销。

相关账务处理如下（支出经济分类略）：

（1）发生长期待摊费用：

借：长期待摊费用　　800 000

　贷：资产基金——长期待摊费用　　800 000

借：资本性支出　　800 000

　贷：银行存款　　800 000

（2）在受益期间摊销长期待摊费用：

每期摊销额=800 000 ÷（10 × 12）=6 666.67（元）

借：资产基金——长期待摊费用　　6 666.67

　　贷：长期待摊费用　　6 666.67

第十节　待处理财产损溢

一、待处理财产损溢概述

待处理财产损溢是指工会在资产清查过程中查明的各种资产盘盈、盘亏和报废、毁损的价值。

工会的资产发生以下情形，一般应当作为待处理财产损溢处理：

（1）自然损耗、意外灾害造成的毁损；

（2）管理不善或责任者的过失造成的毁损；

（3）因制度制定或执行不严密造成的资产盘盈或盘亏；

（4）由于计量或检验不准确，造成多收多付或少收少付等。

待处理财产损溢应及时查明原因，按照规定程序报批处理。

二、待处理财产损溢的核算

（一）会计科目

工会应当设置“待处理财产损溢”科目，核算工会待处理财产的价值及财产处理损溢。本科目期末如为借方余额，反映工会尚未处理完毕的各种资产的净损失；期末如为贷方余额，反映尚未处理完毕的各种资产净溢余。年末，经批准处理后，本科目一般应无余额。

“待处理财产损溢”科目应当按照待处理的资产项目进行明细核算；对于在资产处理过程中取得收入或发生相关费用的项目，还应当设置“待处理财产价值”“处理净收入”明细科目，进行明细核算。

工会财产的处理包括资产的盘盈、盘亏、报废、毁损以及非实物资产损失核销等。工会财产的处理，一般应当先记入“待处理财产损溢”科目，按照规定报经批准后及时进行账务处理。年末结账前一般应处理完毕。

（二）主要账务处理

1.账款核对时发现短缺或溢余的库存现金。

（1）每日账款核对中发现现金短缺或溢余，属于现金短缺的，按照实际短缺的金额，借记“待处理财产损溢”科目，贷记“库存现金”科目；属于现金溢余的，按照实际溢余的金额，借记“库存现金”科目，贷记“待处理财产损溢”科目。

（2）如为现金短缺，属于应由责任人等赔偿的，借记“其他应收款”科目，贷记“待处理财产损溢”科目；属于无法查明原因的，报经批准核销时，借记“其他支出”科目，贷记“待处理财产损溢”科目。

（3）如为现金溢余，属于应支付给有关人员或单位的，借记“待处理财产损溢”科目，贷记“其他应付款”科目；属于无法查明原因的，报经批准后，借记“待处理财产损溢”科目，贷记“其他收入”科目。

2.按规定报经批准予以核销的其他应收款、股权投资、无形资产。

（1）转入待处理资产时，按照资产的账面价值，借记“待处理财产损溢”科目［核销无形资产的，还应按照计提的摊销金额，借记“累计摊销”科目］，按照资产的账面余额，贷记“其他应收款”“投资”“无形资产”科目。

（2）报经批准予以核销时，借记“其他支出”科目［其他应收款核销］或“资产基金——投资”“资产基金——无形资产”科目［投资、无形资产核销］，贷记“待处理财产损溢”科目。

3.资产清查过程中发现的盘盈、盘亏或报废、毁损的库存物品、固定资产、无形资产等各种资产。

（1）盘盈的各类资产。

①转入待处理资产时，按照确定的成本，借记“库存物品”“固定资产”“无形资产”等科目，贷记“待处理财产损溢”科目（待处理财产价值）。

②按照规定报经批准后处理时，借记“待处理财产损溢”科目（待处理财产价值），贷记“资产基金”科目。

（2）盘亏或者毁损、报废的各类资产。

①转入待处理资产时，借记“待处理财产损溢”科目（待处理财产价值）[盘亏、毁损、报废固定资产、无形资产的，还应借记“累计折旧”“累计摊销”科目]，贷记“库存物品”“在建工程”“固定资产”“无形资产”等科目。

报经批准处理时，借记“资产基金”科目，贷记“待处理财产损溢”科目（待处理财产价值）。

②处理毁损、报废实物资产过程中取得的残值或残值变价收入、保险理赔和过失人赔偿等，借记“库存现金”“银行存款”“其他应收款”等科目，贷记“待处理财产损溢”科目（处理净收入）；处理毁损、报废实物资产过程中发生的相关费用，借记“待处理财产损溢”科目（处理净收入），贷记“库存现金”“银行存款”等科目。

处理收支结清，如果处理收入大于相关费用的，按照处理收入减去相关费用后的净收入，借记“待处理财产损溢”科目（处理净收入），贷记“其他收入”科目，需按规定上缴同级政府财政的，贷记“其他应付款”科目；如果处理收入小于相关费用的，按照相关费用减去处理收入后的净支出，借记“其他支出”科目，贷记“待处理财产损溢”科目（处理净收入）。

待处理财产损溢的主要账务处理如表3–19所示。

表3–19　　“待处理财产损溢”科目核算内容

<table>
<tr><th rowspan="2">序号</th><th rowspan="2" colspan="3">业务和事项内容</th><th colspan="2">账务处理</th></tr>
<tr><th>基层工会</th><th>县级以上工会</th></tr>
<tr><td rowspan="6">1</td><td rowspan="6">库存现金短缺或溢余</td><td rowspan="3">现金短缺</td><td>转入待处理财产时</td><td colspan="2">借：待处理财产损溢
贷：库存现金</td></tr>
<tr><td>应由责任人等赔偿的</td><td colspan="2">借：其他应收款
贷：待处理财产损溢</td></tr>
<tr><td>属于无法查明原因的，报经批准核销时</td><td colspan="2">借：其他支出
贷：待处理财产损溢</td></tr>
<tr><td rowspan="3">现金溢余</td><td>转入待处理财产时</td><td colspan="2">借：库存现金
贷：待处理财产损溢</td></tr>
<tr><td>应支付给有关人员或单位的</td><td colspan="2">借：待处理财产损溢
贷：其他应付款</td></tr>
<tr><td>属于无法查明原因的，报经批准核销时</td><td colspan="2">借：待处理财产损溢
贷：其他收入</td></tr>
<tr><td rowspan="4">2</td><td rowspan="4">按规定报经批准予以核销的其他应收款、股权投资、无形资产</td><td rowspan="2">转入待处理财产时</td><td>核销其他应收款、股权投资</td><td colspan="2">借：待处理财产损溢
贷：其他应收款/投资</td></tr>
<tr><td>核销无形资产</td><td colspan="2">借：待处理财产损溢
累计摊销［已计提的摊销金额］
贷：无形资产</td></tr>
<tr><td rowspan="2">报经批准予以核销时</td><td>核销其他应收款</td><td colspan="2">借：其他支出
贷：待处理财产损溢</td></tr>
<tr><td>核销股权投资、无形资产</td><td colspan="2">借：资产基金——投资/无形资产
贷：待处理财产损溢</td></tr>
<tr><td rowspan="2">3</td><td rowspan="2">盘盈各类资产</td><td colspan="2">转入待处理资产时</td><td colspan="2">借：库存物品/固定资产/无形资产等
贷：待处理财产损溢——待处理财产价值</td></tr>
<tr><td colspan="2">报经批准后处理时</td><td colspan="2">借：待处理财产损溢——待处理财产价值
贷：资产基金</td></tr>
<tr><td rowspan="3">4</td><td rowspan="3">盘亏、毁损、报废库存物品、固定资产、无形资产等</td><td rowspan="3">转入待处理资产时</td><td>库存物品</td><td colspan="2">借：待处理财产损溢——待处理财产价值
贷：库存物品</td></tr>
<tr><td>在建工程</td><td colspan="2">借：待处理财产损溢——待处理财产价值
贷：在建工程</td></tr>
<tr><td>固定资产</td><td colspan="2">借：待处理财产损溢——待处理财产价值
累计折旧
贷：固定资产</td></tr>
</table>

续表

<table>
<tr><th rowspan="2">序号</th><th rowspan="2" colspan="3">业务和事项内容</th><th colspan="2">账务处理</th></tr>
<tr><th>基层工会</th><th>县级以上工会</th></tr>
<tr><td rowspan="7">4</td><td rowspan="7">盘亏、毁损、报废库存物品、固定资产、无形资产等</td><td>转入待处理资产时</td><td>无形资产</td><td colspan="2">借：待处理财产损溢——待处理财产价值
累计摊销
贷：无形资产</td></tr>
<tr><td colspan="2">报经批准后处理时</td><td colspan="2">借：资产基金
贷：待处理财产损溢——待处理财产价值</td></tr>
<tr><td rowspan="5">处理毁损、报废实物资产</td><td>取得残值收入、保险理赔和过失人赔偿</td><td colspan="2">借：库存现金/银行存款/其他应收款等
贷：待处理财产损溢——处理净收入</td></tr>
<tr><td>处理过程中发生相关费用</td><td colspan="2">借：待处理财产损溢——处理净收入
贷：库存现金/银行存款等</td></tr>
<tr><td>处理收入大于相关费用</td><td colspan="2">借：待处理财产损溢——处理净收入
贷：其他收入
其他应付款［按规定上缴同级政府财政］</td></tr>
<tr><td>处理收入小于相关费用的</td><td colspan="2">借：其他支出
贷：待处理财产损溢——处理净收入</td></tr>
</table>

（三）会计实务举例

【例3-37】现金盘盈盘亏的账务处理，见本章例3-4，此处略。

【例3-38】库存物品盘盈盘亏的账务处理，见本章例3-20，此处略。

【例3-39】固定资产报废、盘盈盘亏的账务处理，见本章例3-30和例3-32，此处略。

第四章
负　债

第一节　负债概述

一、负债的概念及特点

（一）负债的概念

负债是指工会过去的经济业务或者事项形成的，预期会导致经济资源流出的现时义务。

现时义务是指工会在现行条件下已承担的义务。未来发生的经济业务或者事项形成的义务不属于现时义务，不应当确认为负债。

（二）负债的特点

负债是工会需承担的清偿责任，清偿的预期将导致工会资产的减少。它具有以下特点：

（1）负债是基于过去的交易或事项而产生的。会计的基本属性是对特定主体已经发生的经济业务或者事项进行确认、计量和报告。对尚未发生或者正在发生的经济业务，不得作为会计核算的内容，除非有足够证据表明，正在发生或尚未发生的业务已经在事实上形成了会计核算主体的某种权利或者义务并且权利与义务的金额能够较为准确地估计。工会负债也是一样，也是基于过去业务而发生的现实义务。

（2）负债是工会承担的现时义务。所谓现时业务是就当前的状态而言，这种业务具有不可撤销性，在将来约定的某个时间必须偿还。

（3）债务的偿还会导致未来资产的减少或者负债的增加。负债通常是在未来某一时日通过交付资产（包括现金和其他资产）或提供劳务来清偿，这样可能导致资产的减少或者以新的债务来进行替换。

二、负债的分类

工会的负债包括应付职工薪酬、应付款项等。

1.应付职工薪酬是指工会按照国家有关规定应付给本单位职工及为职工支付的各种薪酬，包括基本工资、国家统一规定的津贴补贴、规范津贴补贴（绩效工资）、改革性补贴、社会保险费（如职工基本养老保险费、职业年金、基本医疗保险费等）和住房公积金等。

2.应付款项包括应付上级经费、应付下级经费和其他应付款。

（1）应付上级经费是指本级工会按规定应上缴上级工会的工会拨缴经费。

（2）应付下级经费是指本级工会应付下级工会的各项补助以及应转拨下级工会的工会拨缴经费。

（3）其他应付款指除应付上下级经费之外的其他应付及暂存款项，包括工会按规定收取的下级工会筹建单位交来的建会筹备金等。

三、负债的确认与计量

（一）负债的确认

符合负债定义的现时义务，在同时满足以下条件时，确认为负债：（1）履行该义务很可能导致含有服务潜力或者经济利益的经济资源流出工会；（2）该义务的金额能够可靠计量。符合负债定义并确认的负债项目，应当列入资产负债表。

（二）负债的计量

工会的各项负债应当按照实际发生额入账。

四、负债类会计科目的设置

基层工会和县级以上工会应按照《工会会计制度》的规定来设置和使用会计科目，基层工会负债类一级会计科目共有2个，县级以上工会负债类一级会计科目共有5个，详见表4–1。

表4–1 负债类科目表

基层工会负债类科目		县级以上工会负债类科目	
科目编号	科目名称	科目编号	科目名称
211	应付上级经费	201	应付职工薪酬
215	其他应付款	211	应付上级经费
		212	应付下级经费
		215	其他应付款
		221	代管经费

注：对于本表未列出的会计科目，基层工会可以根据实际需要按照县级以上工会的会计科目进行账务处理。

第二节 应付职工薪酬

一、应付职工薪酬概述

（一）应付职工薪酬的概念

应付职工薪酬是工会按照国家有关规定应付给本单位职工及为职工支付

的各种薪酬，包括基本工资、国家统一规定的津贴补贴、规范津贴补贴（绩效工资）、改革性补贴、社会保险费（如职工基本养老保险费、职业年金、基本医疗保险费等）和住房公积金等。

（二）应付职工薪酬的特点

县级以上工会机关在职人员经费，应当按照国家有关政策规定，由工会自行承担的人员经费，用工会经费开支；县级以上工会离退休人员经费由同级财政承担，工会应进行账务处理，记录政府补助收入与行政支出；基层工会工作人员经费由所在单位行政承担，由所在单位行政支付，基层工会不作账务处理。工会人员经费各项开支范围和标准必须符合国家规定，不得擅自扩大开支范围，提高开支标准。

二、应付职工薪酬的核算

（一）会计科目设置

工会应当设置“应付职工薪酬”科目，核算县级以上工会按照有关规定应付给本单位职工及为职工支付的各种薪酬，包括基本工资、国家统一规定的津贴补贴、规范津贴补贴（绩效工资）、改革性补贴、社会保险费（如职工基本养老保险费、职业年金、基本医疗保险费等）和住房公积金等。本科目期末贷方余额，反映县级以上工会应付未付的职工薪酬。

（二）明细科目设置

“应付职工薪酬”科目应当根据国家有关规定按照“基本工资”（含离休费及退休人员统筹外养老保险待遇）、“国家统一规定的津贴补贴”“规范津贴补贴（绩效工资）”“改革性补贴”“社会保险费”“住房公积金”“其他个人收入”等进行明细核算。其中，“社会保险费”“住房公积金”明细科目核算内容包括工会从职工工资中代扣代缴的社会保险费、住房公积金，以及工会为职工计算缴纳的社会保险费、住房公积金。

（三）主要账务处理

1.计算确认当期应付职工薪酬（含工会为职工计算缴纳的社会保险费、住房公积金）时，借记“行政支出”科目，贷记“应付职工薪酬”科目。

2.向职工支付工资、津贴补贴等薪酬时，按照实际支付的金额，借记“应付职工薪酬”科目，贷记“银行存款”等科目。

3.按照税法规定代扣职工个人所得税时，借记“应付职工薪酬”科目，贷记“其他应付款”科目。

从应付职工薪酬中代扣为职工垫付的水电费、房租等费用时，按照实际扣除的金额，借记“应付职工薪酬”科目（基本工资），贷记“其他应收款”等科目。

从应付职工薪酬中代扣社会保险费和住房公积金，按照代扣的金额，借记“应付职工薪酬”科目（基本工资），贷记“应付职工薪酬”科目（社会保险费、住房公积金）。

4.按照国家有关规定缴纳职工社会保险费和住房公积金时，按照实际支付的金额，借记“应付职工薪酬”科目（社会保险费、住房公积金），贷记“银行存款”等科目。

5.从应付职工薪酬中支付的其他款项，借记“应付职工薪酬”科目，贷记“银行存款”等科目。

应付职工薪酬的主要账务处理如表4–2所示。

表4–2　“应付职工薪酬”科目核算内容

序号	业务和事项内容	账务处理
		县级以上工会
1	计算确认当期应付职工薪酬（含工会为职工计算缴纳的社会保险费、住房公积金）	借：行政支出 贷：应付职工薪酬
2	向职工支付工资、津贴补贴等薪酬时	借：应付职工薪酬 贷：银行存款等

续表

序号	业务和事项内容		账务处理
			县级以上工会
3	代扣各种款项	按照税法规定代扣职工个人所得税	借：应付职工薪酬 贷：其他应付款
		代扣为职工垫付的水电费、房租等费用时	借：应付职工薪酬——基本工资 贷：其他应收款等
		代扣社会保险费和住房公积金	借：应付职工薪酬——基本工资 贷：应付职工薪酬——社会保险费/住房公积金
4	按照国家有关规定缴纳职工社会保险费和住房公积金时		借：应付职工薪酬——社会保险费/住房公积金 贷：银行存款等
5	从应付职工薪酬中支付的其他款项		借：应付职工薪酬 贷：银行存款等

（四）会计实务举例

【例4-1】某市级工会人员工资由财政承担，由财政授权支付。20×2年3月应发职工工资257 000元（基本工资80 000元、国家统一规定的津贴补贴55 000元、绩效工资70 000元、改革性补贴50 000元、其他个人收入2 000元），单位应承担的社会保险费25 000元、单位应承担的住房公积金30 000元，通过零余额账户发放上述工资，并代扣代缴职工个人所得税6 000元，同时代扣个人应承担的住房公积金30 000元、个人应承担的社会保险费15 000元、代扣为职工垫付的水电费1 500元，实际零余额账户支付204 500元。代扣的个人所得税、住房公积金及社会保险费已通过零余额账户交纳完毕。

账务处理如下（支出经济分类、功能分类略）：

（1）计算确认当期应付职工薪酬：

按照应发工资计算单位应负担的人工成本：

借：行政支出——财政拨款	257 000	
贷：应付职工薪酬——基本工资		80 000
——国家统一规定的津贴补贴		55 000
——规范津贴补贴（绩效工资）		70 000
——改革性补贴		50 000
——其他个人收入		2 000

计提单位应负担的公积金和社会保险成本：

借：行政支出——财政拨款 55 000
　　贷：应付职工薪酬——社会保险费 25 000
　　　　　　　　　　——住房公积金 30 000

（2）向职工支付工资、津贴补贴等薪酬，并代扣各种款项：

借：应付职工薪酬——基本工资 80 000
　　　　　　　　——国家统一规定的津贴补贴 55 000
　　　　　　　　——规范津贴补贴（绩效工资） 70 000
　　　　　　　　——改革性补贴 50 000
　　　　　　　　——其他个人收入 2 000
　　贷：零余额账户用款额度 204 500
　　　　其他应付款——个人所得税 6 000
　　　　应付职工薪酬——社会保险费 15 000
　　　　　　　　　　——住房公积金 30 000
　　　　其他应收款 1 500

（3）缴纳职工社会保险费和住房公积金（单位部分和代扣个人部分）时：

借：应付职工薪酬——社会保险费 40 000
　　　　　　　　——住房公积金 60 000
　　贷：零余额账户用款额度 100 000

（4）缴纳个人所得税时：

借：其他应付款——个人所得税 6 000
　　贷：零余额账户用款额度 6 000

第三节　应付上级经费和应付下级经费

一、应付上级经费和应付下级经费概述

（一）应付上级经费概述

应付上级经费指本级工会按规定应上缴上级工会的工会拨缴经费。

根据《工会预算管理办法》，工会系统财会一般分为五级管理，即全国总工会、省级工会、市级工会、县级工会和基层工会。各级工会应当按照全国总工会、省级总工会确定的分成比例、上解时间等，对收到的拨缴经费定期分解，逐级按时、足额上解上级或返拨下级工会经费。应付上级经费反映的是本级工会的负债，上级工会的债权。

（二）应付下级经费概述

应付下级经费指本级工会应付下级工会的各项补助以及应转拨下级工会的工会拨缴经费。

上级工会对下级工会的转移支付分为一般性转移支付和专项转移支付。一般性转移支付是上级工会给下级工会未指定用途的补助。专项转移支付是上级工会给下级工会用于专项工作的补助。县级以上工会应当将对下级工会的转移支付预计数提前下达下级工会。各级工会应当将上级工会提前下达的转移支付预计数编入本级预算。

二、应付上级经费的核算

（一）会计科目设置

工会应当设置“应付上级经费”科目，核算工会按规定应上缴的工会拨缴经费。本科目期末贷方余额，反映工会应缴上级但尚未上缴的工会拨缴经费。

（二）主要账务处理

1.本级工会确认工会拨缴经费时，按照下级工会经费收缴报告表中的相关金额或实际收到的总金额，借记“应收下级经费”“银行存款”等科目，按规定属于本级工会的部分，贷记“拨缴经费收入”科目，按规定应上缴上级工会的部分，贷记“应付上级经费”科目，按规定应转拨下级工会的部分，贷记“应付下级经费——应付下级转拨经费”科目。

2.实际上缴工会经费时，借记“应付上级经费”科目，贷记“银行存款”科目。

应付上级经费的主要账务处理如表4–3所示。

表4–3　　“应付上级经费”科目核算内容

序号	业务和事项内容	账务处理	
		基层工会	县级以上工会
1	本级工会确认或收到工会拨缴经费时	借：银行存款 　贷：拨缴经费收入 　　应付上级经费	借：应收下级经费/银行存款等 　贷：拨缴经费收入 　　应付上级经费 　　应付下级经费——应付下级转拨经费
2	实际上缴工会经费时	借：应付上级经费 　贷：银行存款	

（三）会计实务举例

【例4–2】应付上级经费的账务处理参见本书第三章例3–5、第六章例6–3、例6–4、例6–5等，此处不再赘述。

三、应付下级经费的核算

（一）会计科目设置

工会应当设置“应付下级经费”科目，核算县级以上工会应付下级工会的各项补助和应转拨下级工会的工会拨缴经费。本科目期末贷方余额，反映县级以上工会应拨付下级但尚未拨付的补助和工会拨缴经费。

（二）明细科目设置

工会可以根据需要在本科目下设置以下明细科目：

（1）应付下级补助：核算县级以上工会应拨付给下级工会的一般性转移支付补助和专项转移支付补助。

（2）应付下级转拨经费：核算县级以上工会采用税务代收、财政划拨的形式收缴的应划转给下级工会作为下级工会拨缴经费收入的工会拨缴经费。

（三）主要账务处理

1.本级工会年末清算对下级工会的补助时，根据补助通知中的相关金额，借记“补助下级支出”科目，贷记“应付下级经费”科目（应付下级补助）。

次年，实际拨付补助时，借记“应付下级经费”科目（应付下级补助），贷记“银行存款”科目。

2.采用税务代收、财政划拨方式收缴工会经费的：

（1）本级工会通过税务部门代收、财政部门划拨的工会经费，按照实际收到的总金额，借记“银行存款”科目，按规定属于本级工会的部分，贷记“拨缴经费收入”科目，按规定应上缴上级工会的部分，贷记“应付上级经费”科目，按规定应转拨下级工会的部分，贷记“应付下级经费”科目（应付下级转拨经费）。

实际转拨下级工会经费时，借记“应付下级经费”科目，贷记“银行存款”科目。

（2）本级工会确认上级工会通过税务部门代收、财政部门划拨的工会经费，按照上级工会经费转拨通知中的金额或实际收到的总金额，借记“应收上级经费——应收上级转拨经费”“银行存款”科目，按规定属于本级工会的部分，贷记“拨缴经费收入”科目，按规定应转拨下级工会的部分，贷记“应付下级经费”科目（应付下级转拨经费）。

实际转拨下级工会经费时，借记“应付下级经费”科目，贷记“银行存款”科目。

应付下级经费的主要账务处理如表4–4所示。

表4–4 “应付下级经费”科目核算内容

序号	业务和事项内容		账务处理 县级以上工会
1	本级工会年末清算对下级工会的补助	清算时	借：补助下级支出 贷：应付下级经费——应付下级补助
		次年，实际拨付补助时	借：应付下级经费——应付下级补助 贷：银行存款
2	本级工会通过税务部门代收、财政部门划拨的工会经费	实际收到时	借：银行存款 贷：拨缴经费收入 应付上级经费 应付下级经费——应付下级转拨经费
		实际转拨下级工会经费时	借：应付下级经费——应付下级转拨经费 贷：银行存款
3	本级工会确认上级工会通过税务部门代收、财政部门划拨的工会经费	实际收到时	借：银行存款/应收上级经费——应收上级转拨经费等 贷：拨缴经费收入 应付下级经费——应付下级转拨经费
		实际转拨下级工会经费时	借：应付下级经费——应付下级转拨经费 贷：银行存款

（四）会计实务举例

【例4–3】20×1年，某省级工会发生如下经济业务：考虑下属A市总工会因新冠肺炎疫情影响经费收入不足，难以实现本年各项工作任务，在年末清算中，用省总本级工会经费安排劳模工作经费300 000元，职工服务专项工作经费200 000元，另外拨付250 000元基本经费用于弥补A市总工会经费不足。上述款项已于次年初以工会资金拨付，通过银行存款付讫。

相关账务处理如下（支出经济分类略）：

（1）年末清算时：

借：补助下级支出——专项转移支付补助　　500 000

——一般性转移支付补助　　250 000

贷：应付下级经费——应付下级补助　　750 000

（2）次年，实际拨付补助时：

借：应付下级经费——应付下级补助　　750 000
　　贷：银行存款　　750 000

【例4–4】某市总工会由税务部门统一代收工会经费。202×年7月15日，该市总工会收到税务部门转来的代收二季度所属基层工会上交的2%全额经费150万元，按照6∶1∶3的比例在基层工会、本级工会和上级工会之间进行分解，款项已通过银行存款收付讫。

相关账务处理如下：

（1）收到税务部门转来经费时：

借：银行存款　　1 500 000
　　贷：拨缴经费收入　　（1 500 000×10%）150 000
　　　　应付上级经费　　（1 500 000×30%）450 000
　　　　应付下级经费——应付下级转拨经费
　　　　　　（1 500 000×60%）900 000

（2）实际上解和转拨经费时：

借：应付上级经费　　450 000
　　应付下级经费——应付下级转拨经费　　900 000
　　贷：银行存款　　1 350 000

第四节　其他应付款

一、其他应付款概述

其他应付款指除应付上下级经费之外的其他应付及暂存款项，包括工会按规定收取的下级工会的建会筹备金、应支付的税金等。

其他应付款是工会的一项非经常性负债，应当及时清理，年终前尽量清理完毕。属于收入性质的业务，如直属单位上缴款、财政补助、出租房屋收入等，不应当在其他应付款中核算，应当计入工会收入，纳入工会预算收支统一核算管理。

二、其他应付款的核算

（一）会计科目设置

工会应当设置“其他应付款”科目，核算工会除应付上下级经费之外的其他应付及暂存款项。本科目期末贷方余额，反映工会尚未支付的其他应付及暂存款项。本科目应按对方单位或个人设置明细账，进行明细核算。

（二）主要账务处理

1.本级工会收到筹建单位交来的建会筹备金，按实际收到的总金额，借记“银行存款”科目，贷记“其他应付款”科目。

在筹建单位建立工会后，本级工会按照规定对建会筹备金进行处理。按照对应的金额，借记“其他应付款”科目，按规定属于本级工会的部分，贷记“拨缴经费收入”科目，按规定应上缴上级工会的部分，贷记“应付上级经费”科目，按规定需返还筹建单位工会的部分，贷记“应付下级经费”科目。

2.发生房产税等纳税义务，以及按照税法规定应代扣代缴个人所得税的，按照应交税费金额，借记“行政支出”“应付职工薪酬”等科目，贷记“其他应付款”科目。工会实际缴纳上述各种税费时，借记“其他应付款”科目，贷记“银行存款”科目。

3.发生其他应付及暂存款项，借记“库存现金”“银行存款”等科目，贷记“其他应付款”科目。支付款项时，借记“其他应付款”科目，贷记“库存现金”“银行存款”等科目。

其他应付款的主要账务处理如表4–5所示。

表4–5 “其他应付款”科目核算内容

<table>
<tr><th rowspan="2">序号</th><th rowspan="2" colspan="2">业务和事项内容</th><th colspan="2">账务处理</th></tr>
<tr><th>基层工会</th><th>县级以上工会</th></tr>
<tr><td rowspan="2">1</td><td rowspan="2">建会筹备金</td><td>本级工会收到筹建单位交来的建会筹备金</td><td colspan="2">借：银行存款
贷：其他应付款</td></tr>
<tr><td>本级工会按照规定对建会筹备金进行处理</td><td>借：其他应付款
贷：拨缴经费收入
应付上级经费</td><td>借：其他应付款
贷：拨缴经费收入
应付上级经费
应付下级经费</td></tr>
<tr><td rowspan="2">2</td><td rowspan="2">发生纳税义务的</td><td>计算应交税费（房产税、代扣代缴个人所得税等）</td><td>借：业务支出等
贷：其他应付款</td><td>借：行政支出/应付职工薪酬等
贷：其他应付款</td></tr>
<tr><td>实际缴纳各种税费时</td><td colspan="2">借：其他应付款
贷：银行存款</td></tr>
<tr><td rowspan="2">3</td><td rowspan="2">发生其他应付及暂存款项</td><td>发生时</td><td colspan="2">借：库存现金/银行存款等
贷：其他应付款</td></tr>
<tr><td>支付款项时</td><td colspan="2">借：其他应付款
贷：库存现金/银行存款等</td></tr>
</table>

（三）会计实务举例

【例4–5】20×2年5月31日，某市总工会实行税务全额代收，收到某企业交来的建会筹备金150 000元，该地经费分成比例为基层工会70%、区总工会10%、市总工会10%、省总工会（含全总）10%。6月该企业工会成立，市总工会按比例确认收入后，返还上述建会筹备金到企业工会、区总工会，并上缴省总工会建会筹备金。上述款项已通过银行存款付讫。

相关账务处理如下：

（1）市总工会收到筹建单位交来的建会筹备金：

借：银行存款 150 000

贷：其他应付款——建会筹备金 150 000

（2）企业建会后，市总工会按照规定对建会筹备金进行处理时：

借：其他应付款——建会筹备金 150 000

贷：拨缴经费收入 （150 000×10%）15 000

应付上级经费 （150 000×10%）15 000

应付下级经费——应付建会筹备金

（150 000 × 80%）120 000

（3）市总工会返还建会筹备金到区总工会（含基层工会）时：

借：应付下级经费——应付建会筹备金 120 000

贷：银行存款 120 000

（4）市总工会上缴建会筹备金到省总工会时：

借：应付上级经费 15 000（150 000 × 10%）

贷：银行存款 15 000

【例4-6】接例4-5，6月30日，区总工会收到市总工会返还的上述建会筹备金。7月5日，区总工会返还建会筹备金给筹建单位工会。通过银行存款收付讫。

相关账务处理如下：

（1）区总工会收到市总工会返还建会筹备金时：

借：银行存款 120 000

贷：拨缴经费收入 （150 000 × 10%）15 000

应付下级经费——应付建会筹备金

（150 000 × 70%）105 000

（2）区总工会返还建会筹备金到筹建单位新建工会时：

借：应付下级经费——应付建会筹备金

（150 000 × 70%）105 000

贷：银行存款 105 000

【例4-7】接例4-6，7月5日，筹建单位工会收到区总工会返还建会筹备金。

相关账务处理如下：

借：银行存款 105 000

贷：拨缴经费收入 （150 000 × 70%）105 000

【例4-8】某市总工会在职人员工资由工会经费发放，离退休工资由财政统发。职工宿舍住房的水电费，由市总工会统一代收之后一并交给电力公司和自来水公司。在职人员的水电费通过工资代扣，离退休人员的通过个人交给单位财务的方式收取。20 × 2年7月，工资代扣的水电费5 000元，离退休人员上交的水电费2 000元。8月5日，该笔款项支付给电力公司和自来水公司。上述款项通过银行存款收付讫。

相关账务处理如下：

（1）代扣在职人员水电费：

借：应付职工薪酬　　5 000

　　贷：其他应付款　　5 000

（2）收取离退休人员水电费：

借：银行存款　　2 000

　　贷：其他应付款　　2 000

（3）实际支付时：

借：其他应付款　　7 000

　　贷：银行存款　　7 000

第五节　代管经费

一、代管经费概述

代管经费是指其他组织委托工会代管的有指定用途的、不属于工会收入的资金，如代管的社团活动费、职工互助保险等。

代管经费要严格按照资金的用途使用，并严格履行规定的报批程序。属于收入性质业务范畴的，如工会收到的各种救灾、救助捐赠款项，需统一调配使用的，不应在代管经费中核算，要计入工会收入，纳入工会预算收支统一管理。

二、代管经费的核算

（一）会计科目设置

工会应当设置“代管经费”科目，核算其他组织委托工会代管的有指定用途的、不属于工会收入的资金。本科目应按拨入代管经费的项目或单位设置明细账。本科目期末贷方余额，反映工会受托代管的资金。

（二）主要账务处理

1.收到代管的资金时，按照实际收到的金额，借记“库存现金”“银行存款”科目，贷记“代管经费”科目。

2.实际支出时，按照实际支出的金额，借记“代管经费”科目，贷记“库存现金”“银行存款”科目。

代管经费的主要账务处理如表4-6所示。

表4-6　　“代管经费”科目核算内容

序号	业务和事项内容		账务处理	
			基层工会	县级以上工会
1	受托代管现金	收到时	借：库存现金——代管经费 　贷：代管经费	
		实际支出时	借：代管经费 　贷：库存现金——代管经费	
2	受托代管银行存款	收到时	借：银行存款——代管经费 　贷：代管经费	
		实际支出时	借：代管经费 　贷：银行存款——代管经费	

（三）会计实务举例

【例4-9】某集团公司工会受托代管本集团公司职工互助金，20×2年10月发生下列经济业务：

（1）22日，收到行政划拨的职工互助金200 000元，通过银行存款收讫。

（2）26日，收到职工个人交来互助金100元/人，共计20 000元，现金收讫，并存入银行。

（3）30日，根据单位制度对大病住院的5名职工进行救助，发放职工互助金100 000元，以银行存款付讫。

相关账务处理如下：

（1）收到行政划拨的职工互助金：

借：银行存款——代管经费　　200 000

　　贷：代管经费——职工互助金　　200 000

（2）收到个人缴纳的互助救济金：

借：银行存款——代管经费　　20 000

　　贷：代管经费——职工互助金　　20 000

（3）实际发放互助金时：

借：代管经费——职工互助金　　100 000

　　贷：银行存款——代管经费　　100 000

【例4-10】某集团公司工会受托代管本集团公司职工兴趣小组活动经费，20×2年9月发生下列经济业务：

（1）1日，收到乒乓球兴趣小组交来的活动费2 000元，已经存入银行。

（2）3日，收到书画兴趣小组交来的活动经费1 500元，存入银行。

（3）23日，书画小组开展活动用于购买纸张笔墨等开支350元，以现金付讫。

（4）25日，乒乓球小组开展活动购买乒乓球50元，以现金支付完毕。

相关账务处理如下：

（1）收到乒乓球小组交来的活动经费：

借：银行存款——代管经费　　2 000

　　贷：代管经费——乒乓球小组　　2 000

（2）收到书画小组交来的活动经费：

借：银行存款——代管经费　　1 500

　　贷：代管经费——书画小组　　1 500

（3）实际使用书画小组活动费：

借：代管经费——书画小组　　350

　　贷：库存现金——代管经费　　350

（4）实际使用乒乓球小组活动费：

借：代管经费——乒乓球小组　　50

　　贷：库存现金——代管经费　　50

第五章
净资产

第一节　净资产概述

一、净资产的概念及特点

（一）净资产的概念

净资产是指工会的资产减去负债后的余额。它反映的是工会组织的资产总额在抵偿了一切现时义务之后的那部分差额。用公式可表示为：净资产=资产-负债。

（二）净资产的特点

1.具有非偿还性

由于工会组织具有公益性和非营利性的特征，工会的净资产主要来自企事业单位依法无偿拨缴的经费、会员上缴的会费和其他方面来源的资金，这些经费和资金作为开展业务的必要条件，是工会组织各单位无偿占有和使用的经济资源，是不需要偿还的。

2.是工会与其他组织之间的权益分配

由于工会组织的净资产主要来源于依照法律法规所获取的工会经费，包括行政拨缴经费、行政补助、政府补助等，这些经费收缴行为一经完成，各级工会组织拥有对这些资源的所有权、支配权，同时，净资产又是各级工会组织活动或开展业务所必需的物质基础，所以，工会依法对其享有控制权、占有权和使用权，以保证各项工作的顺利完成。因此，工会组织的净资产是工会与其他组织（如政府、企业）之间的权益分配。

二、净资产的内容

工会净资产按其核算内容包括资产基金、专用基金、工会资金结转、工会资金结余、财政拨款结转、财政拨款结余和预算稳定调节基金。

1.资产基金指工会库存物品、固定资产、无形资产、在建工程、投资和长期待摊费用等非货币性资产在净资产中占用的金额。

2.专用基金指县级以上工会按规定依法提取和使用的有专门用途的基金。

3.工会资金结转是指工会预算安排项目的支出年终尚未执行完毕或者因故未执行，且下年需要按原用途继续使用的工会资金。

4.工会资金结余是指工会年度预算执行终了，预算收入实际完成数扣除预算支出和工会结转资金后剩余的工会资金。

5.财政拨款结转是指县级以上工会预算安排项目的支出年终尚未执行完毕或者因故未执行，且下年需要按原用途继续使用的财政拨款资金。

6.财政拨款结余是指县级以上工会年度预算执行终了，预算收入实际完成数扣除预算支出和财政拨款结转资金后剩余的财政拨款资金。

7.预算稳定调节基金是县级以上工会为平衡年度预算按规定设置的储备性资金。

三、净资产类会计科目的设置

基层工会和县级以上工会应按照《工会会计制度》的规定来设置和使用

会计科目，基层工会净资产类一级会计科目共有3个，县级以上工会净资产类一级会计科目共有7个，详见表5-1。

表5-1　净资产类科目表

基层工会净资产类科目		县级以上工会净资产类科目	
科目编号	科目名称	科目编号	科目名称
301	资产基金	301	资产基金
321	工会资金结转	30101	库存物品
322	工会资金结余	30102	投资
		30103	在建工程
		30104	固定资产
		30105	无形资产
		30106	长期待摊费用
		311	专用基金
		321	工会资金结转
		322	工会资金结余
		331	财政拨款结转
		332	财政拨款结余
		341	预算稳定调节基金

注：对于本表未列出的会计科目，基层工会可以根据实际需要按照县级以上工会的会计科目进行账务处理。

第二节　资产基金

一、资产基金概述

（一）资产基金的概念及内容

资产基金指工会库存物品、固定资产、无形资产、在建工程、投资和长期待摊费用等非货币性资产在净资产中占用的金额。

（二）资产基金的确认

1.资产基金应当在取得库存物品、固定资产、在建工程、无形资产、投资及发生长期待摊费用时确认。

2.资产基金应当按照实际发生额入账。

二、资产基金的核算

（一）会计科目设置

工会应当设置“资产基金”科目，核算工会库存物品、投资、在建工程、固定资产、无形资产、长期待摊费用等非货币性资产在净资产中占用的金额。本科目期末贷方余额，反映工会非货币性资产在净资产中占用的金额。

（二）明细科目设置

“资产基金”科目应当设置“库存物品”“投资”“在建工程”“固定资产”“无形资产”“长期待摊费用”等明细科目，进行明细核算。

（三）主要账务处理

1.确认资产基金时，按照确定的成本或金额，借记“库存物品”“固定资产”“在建工程”“无形资产”“投资”“长期待摊费用”科目，贷记“资产基金”科目；同时，按照实际发生的支出，借记“职工活动支出”“行政支出”“资本性支出”“工会资金结余”等科目，贷记“银行存款”“零余额账户用款额度”等科目。

2.领用和发出库存物品时，按照领用和发出库存物品的成本，借记“资产基金”科目（库存物品），贷记“库存物品”科目。

3.在建工程完工交付使用时，按照确定的固定资产成本，借记“固定资产”科目，贷记“资产基金”科目（固定资产）；同时，借记“资产基金”

科目（在建工程），贷记“在建工程”科目。

4.计提固定资产折旧、无形资产摊销及分摊长期待摊费用时，按照计提的折旧、摊销及分摊的长期待摊费用的金额，借记“资产基金”科目（固定资产、无形资产、长期待摊费用），贷记“累计折旧”“累计摊销”“长期待摊费用”科目。

5.以库存物品、固定资产、无形资产对外进行股权投资时，按照确定的投资成本，借记“投资”科目，贷记“资产基金”科目（投资）；同时，按投出资产的账面价值，借记“资产基金”科目（库存物品、固定资产、无形资产），按已计提的折旧、摊销金额，借记“累计折旧”“累计摊销”科目，按投出资产的账面余额，贷记“库存物品”“固定资产”“无形资产”科目。

收回投资时，按照收回投资的账面余额，借记“资产基金”科目（投资），贷记“投资”科目；同时，按照实际取得的价款，借记“银行存款”等科目，按照收回投资的账面余额，贷记“工会资金结余”科目；按照其差额，贷记或借记“投资收益”科目。

6.对外捐赠、无偿调出库存物品、固定资产、无形资产时，应当按照资产的账面价值，借记“资产基金”科目（库存物品、固定资产、无形资产），按照已计提的折旧、摊销金额，借记“累计折旧”“累计摊销”科目，按照资产的账面余额，贷记“库存物品”“固定资产”“无形资产”科目。

7.通过“待处理财产损溢”科目核算的资产处置，有关本科目的账务处理参见“待处理财产损溢”科目。

资产基金的主要账务处理如表5–2所示。

表5–2　“资产基金”科目核算内容

<table>
<tr><th rowspan="2">序号</th><th rowspan="2">业务和事项内容</th><th colspan="2">账务处理</th></tr>
<tr><th>基层工会</th><th>县级以上工会</th></tr>
<tr><td>1</td><td>确认资产基金时</td><td colspan="2">借：库存物品/在建工程/固定资产/无形资产/投资/长期待摊费用等
　　贷：资产基金
借：维权支出/资本性支出/工会资金结余等
　　贷：银行存款/零余额账户用款额度等</td></tr>
</table>

续表

序号	业务和事项内容		账务处理	
			基层工会	县级以上工会
2	领用和发出库存物品时		借：资产基金——库存物品 　　贷：库存物品	
3	在建工程完工交付使用时		借：固定资产 　　贷：资产基金——固定资产 借：资产基金——在建工程 　　贷：在建工程	
4	计提固定资产折旧、无形资产摊销及分摊长期待摊费用时	计提固定资产折旧	借：资产基金——固定资产 　　贷：累计折旧	
		无形资产摊销	借：资产基金——无形资产 　　贷：累计摊销	
		分摊长期待摊费用	借：资产基金——长期待摊费用 　　贷：长期待摊费用	
5	以库存物品、固定资产、无形资产对外进行股权投资	以库存物品对外投资时	借：投资 　　贷：资产基金——投资 借：资产基金——库存物品 　　贷：库存物品	
		以固定资产对外投资时	借：投资 　　贷：资产基金——投资 借：资产基金——固定资产 　　累计折旧 　　贷：固定资产	
		以无形资产对外投资时	借：投资 　　贷：资产基金——投资 借：资产基金——无形资产 　　累计摊销 　　贷：无形资产	
		收回投资时	借：资产基金——投资 　　贷：投资 借：银行存款 　　贷：工会资金结余 　　　　投资收益［差额，贷方或借方］	

续表

<table>
<tr><th rowspan="2">序号</th><th colspan="2" rowspan="2">业务和事项内容</th><th colspan="2">账务处理</th></tr>
<tr><th>基层工会</th><th>县级以上工会</th></tr>
<tr><td rowspan="3">6</td><td rowspan="3">对外捐赠、无偿调出库存物品、固定资产、无形资产时</td><td>对外捐赠、无偿调出库存物品时</td><td colspan="2">借：资产基金——库存物品
　贷：库存物品</td></tr>
<tr><td>对外捐赠、无偿调出固定资产时</td><td colspan="2">借：资产基金——固定资产
　累计折旧
　贷：固定资产</td></tr>
<tr><td>对外捐赠、无偿调出无形资产时</td><td colspan="2">借：资产基金——无形资产
　累计摊销
　贷：无形资产</td></tr>
<tr><td>7</td><td colspan="2">通过“待处理财产损溢”科目核算的资产处置</td><td colspan="2">有关账务处理参见“待处理财产损溢”科目</td></tr>
</table>

（四）会计实务举例

【例5–1】因库存物品购入、领用发出导致资产基金增减变动的账务处理，参见本书第三章例3–18、例3–20，此处略。

【例5–2】因投资业务导致资产基金增减变动的账务处理，参见本书第三章例3–21、例3–22、例3–23，此处略。

【例5–3】因在建基本建设项目导致资产基金增减变动的账务处理，参见本书第三章例3–24、例3–25、例3–26，此处略。

【例5–4】因固定资产购入、处置及计提固定资产折旧导致资产基金增减变动的账务处理，参见本书第三章例3–27、例3–28、例3–29、例3–30、例3–31、例3–32，此处略。

【例5–5】因无形资产购入、处置及计提无形资产摊销导致资产基金增减变动的账务处理，参见本书第三章例3–33、例3–34、例3–35，此处略。

【例5–6】因发生长期待摊费用及摊销导致资产基金增减变动的账务处理，参见本书第三章例3–36，此处略。

第三节　专用基金

一、专用基金概述

（一）专用基金的概念

专用基金指县级以上工会按规定依法提取和使用的有专门用途的基金。

工会提取专用基金时，应当按照实际提取金额计入当期支出；使用专用基金时，应当按照实际支出金额冲减专用基金余额；专用基金未使用的余额，可以滚存下一年度使用。

（二）专用基金的内容

根据国家和全国总工会有关规定，县级以上工会依法提取权益保障金、住房改革支出等专用基金。

1.权益保障金

为坚持主动依法科学维权，保护企业工会主席合法权益，保障其依法履行职责，发挥企业工会促进企业发展、维护职工权益的作用，中华全国总工会于2007年出台的《企业工会主席合法权益保护暂行办法》第十条明确规定，县（区）级以上工会领导机关要设立工会干部权益保障金，省级工会50万元、地（市）级工会30万元、县（区）级工会10万元，年末结余滚存下一年度使用。当年使用不足时可以动用滚存结余，仍不足时可追加。本级工会经费有困难时，可向上级工会提出补助申请。县级以上工会要切实加强工会干部权益保障金的管理，做到专款专用。各级工会经费审查委员会要加强审查和监督工作。

2.住房改革支出

目前中央直属部门在编报部门预算的同时，还要单独编报住房改革支出预算。在支出经济分类科目中，涉及住房改革支出的科目包括住房公积金、提租补贴和购房补贴三项。

二、专用基金的核算

（一）会计科目设置

工会应当设置“专用基金”科目，核算县级以上工会根据国家和全国总工会有关规定，依法提取和使用的有专门用途的基金。本科目期末贷方余额，反映县级以上工会专用基金的数额。

（二）主要账务处理

1.提取专用基金时，借记“维权支出”“其他支出”等科目，贷记“专用基金”科目。

2.实际使用专用基金时，借记“专用基金”科目，贷记“库存现金”“银行存款”等科目。

专用基金的主要账务处理如表5–3所示。

表5–3 “专用基金”科目核算内容

序号	业务和事项内容	账务处理
		县级以上工会
1	提取专用基金时	借：维权支出/其他支出等 　贷：专用基金
2	实际使用专用基金时	借：专用基金 　贷：库存现金/银行存款等

（三）会计实务举例

【例5–7】20×2年12月31日，某省级工会按照规定提取工会干部权益保障金500 000元。

相关账务处理如下（支出经济分类略）：

借：维权支出——其他维权支出　　500 000

　贷：专用基金——权益保障金　　500 000

【例5–8】20×2年6月20日，某省级工会按照规定支出权益保障金

40 000元，银行存款付讫。

相关账务处理如下：

借：专用基金——权益保障金 40 000

贷：银行存款 40 000

第四节 工会资金结转和工会资金结余

一、工会资金结转概述

工会资金结转是指工会预算安排项目的支出年终尚未执行完毕或者因故未执行，且下年需要按原用途继续使用的工会资金。

二、工会资金结余概述

工会资金结余是指工会年度预算执行终了，预算收入实际完成数扣除预算支出和工会结转资金后剩余的工会资金。

三、工会资金结转的核算

（一）会计科目设置

工会应当设置“工会资金结转”科目，核算工会资金结转的调整、结转和滚存情况。本科目期末贷方余额，反映工会滚存的工会资金结转资金数额。

（二）明细科目设置

“工会资金结转”科目应当设置以下明细科目：

（1）年初余额调整：核算工会因发生会计差错更正、以前年度支出收回等原因，需要调整工会资金结转的金额。

（2）单位内部调剂：核算工会经批准对工会结余资金改变用途，调整用于工会其他未完成项目等的金额。

（3）本年收支结转：核算工会本期专项工会资金收支相抵后的余额。

（4）累计结转：核算工会滚存的工会资金专项资金结转金额。

（三）主要账务处理

1.因发生会计差错更正、以前年度支出收回的，按照调整或收回的属于工会资金结转的金额，借记或贷记“银行存款”等科目，贷记或借记“工会资金结转”科目（年初余额调整）。

2.经批准对工会资金结余资金改变用途，调整用于工会其他未完成项目的，按照批准的金额，借记“工会资金结余——单位内部调剂”科目，贷记“工会资金结转”科目（单位内部调剂）。

3.期末，将各类财政拨款以外的工会经费专项资金的收入、支出本期发生额转入本科目，借记“拨缴经费收入”“上级补助收入”“政府补助收入——非同级财政拨款收入”“行政补助收入”“附属单位上缴收入”“投资收益”“其他收入”科目下各专项资金收入明细科目，贷记“工会资金结转”科目（本年收支结转）；借记“工会资金结转”科目（本年收支结转），贷记“职工活动支出”“职工活动组织支出”“职工服务支出”“维权支出”“业务支出”“行政支出”“资本性支出”“补助下级支出”“对附属单位的支出”“其他支出”的“工会资金”明细科目下各专项资金支出明细科目。

4.年末，冲销有关明细科目余额。将“工会资金结转”科目（本年收支结转、年初余额调整、单位内部调剂）余额转入“工会资金结转”科目（累计结转）。结转后，“工会资金结转”科目除“累计结转”明细科目外，其他明细科目应无余额。

5.年末，对工会结转资金各项目执行情况进行分析，按照有关规定将符合结余资金性质的剩余资金转入“工会资金结余”科目。借记“工会资金结转”科目（累计结转），贷记“工会资金结余——结转转入”科目。

工会资金结转的主要账务处理如表5-4所示。

表5-4　“工会资金结转”科目核算内容

<table>
<tr><th rowspan="2">序号</th><th rowspan="2" colspan="2">业务和事项内容</th><th colspan="2">账务处理</th></tr>
<tr><th>基层工会</th><th>县级以上工会</th></tr>
<tr><td rowspan="2">1</td><td rowspan="2">因发生会计差错更正、以前年度支出收回的</td><td>调增时</td><td colspan="2">借：银行存款等
　贷：工会资金结转——年初余额调整</td></tr>
<tr><td>调减时</td><td colspan="2">借：工会资金结转——年初余额调整
　贷：银行存款等</td></tr>
<tr><td>2</td><td colspan="2">经批准对工会结余资金改变用途，调整用于其他未完成项目的</td><td colspan="2">借：工会资金结余——单位内部调剂
　贷：工会资金结转——单位内部调剂</td></tr>
<tr><td rowspan="2">3</td><td rowspan="2">期末结转</td><td>结转各类财政拨款以外的工会经费专项资金的收入本期发生额</td><td>借：拨缴经费收入/上级补助收入/行政补助收入/其他收入等
　贷：工会资金结转——本年收支结转</td><td>借：拨缴经费收入/上级补助收入/政府补助收入——非同级财政拨款收入/附属单位上缴收入/投资收益/其他收入等
　贷：工会资金结转——本年收支结转</td></tr>
<tr><td>结转各类财政拨款以外的工会经费专项资金的支出本期发生额</td><td>借：工会资金结转——本年收支结转
　贷：职工活动支出/职工服务支出/维权支出/业务支出/资本性支出/其他支出等</td><td>借：工会资金结转——本年收支结转
　贷：职工活动组织支出/职工服务支出/维权支出/业务支出/行政支出/资本性支出/补助下级支出/对附属单位的支出/其他支出等</td></tr>
<tr><td rowspan="2">4</td><td rowspan="2">年末，冲销有关明细科目余额</td><td>各明细科目为贷方余额时</td><td colspan="2">借：工会资金结转——本年收支结转/年初余额调整/单位内部调剂
　贷：工会资金结转——累计结转</td></tr>
<tr><td>各明细科目为借方余额时</td><td colspan="2">借：工会资金结转——累计结转
　贷：工会资金结转——本年收支结转/年初余额调整/单位内部调剂</td></tr>
<tr><td>5</td><td colspan="2">年末，按照有关规定结转符合结余资金性质的剩余资金</td><td colspan="2">借：工会资金结转——累计结转
　贷：工会资金结余——结转转入</td></tr>
</table>

（四）会计实务举例

【例5-9】某县级总工会在20×2年4月30日经费审查中发现，上年市总工会劳模专项补助项目资金多付了5 000元给下级工会，主要原因为劳模人数发生变化，经与下级工会协商后，退回多收款项，款项已通过银行存款收讫。

相关账务处理如下：

借：银行存款　　5 000

　　贷：工会资金结转——年初余额调整　　5 000

【例5-10】接例5-9，该县级工会当年劳模专项补助项目已经完成，形成结余资金20 000元，报经批准后，全部结余资金允许改变用途，调整用于专项帮扶补助。

相关账务处理如下：

借：工会资金结余——单位内部调剂　　20 000

　　贷：工会资金结转——单位内部调剂　　20 000

【例5-11】20×2年12月31日，某市级总工会进行年末结转，当年各科目发生额如下：

（1）各收入类科目贷方发生额具体是：拨缴经费收入5 800万元；上级补助收入500万元；政府补助收入300万元，其中：同级财政拨款收入290万元，非同级财政专项拨款收入10万元；附属单位上缴收入80万元；投资收益30万元；其他收入5万元；上述各项收入合计6 715万元。

（2）各支出类科目借方发生额具体是：职工活动组织支出1 200万元；职工服务支出800万元；维权支出1 000万元；业务支出800万元；行政支出850万元；资本性支出350万元，其中：本年资本性支出200万元，上年结转的工程项目本年支出150万元；补助下级支出1 230万元，其中：本年预算收入中安排补助下级支出1 200万元，动用预算稳定调节基金补助下级支出30万元；对附属单位的支出100万元；其他支出50万元；上述各项支出合计6 380万元，其中：使用上年结转资金150万元，动用预算稳定调节基金补助下级工会30万元。

补充信息如下：

（1）因审计整改，收回以前年度补助下属单位的项目经费结余50万元。

（2）预算收入6 500万元，其中拨缴经费收入5 900万元，无超收收入。

（3）财政拨款300万元，同级财政290万元（项目经费150万元，基本经费140万元），非同级财政10万元（项目经费）。

（4）同级财政项目：法律援助项目50万元，本年支出45万元，结余的资金5万元，财政通过零余额账户收回；信息化建设项目100万元，本年开支35万元，结转资金65万元。非同级财政经费10万元，本年业务支出使用6万元，结转明年继续使用。

（5）上级补助收入中项目经费10万元经过上级批准，同意结转下年，其他490万元为一般性转移支付补助。

（6）上年安排的工程项目A计划工期2.5年，该项目预算500万元，上年开工开支130万元，本年开支150万元，项目资金结转下年继续使用。本年资本性支出200万元：35万元为前述财政信息化项目，65万元为本年新增项目B（本年完工验收），100万为本年新增项目C（未完工，本年预算150万元，余额50万元结转明年继续使用）。均为本年拨缴经费。

相关账务处理如下（支出经济分类、功能分类略）：

（1）结转同级财政拨款收入本期发生额：

借：政府补助收入——财政拨款收入 2 900 000

　　贷：财政拨款结转——本年收支结转 2 900 000

（2）结转同级财政拨款支出本期发生额：

借：财政拨款结转——本年收支结转（财政基本支出）1 400 000

　　贷：行政支出（财政基本支出） 1 400 000

借：财政拨款结转——本年收支结转（财政信息化项目） 350 000

　　贷：资本性支出（财政信息化项目） 350 000

借：财政拨款结转——本年收支结转（财政法律援助项目）450 000

　　贷：维权支出（财政法律援助项目） 450 000

（3）结转非同级财政专项收入：

借：政府补助收入——非同级财政拨款收入 100 000

　　贷：工会资金结转——本年收支结转（非同级财政专项）100 000

（4）结转非同级财政专项支出：

借：工会资金结转——本年收支结转（非同级财政专项） 60 000

贷：业务支出（非同级财政专项）　　60 000

（5）结转工会经费上级补助的专项资金收入：

借：上级补助收入——专项转移支付　　100 000

贷：工会资金结转——本年收支结转　　100 000

该项目本年未发生支出，不用结转支出。

（6）结转本级自行安排的专项资金，按照预算安排额度结转拨缴经费收入额：

借：拨缴经费收入（当年新增项目C）　　1 500 000

贷：工会资金结转——本年收支结转（当年新增项目C）1 500 000

（7）结转本级工会经费自行安排的专项资金支出（结转金额=本年资本性支出200万元−已经结转到财政拨款结转的信息化项目35万元−65万元项目B=100万元）：

借：工会资金结转——本年收支结转（当年新增项目C）1 000 000

贷：资本性支出（当年新增项目C）　　1 000 000

（8）结转上年项目A本年支出：

借：工会资金结转——本年收支结转（上年项目A）　1 500 000

贷：资本性支出（上年项目A）　　1 500 000

（9）结转各项非专项收入，转入“工会资金结余”科目：

借：拨缴经费收入　　56 500 000

上级补助收入——非专项转移支付　　4 900 000

附属单位上缴收入　　800 000

投资收益　　300 000

其他收入　　50 000

动用预算稳定调节基金　　300 000

贷：工会资金结余——本年收支结转　　62 850 000

（10）结转各项非专项资金支出本期发生额，转入“工会资金结余”科目：

借：工会资金结余——本年收支结转　　59 040 000

贷：职工活动组织支出　　12 000 000

职工服务支出　　8 000 000

维权支出　　9 550 000

业务支出 7 940 000

行政支出 7 100 000

资本性支出 650 000

补助下级支出 12 300 000

对附属单位的支出 1 000 000

其他支出 500 000

（11）收回以前年度拨出补助下属事业单位的项目经费结余资金：

借：银行存款 500 000

贷：工会资金结余——年初余额调整 500 000

（12）结转“工会资金结转”各明细科目，结转后除“工会资金结转——累计结转”外，其他二级科目无余额：

借：工会资金结转——累计结转（上年项目A） 1 500 000

工会资金结转——本年收支结转（本年项目C） 500 000

——本年收支结转（上级补助专项） 100 000

——本年收支结转（非同级财政专项）40 000

贷：工会资金结转——本年收支结转（上年项目A） 1 500 000

工会资金结转——累计结转（分项目核算） 640 000

（13）结转“工会资金结余”各明细科目，结转后除“工会资金结余——累计结转”外，其他二级科目无余额：

借：工会资金结余——本年收支结转 3 810 000

工会资金结余——年初余额调整 500 000

贷：工会资金结余——累计结余 4 310 000

（14）结转“财政拨款结转”各明细科目余额，将其他明细科目的余额统一结转到“财政拨款结转——累计结转”，结转完毕后其他二级科目无余额（290万元同级财政拨款收入–140万基本支出–35万信息化项目–45万法律项目=70万元累计结转）：

借：财政拨款结转——本年收支结转 700 000

贷：财政拨款结转——累计结转 700 000

（15）财政收回结余资金：

借：财政拨款结转——累计结转（信息化项目） 50 000

贷：财政拨款结余——结转转入（信息化项目） 50 000

借：财政拨款结余——结转转入（信息化项目） 50 000

贷：财政拨款结余——归集上缴（信息化项目） 50 000

借：财政拨款结余——归集上缴（信息化项目） 50 000

贷：零余额账户用款额度（信息化项目） 50 000

四、工会资金结余的核算

（一）会计科目设置

工会应当设置“工会资金结余”科目，核算工会结余资金的调整、结余和滚存情况。本科目期末贷方余额，反映工会滚存的工会资金结余资金数额。

（二）明细科目设置

“工会资金结余”科目应当设置以下明细科目：

（1）年初余额调整：核算工会因发生会计差错更正、以前年度支出收回等原因，需要调整工会资金结余的金额。

（2）单位内部调剂：核算工会经批准对工会结余资金改变用途，调整用于工会其他未完成项目等的金额。

（3）本年收支结转：核算工会本期各非专项工会资金收支相抵后的余额。

（4）结转转入：核算工会按规定转入工会资金结余的工会结转资金。

（5）累计结余：核算工会滚存的工会结余资金。

（三）主要账务处理

1.因发生会计差错更正、以前年度支出收回的，按照调整或收回的属于工会结余资金的金额，借记或贷记“银行存款”等科目，贷记或借记“工会资金结余”科目（年初余额调整）。

2.经批准对工会结余资金改变用途，调整用于工会其他未完成项目的，按照批准的金额，借记“工会资金结余”科目（单位内部调剂），贷记“工会资金结转——单位内部调剂”科目。

3.以货币资金对外投资时，按照投资成本金额，借记“工会资金结余”科目（累计结余），贷记“银行存款”等科目；同时，按照确定的投资成本，借记“投资”科目，贷记“资产基金——投资”科目。

转让或收回投资时，按照实际取得的价款，借记“银行存款”等科目，按照转让或收回投资的账面余额，贷记“工会资金结余”科目（累计结余），按照其差额，贷记或借记“投资收益”科目；同时，按照转让或收回投资的账面余额，借记“资产基金——投资”科目，贷记“投资”科目。

4.期末，将除财政拨款以外的各工会经费非专项资金的收入、支出本期发生额转入本科目，借记“会费收入”“拨缴经费收入”“上级补助收入”“政府补助收入——非同级财政拨款收入”“行政补助收入”“附属单位上缴收入”“投资收益”“其他收入”科目下各非专项资金收入明细科目和“动用预算稳定调节基金”科目，贷记“工会资金结余”科目（本年收支结转）；借记“工会资金结余”科目（本年收支结转），贷记“职工活动支出”“职工活动组织支出”“职工服务支出”“维权支出”“业务支出”“行政支出”“资本性支出”“补助下级支出”“对附属单位的支出”“其他支出”的“工会资金”明细科目下各非专项资金支出明细科目和“安排预算稳定调节基金”科目。

5.年末，对工会结转资金各明细项目执行情况进行分析，按照有关规定将符合结余资金性质的项目余额转入本科目，借记“工会资金结转——累计结转”科目，贷记“工会资金结余”科目（结转转入）。

6.年末，冲销有关明细科目余额。将“工会资金结余”科目（本年收支结转、年初余额调整、单位内部调剂、结转转入）余额转入本科目（累计结余）。结转后，“工会资金结余”科目除“累计结余”明细科目外，其他明细科目应无余额。

工会资金结余的主要账务处理如表5-5所示。

表5–5

“工会资金结余”科目核算内容

序号	业务和事项内容		账务处理	
			基层工会	县级以上工会
1	因发生会计差错更正、以前年度支出收回的	调增时	借：银行存款 贷：工会资金结余——年初余额调整	
		调减时	借：工会资金结余——年初余额调整 贷：银行存款	
2	经批准对工会资金结余资金改变用途，调整用于工会其他未完成项目的		借：工会资金结余——单位内部调剂 贷：工会资金结转——单位内部调剂	
3	以货币资金对外投资	投资时	借：工会资金结余——累计结余 贷：银行存款 借：投资 贷：资产基金——投资	
		转让或收回投资时	借：银行存款 贷：工会资金结余——累计结余 投资收益（差额，贷记或借记） 借：资产基金——投资 贷：投资	
4	期末结转	结转各类财政拨款以外的各工会经费非专项资金的收入本期发生额	借：会费收入/拨缴经费收入/上级补助收入/行政补助收入/其他收入等 贷：工会资金结余——本年收支结转	借：拨缴经费收入/上级补助收入/政府补助收入——非同级财政拨款收入/附属单位上缴收入/投资收益/其他收入/动用预算稳定调节基金等 贷：工会资金结余——本年收支结转

续表

序号	业务和事项内容		账务处理	
			基层工会	县级以上工会
4	期末结转	结转各类财政拨款以外的工会经费非专项资金的支出本期发生额	借：工会资金结余——本年收支结转 贷：职工活动支出/职工服务支出/维权支出/业务支出/资本性支出/其他支出等	借：工会资金结余——本年收支结转 贷：职工活动组织支出/职工服务支出/维权支出/业务支出/行政支出/资本性支出/补助下级支出/对附属单位的支出/其他支出/安排预算稳定调节基金等
5	年末，按照有关规定结转符合结余资金性质的剩余资金		借：工会资金结转——累计结转 贷：工会资金结余——结转转入	
6	年末，冲销有关明细科目余额	各明细科目为贷方余额时	借：工会资金结余——本年收支结转/年初余额调整/单位内部调剂/结转转入 贷：工会资金结余——累计结余	
		各明细科目为借方余额时	借：工会资金结余——累计结余 贷：工会资金结余——本年收支结转/年初余额调整/单位内部调剂/结转转入	

（四）会计实务举例

【例5–12】某县级工会在20×2年3月25日发现，因工作疏忽，上年多提了3 000元权益保障金，需做会计差错更正处理。

相关账务处理如下：

借：专用基金——权益保障金　　3 000

　　贷：工会资金结余——年初余额调整　　3 000

【例5–13】接例5–12，该县级工会在20×2年8月30日对外出售国债，账面价值为300 000元，实际收到350 000元，款项已通过银行存款收讫。

相关账务处理如下：

借：银行存款　　350 000

　　贷：工会资金结余——累计结余　　300 000

　　　　投资收益　　50 000

借：资产基金——投资　　300 000

　　贷：投资　　300 000

【例5–14】接例5–13，该县级工会X项目已经完成，形成结余资金50 000元，报经批准后，X项目全部结余资金允许改变用途，调整用于本工会尚未完成的Y项目。

相关账务处理如下：

借：工会资金结余——单位内部调剂　　50 000

　　贷：工会资金结转——单位内部调剂　　50 000

【例5–15】接例5–14，经批准，该县级工会20×2年10月27日用货币资金对外投资500 000元，银行存款付讫。

相关账务处理如下：

借：工会资金结余——累计结余　　500 000

　　贷：银行存款　　500 000

借：投资　　500 000

　　贷：资产基金——投资　　500 000

【例5–16】结转财政拨款以外的工会经费非专项资金收支本期发生额及

“工会资金结余”科目年末结转参见本章例5-11，此处不赘述。

第五节　财政拨款结转和财政拨款结余

一、财政拨款结转概述

（一）财政拨款结转的概念

财政拨款结转是指县级以上工会预算安排项目的支出年终尚未执行完毕或者因故未执行，且下年需要按原用途继续使用的财政拨款资金。

财政拨款结转包括基本支出结转和项目支出结转。其中，基本支出结转包括人员经费结转和日常公用经费结转。

（二）财政拨款结转的管理

1.基本支出结转资金的管理

基本支出结转是工会基本支出拨款与基本支出相抵后余额的累计，是下一年度需要继续用于维持工会正常运行和完成日常工作任务的财政拨款滚存资金。年度预算执行结束时，尚未列支的基本支出全部作为结转资金管理，结转下一个预算年度继续用于人员经费支出和日常公用经费支出。

部分地方财政部门为了加强结转结余资金的管理，会将基本支出结转资金全部收回财政总预算。编制年度预算时，各预算部门应充分预计和反映基本支出结转资金，并结合结转资金情况统筹安排以后年度基本支出预算。财政部门批复年初预算时一并批复部门上年年底基本支出结转资金情况。预算部门在预算执行中因增人增编需增加基本支出的，应首先通过基本支出结转资金安排。

2. 项目支出结转资金的管理

项目支出结转是工会项目支出拨款与项目支出相抵后余额的累计，是下一年度需要继续用于完成特定任务的财政拨款滚存资金。项目实施周期内，年度预算执行结束时，除连续两年内未用完的预算资金外，已批复的预算资金尚未列支的部分，作为结转资金管理，结转下年按原用途继续使用。基本建设项目在竣工之前，均视为在项目实施期间内，年度预算执行结束时，已批复的预算资金尚未列支的部分，作为结转资金管理，结转下年按原用途继续使用。

编制年度预算时，各预算部门应充分预计和反映项目支出结转资金，并结合结转资金情况统筹安排以后年度项目支出预算。财政部门批复年初预算时一并批复部门上年年底项目支出结转资金情况。项目支出原则上不得调整用途，限定用于规定的项目支出，确需调整的应报同级财政部门审批。单位应加快预算执行，避免财政拨款资金长期结转沉淀，减少结转资金规模，盘活存量资金，发挥财政资金效益效果。

二、财政拨款结余概述

（一）财政拨款结余的概念

财政拨款结余是指县级以上工会年度预算执行终了，预算收入实际完成数扣除预算支出和财政拨款结转资金后剩余的财政拨款资金。

（二）财政拨款结余的管理

按照部门预算管理的要求，预算年度基本经费收支相抵后的余额全部结转至下一年度继续使用，用于维持正常运行和完成日常工作任务，全额列入财政拨款结转不会形成基本支出结余，所以，财政拨款结余即是项目支出结余。

项目支出结余包括：项目目标完成或项目提前终止，尚未列支的预算资金；实施周期内，因实施计划调整，不需要继续支出的预算资金；实施周期内，连续两年未用完的预算资金；实施周期结束，尚未列支的预算资金；部门机动经费在预算批复当年未动用的部分。

项目支出结余资金应统筹用于编制以后年度部门预算，或按照同级财政部门的规定在预算单位内部部门之间调剂使用，年末，县级以上工会应当对财政拨款项目的执行情况进行分析，将符合财政拨款结余资金性质的数额从“财政拨款结转——累计结转”转到“财政拨款结余——结转转入”科目，形成当年的财政拨款结余资金。按照形成的时间不同，结余资金分为当年结余资金和累计结余资金。当年结余资金是工会本预算年度财政拨款收入与其支出相抵后形成的结余资金，累计结余资金是工会截止到期末形成的历年累计财政拨款结余资金。

财政拨款结余应当按照财政部门有关规定进行处理，或按规定上缴，或注销资金额度，或经批准转作其他用途，不得参与结余分配。

三、财政拨款结转的核算

（一）会计科目设置

工会应当设置“财政拨款结转”科目，核算从同级政府财政部门取得财政拨款的县级以上工会财政拨款结转资金的调整、结转和滚存情况。本科目期末贷方余额，反映县级以上工会滚存的财政拨款结转资金数额。

（二）明细科目设置

“财政拨款结转”科目应当设置以下明细科目：

（1）年初余额调整：核算工会因发生会计差错更正、以前年度支出收回等原因，需要调整财政拨款结转的金额。

（2）单位内部调剂：核算工会经财政部门批准对财政拨款结余资金改变用途，调整用于工会其他未完成项目等的金额。

（3）本年收支结转：核算工会本期财政拨款收支相抵后的余额。

（4）累计结转：核算工会滚存的财政拨款结转资金。

“财政拨款结转”科目还应按照“基本支出结转”和“项目支出结转”进行明细核算，在“基本支出结转”明细科目下按照“人员经费”和“公用经费”进行明细核算，在“项目支出结转”明细科目下按照具体项目进行明细核算；同时，按照《政府收支分类科目》中“支出功能分类科目”的项级科目进行明细核算。

（三）主要账务处理

1.因发生会计差错更正、以前年度支出收回的，按照调整或收回的金额，借记或贷记“零余额账户用款额度”“财政应返还额度”等科目，贷记或借记“财政拨款结转”科目（年初余额调整）。

2.经财政部门批准对财政拨款结余资金改变用途，调整用于工会其他未完成项目的，按照批准的金额，借记“财政拨款结余——单位内部调剂”科目，贷记“财政拨款结转”科目（单位内部调剂）。

3.期末，将财政拨款收入、支出的本期发生额转入“财政拨款结转”科目，借记“政府补助收入——财政拨款收入”科目，贷记“财政拨款结转”科目（本年收支结转）；借记“财政拨款结转”科目（本年收支结转），贷记“职工活动组织支出”“职工服务支出”“维权支出”“业务支出”“行政支出”“资本性支出”“补助下级支出”“对附属单位的支出”和“其他支出”科目的“财政拨款”明细科目。

4.年末，冲销有关明细科目余额。将“财政拨款结转”科目（本年收支结转、年初余额调整、单位内部调剂）余额转入“财政拨款结转”科目（累计结转）。结转后，“财政拨款结转”科目除“累计结转”明细科目外，其他明细科目应无余额。

5.年末，对各项目执行情况进行分析，按照有关规定将符合结余资金性质的金额转入“财政拨款结余”科目。借记“财政拨款结转”科目（累计结转），贷记“财政拨款结余——结转转入”科目。

财政拨款结转的主要账务处理如表5-6所示。

表5-6 “财政拨款结转”科目核算内容

序号	业务和事项内容		账务处理 县级以上工会
1	因发生会计差错更正、以前年度支出收回的	调增时	借：零余额账户用款额度/财政应返还额度等 贷：财政拨款结转——年初余额调整
		调减时	借：财政拨款结转——年初余额调整 贷：零余额账户用款额度/财政应返还额度等
2	经批准对财政拨款结余资金改变用途，调整用于工会其他未完成项目的		借：财政拨款结余——单位内部调剂 贷：财政拨款结转——单位内部调剂
3	期末结转	结转财政拨款收入本期发生额	借：政府补助收入——财政拨款收入 贷：财政拨款结转——本年收支结转
		结转财政拨款支出本期发生额	借：财政拨款结转——本年收支结转 贷：职工活动组织支出/职工服务支出/维权支出/业务支出/行政支出/资本性支出/补助下级支出/对附属单位的支出/其他支出［“财政拨款”明细科目］
4	年末，冲销有关明细科目余额	各明细科目为贷方余额时	借：财政拨款结转——本年收支结转/年初余额调整/单位内部调剂 贷：财政拨款结转——累计结转
		各明细科目为借方余额时	借：财政拨款结转——累计结转 贷：财政拨款结转——本年收支结转/年初余额调整/单位内部调剂
5	年末，按照有关规定结转符合结余资金性质的剩余资金		借：财政拨款结转——累计结转 贷：财政拨款结余——结转转入

（四）会计实务举例

【例5-17】某县级工会上年与某商贸公司结算购买慰问品费用时，因订货订单变更，零余额账户多付了500元，经双方协商，对方愿意退回因无货原因的多收款项，不再补发物品。退回款项零余额账户收讫。

相关账务处理如下：

借：零余额账户用款额度 500

贷：财政拨款结转——年初余额调整 500

【例5-18】接例5-17，该县级总工会获得同级财政补助的C项目本年工作已经完成，形成财政拨款结余资金70 000元，报经财政部门批准后，C项目全部结余资金允许改变用途，调整用于本工会正在进行的D项目。

相关账务处理如下：

借：财政拨款结余——单位内部调剂 70 000

贷：财政拨款结转——单位内部调剂 70 000

【例5-19】接例5-18，20×2年12月31日，该县级工会本期有关科目发生额如下：

（1）“政府补助收入——财政拨款收入”贷方发生额为950 000元；

（2）“职工活动组织支出——劳模职工疗休养支出”借方发生额140 000元，“维权支出——困难职工帮扶支出”借方发生额200 000元，“行政支出——工资福利支出”借方发生额450 000元，以上均为财政拨款发生的支出。

对上述收支作年末结转处理。

相关账务处理如下：

（1）结转财政拨款收入本期发生额：

借：政府补助收入——财政拨款收入 950 000

贷：财政拨款结转——本年收支结转 950 000

（2）结转财政拨款支出本期发生额：

借：财政拨款结转——本年收支结转 790 000

贷：职工活动组织支出——劳模职工疗休养支出 140 000

维权支出——困难职工帮扶支出 200 000

行政支出——工资福利支出 450 000

【例5-20】对例5-17、例5-18、例5-19中的“财政拨款结转”“财政拨款结余”各明细科目进行年末结转处理。同时，对结转的财政补助经费收入进行分析，对于已经完结，不需要继续支付的F项目，按照有关规定结转符合结余资金性质的剩余资金50 000元。

相关账务处理如下：

（1）年末，冲销“财政拨款结转”有关明细科目余额：

借：财政拨款结转——本年收支结转　160 000
　　　　　　　　——年初余额调整　500
　　　　　　　　——单位内部调剂　70 000
　　贷：财政拨款结转——累计结转　230 500

（2）年末，冲销“财政拨款结余”有关明细科目余额：

借：财政拨款结余——累计结余　70 000
　　贷：财政拨款结余——单位内部调剂　70 000

（3）年末，按照有关规定结转符合结余资金性质的剩余资金：

借：财政拨款结转——累计结转　50 000
　　贷：财政拨款结余——结转转入　50 000

【例5-21】某市级工会财政拨款收支本期发生额结转及“财政拨款结转”科目年末结转可参见本章例5-11，此处不赘述。

四、财政拨款结余的核算

（一）会计科目设置

工会应当设置“财政拨款结余”科目，核算从同级政府财政部门取得财政拨款的县级以上工会财政拨款项目支出结余资金的调整、结转和滚存情况。本科目期末贷方余额，反映县级以上工会滚存的财政拨款结余资金数额。

（二）明细科目设置

“财政拨款结余”科目应当设置以下明细科目：

（1）年初余额调整：核算工会因发生会计差错更正、以前年度支出收回等原因，需要调整财政拨款结余的金额。

（2）归集上缴：核算工会按规定上缴财政拨款结余资金时，实际核销的额度数额或上缴的资金数额。

（3）单位内部调剂：核算工会经财政部门批准对财政拨款结余资金改变用途，调整用于工会其他未完成项目等的金额。

（4）结转转入：核算工会按规定转入财政拨款结余的财政拨款结转资金。

（5）累计结余：核算工会滚存的财政拨款结余资金。

“财政拨款结余”科目还应当按照具体项目、《政府收支分类科目》中“支出功能分类科目”的项级科目进行明细核算。

（三）主要账务处理

1.因发生会计差错更正、以前年度支出收回的，按照调整或收回的金额，借记或贷记“零余额账户用款额度”“财政应返还额度”等科目，贷记或借记“财政拨款结余”科目（年初余额调整）。

2.按规定上缴财政拨款结余资金或注销财政拨款结余资金额度的，按照实际上缴资金数额或注销资金额度，借记“财政拨款结余”科目（归集上缴），贷记“零余额账户用款额度”“财政应返还额度”等科目。

3.经财政部门批准对财政拨款结余资金改变用途，调整用于工会其他未完成项目的，按照批准的金额，借记“财政拨款结余”科目（单位内部调剂），贷记“财政拨款结转——单位内部调剂”科目。

4.年末，对财政拨款结转各项目执行情况进行分析，按照有关规定将符合结余资金性质的金额转入本科目，借记“财政拨款结转——累计结转”科目，贷记“财政拨款结余”科目（结转转入）。

5.年末，冲销有关明细科目余额。将“财政拨款结余”科目（年初余额调整、归集上缴、单位内部调剂、结转转入）余额转入本科目（累计结余）。结转后，“财政拨款结余”科目除“累计结余”明细科目外，其他明细科目应无余额。

财政拨款结余的主要账务处理如表5-7所示。

表5-7　“财政拨款结余”科目核算内容

<table>
<tr><th rowspan="2">序号</th><th rowspan="2" colspan="2">业务和事项内容</th><th>账务处理</th></tr>
<tr><th>县级以上工会</th></tr>
<tr><td rowspan="2">1</td><td rowspan="2">因发生会计差错更正、以前年度支出收回的</td><td>调增时</td><td>借：零余额账户用款额度/财政应返还额度等
　　贷：财政拨款结余——年初余额调整</td></tr>
<tr><td>调减时</td><td>借：财政拨款结余——年初余额调整
　　贷：零余额账户用款额度/财政应返还额度等</td></tr>
<tr><td>2</td><td colspan="2">按规定上缴财政拨款结余资金或注销财政拨款结余资金额度</td><td>借：财政拨款结余——归集上缴
　　贷：零余额账户用款额度/财政应返还额度等</td></tr>
<tr><td>3</td><td colspan="2">经批准对财政拨款结余资金改变用途，调整用于工会其他未完成项目的</td><td>借：财政拨款结余——单位内部调剂
　　贷：财政拨款结转——单位内部调剂</td></tr>
<tr><td>4</td><td colspan="2">年末，按照有关规定结转符合结余资金性质的剩余资金</td><td>借：财政拨款结转——累计结转
　　贷：财政拨款结余——结转转入</td></tr>
<tr><td rowspan="2">5</td><td rowspan="2">年末，冲销有关明细科目余额</td><td>各明细科目为贷方余额时</td><td>借：财政拨款结余——年初余额调整/归集上缴/单位内部调剂/结转转入
　　贷：财政拨款结余——累计结余</td></tr>
<tr><td>各明细科目为借方余额时</td><td>借：财政拨款结余——累计结余
　　贷：财政拨款结余——年初余额调整/归集上缴/单位内部调剂/结转转入</td></tr>
</table>

（四）会计实务举例

【例5-22】20×2年5月30日，某市级工会与供应商对账时发现，因工作差错，上年少付一笔购买支出800元，此笔款项由财政拨款W项目经费列支，少付款项已从零余额账户付讫。

相关账务处理如下：

借：财政拨款结余——年初余额调整　　800

　　贷：零余额账户用款额度　　800

【例5-23】接例5-22，该市级工会对财政拨款项目执行情况进行分析，其中，A、B两个项目已经执行完毕，A项目结余资金45 000元，B项目结余资金12 000元，按规定结转上述符合结余资金性质的剩余资金。

相关账务处理如下：

借：财政拨款结转——累计结转——A项目　　45 000

——B项目 12 000

贷：财政拨款结余——结转转入 57 000

【例5-24】接例5-23，按照财政部门要求，该市级工会需将Z项目结余资金65 000元上缴财政，款项已通过零余额账户上缴完毕。

相关账务处理如下：

借：财政拨款结余——归集上缴 65 000

贷：零余额账户用款额度 65 000

【例5-25】接例5-24，报经财政部门批准后，H项目剩余结余资金100 000元允许改变用途，调整用于本工会尚未完成的C项目。

相关账务处理如下：

借：财政拨款结余——单位内部调剂 100 000

贷：财政拨款结转——单位内部调剂 100 000

【例5-26】对例5-22、例5-23、例5-24、例5-25中的“财政拨款结余”各明细科目进行年末结转处理。

相关账务处理如下：

借：财政拨款结余——结转转入 57 000

贷：财政拨款结余——累计结余 57 000

借：财政拨款结余——累计结余 165 800

贷：财政拨款结余——年初余额调整 800

——归集上缴 65 000

——单位内部调剂 100 000

第六节 预算稳定调节基金

一、预算稳定调节基金的概念

预算稳定调节基金是县级以上工会为平衡年度预算按规定设置的储备性资金。

二、预算稳定调节基金的管理

（一）预算稳定调节基金的来源

县级以上工会拨缴经费收入预算的超收收入，应全部用于设置和补充预算稳定调节基金。但是，需要注意的是，政府补助收入预算不得设置预算稳定调节基金。

（二）预算稳定调节基金的使用

1.县级以上工会编制预算草案时，可以动用预算稳定调节基金，弥补年度预算出现的收支缺口，动用的资金应当编入年度预算收入。

2.预算执行中，因短收、增支等导致收支缺口，确需通过动用预算稳定调节基金实现平衡的，县级以上工会应当具体编制本级预算的调整方案，按照预算管理程序执行。

（三）预算稳定调节基金的控制与管理

1.县级以上工会财务管理部门负责提出预算稳定调节基金设置、补充和动用的具体方案，编入本级预算草案或预算调整方案，履行预算审批程序。

2.县级以上工会应当合理控制预算稳定调节基金规模。预算稳定调节基金规模能够满足跨年度预算平衡需要的，应通过增加年度预算支出规模，加大服务职工的力度，对预算稳定调节基金规模进行控制。

三、预算稳定调节基金的核算

（一）会计科目设置

工会应当设置“预算稳定调节基金”科目，核算县级以上工会按照工会预算管理规定设置的预算稳定调节基金的滚存情况。本科目期末贷方余额，反映县级以上工会预算稳定调节基金的滚存金额。

（二）主要账务处理

1.按规定使用超收的拨缴经费收入设置和补充预算稳定调节基金时，按照计提的金额，借记“安排预算稳定调节基金”科目，贷记“预算稳定调节基金”科目。

2.按规定动用预算稳定调节基金用于弥补本年预算收入的不足时，按照动用的金额，借记“预算稳定调节基金”科目，贷记“动用预算稳定调节基金”科目。

3.期末，将“动用预算稳定调节基金”科目本期发生额转入工会资金结余科目，借记“动用预算稳定调节基金”科目，贷记“工会资金结余——本年收支结转”科目；将“安排预算稳定调节基金”科目本期发生额转入工会资金结余科目，借记“工会资金结余——本年收支结转”科目，贷记“安排预算稳定调节基金”科目。

预算稳定调节基金的主要账务处理见表5-8所示。

表5-8　“预算稳定调节基金”科目核算内容

序号	业务和事项内容		账务处理
			县级以上工会
1	按规定设置和补充预算稳定调节基金时		借：安排预算稳定调节基金 贷：预算稳定调节基金
2	按规定动用预算稳定调节基金时		借：预算稳定调节基金 贷：动用预算稳定调节基金
3	期末结转	结转动用预算稳定调节基金本期发生额	借：动用预算稳定调节基金 贷：工会资金结余——本年收支结转
		结转安排预算稳定调节基金本期发生额	借：工会资金结余——本年收支结转 贷：安排预算稳定调节基金

（三）会计实务举例

【例5-27】 20×2年4月30日，某市级工会根据规定动用预算稳定调节基金用于对下级工会的专项工作经费300 000元。

相关账务处理如下：

（1）动用预算稳定调节基金时：

借：预算稳定调节基金　　300 000

　　贷：动用预算稳定调节基金　　300 000

借：补助下级支出——专项转移支付　　300 000

　　贷：银行存款　　300 000

（2）期末结转时：

借：工会资金结余——本年收支结转　　300 000

　　贷：补助下级支出——专项转移支付　　300 000

借：动用预算稳定调节基金　　300 000

　　贷：工会资金结余——本年收支结转　　300 000

【例5-28】接例5-27，20×2年12月31日，该市级工会根据规定将当年超预算经费拨缴收入100 000元补充预算稳定调节基金。

仅以超收收入的10万元为例，对结转流程进行说明。

账务处理如下：

（1）日常收到经费时：

借：银行存款　　100 000

　　贷：拨缴经费收入　　100 000

（2）年末根据预算金额，计算得出超收收入时：

借：安排预算稳定调节基金　　100 000

　　贷：预算稳定调节基金　　100 000

（3）期末结转时：

借：拨缴经费收入　　100 000

　　贷：工会资金结余——本年收支结转　　100 000

借：工会资金结余——本年收支结转　　100 000

　　贷：安排预算稳定调节基金　　100 000

第六章
收　入

第一节　收入概述

一、收入的概念及特点

（一）收入的概念

收入是指工会根据《工会法》以及有关政策规定开展业务活动所取得的非偿还性资金。

（二）收入的特点

1. 工会收入是依法取得的

根据《工会法》和《中国工会章程》的规定，积极组织收入，努力扩大财源，充实工会财力，是工会财务工作的首要任务。《工会法》第四十二条规定，工会经费的来源包括：工会会员缴纳的会费；建立工会组织的企业、事业单位、机关按每月全部职工工资总额的2%向工会拨缴的经费；工会所属的企业、事业单位上缴的收入；人民政府的补助；其他收入等，因此，工会收入是依法取得的，且来源于多种渠道。

2. 工会收入能够导致工会净资产增加

工会收入能够带来含有服务潜力或者经济利益的现金流入，直接导致工会净资产的增加或负债的减少，最终导致工会净资产的增加。

二、收入的分类

收入按照来源分为会费收入、拨缴经费收入、上级补助收入、政府补助收入、行政补助收入、附属单位上缴收入、投资收益和其他收入。

1. 会费收入指工会会员依照规定向基层工会缴纳的会费。

2. 拨缴经费收入指基层单位行政拨缴、下级工会按规定上缴及上级工会按规定转拨的工会拨缴经费中归属于本级工会的经费。

3. 上级补助收入指本级工会收到的上级工会补助的款项，包括一般性转移支付补助和专项转移支付补助。

4. 政府补助收入指各级人民政府按照《工会法》和国家有关规定给予县级以上工会的补助款项。

5. 行政补助收入指基层工会取得的所在单位行政方面按照《工会法》和国家有关规定给予工会的补助款项。

6. 附属单位上缴收入指工会所属的企事业单位按规定上缴的收入。

7. 投资收益指工会对外投资发生的损益。

8. 其他收入指工会除会费收入、拨缴经费收入、上级补助收入、政府补助收入、行政补助收入、附属单位上缴收入和投资收益之外的各项收入。

这里需要注意的是，对于基层工会来说，一般是没有政府补助收入和附属单位上缴收入和投资收益的，因此，基层工会的收入一般只剩下五种来源，即会费收入、拨缴经费收入、上级补助收入、行政补助收入和其他收入。

三、收入的确认

（一）收入的确认条件

收入的确认应当同时满足以下条件：（1）与收入相关的含有服务潜力或者经济利益的经济资源很可能流入工会；（2）含有服务潜力或者经济利益的经济资源流入会导致工会资产增加或者负债减少；（3）流入金额能够可靠地计量。

（二）收入的确认基础

工会收入的确认，主要以收付实现制为基础，但对个别事项或以特殊支付方式取得的收入，应当以权责发生制为补充确认基础。比如：（1）对于拨缴经费收入，工会可以根据下级工会应上缴经费的报告数和上级工会应转拨经费的通知数中归属于本级工会的经费及建会筹备金数额确认收入；（2）对于上级补助收入，工会可以根据上级工会已确定的应付未付的各项补助经费的通知数，确认本级工会有关收入；（3）对于以国库集中支付方式取得的政府补助，其年终结余资金应按照权责发生制确认财政应返还额度，并确认本年度的政府补助收入。

（三）收入的入账金额

工会各项收入应当按照实际发生额入账。

四、收入的管理要求

收入是各级工会开展业务活动的起点，也是其履行职能的财力保障。因此，各级工会应加强对各项经费收入的管理，具体要做到：

1.区分收入来源，严格专款专用。各级工会在进行收入核算时，应严格区分收入的来源，按照收入的性质分类核算，其目的在于：一是为会计报告使用者提供有关决策信息；二是为各级工会分析收入结构、编制收入预算及争取经费提供依据。在工会收入中，有些收入如政府补助收入、上级补助收入、行政补助收入等一般都具有专用资金的性质，各级工会应严格经费管理，确保专款专用。

2.加强内部控制，确保收入核算准确完整。各级工会应当按照制度规定，在报告期内准确完整地记录和反映工会收入。严格与收入相关的票据管理，做到所有收入的取得必须开具相关的业务单据，为收入的完整核算提供基础。按照不相容职务分离原则，严禁收钱和开票由一个人办理。建立与完善收入复核制度，复核的内容包括：收入进度与预算执行进度是否一致；收入的渠道、性质是否明确；与之相关的会计核算是否合规等。

3.明确收入性质，规范收入日常管理。工会要按照会员工资收入和规定的比例，按时收取全部会员应交的会费。要严格按照国家统计局公布的职工工资总额口径和所在省级工会规定的分成比例，及时足额拨缴工会经费；实行财政划拨或委托税务代收部分工会经费的基层工会，应加强与本单位党政部门的沟通，依法足额落实基层工会按照省级工会确定的留成比例应当留成的经费。要统筹安排行政补助收入，按照预算确定的用途开支，不得将与工会无关的经费以行政补助名义纳入账户管理。

五、收入类会计科目的设置

基层工会和县级以上工会应按照《工会会计制度》的规定来设置和使用会计科目，基层工会收入类一级会计科目共有5个，县级以上工会收入类一级会计科目共有7个，详见表6–1。

表6–1　　收入类科目表

基层工会收入类科目		县级以上工会收入类科目	
科目编号	科目名称	科目编号	科目名称
401	会费收入	402	拨缴经费收入
402	拨缴经费收入	403	上级补助收入
403	上级补助收入	404	政府补助收入
405	行政补助收入	406	附属单位上缴收入

续表

基层工会收入类科目		县级以上工会收入类科目	
科目编号	科目名称	科目编号	科目名称
408	其他收入	407	投资收益
		408	其他收入
		411	动用预算稳定调节基金

注：对于本表未列出的会计科目，基层工会可以根据实际需要按照县级以上工会的会计科目进行账务处理。

第二节　会费收入

一、会费收入概述

（一）会费收入的概念

会费收入指工会会员依照规定向基层工会缴纳的会费。缴纳会费是工会会员应尽的义务。

（二）会费收入的缴纳标准

根据相关规定，工会会员每月应按本人工资收入的5‰向所在基层工会缴纳会费，工资尾数不足10元的不计入缴纳会费的基数；无固定收入的会员，可按本人上月所得工资计算缴纳会费；会员所得的各种奖金、津贴、稿费收入、补助费、救济费和退休金、退职金，均不计入缴纳会费的基数。

机关的工会会员“工资收入”具体包括职务工资、级别工资、基础工资、工龄工资等；事业单位的工会会员“工资收入”具体包括职务工资、等级工资；机关和事业单位工作人员的各项津贴、补贴、奖金等收入不是“工资收入”，仍暂不计算缴纳会费。至于企业工会会员的工资收入和奖金、津贴收入如何区分，可按各企业的支付办法掌握处理，凡是企业作为工资发给的，应计算缴纳会费，凡是作为津贴奖金发给的，不计算缴纳会费。

基层工会所收的会员缴纳的会费，按照全国总工会的规定，全部留用于基层，不需上缴。

二、会费收入的核算

（一）会计科目设置

工会应当设置“会费收入”科目，核算基层工会会员依照规定向工会组织缴纳的会费。本科目期末结转后无余额。

（二）主要账务处理

1.取得会费时，按照实际收到的金额，借记“库存现金”“银行存款”科目，贷记“会费收入”科目。

2.期末结转时，将本科目本年发生额转入工会资金结余，借记“会费收入”科目，贷记“工会资金结余——本年收支结转”科目。

会费收入的主要账务处理如表6-2所示。

表6-2 “会费收入”科目核算内容

序号	业务和事项内容	账务处理
		基层工会
1	取得会费时	借：库存现金/银行存款 贷：会费收入
2	期末结转时	借：会费收入 贷：工会资金结余——本年收支结转

（三）会计实务举例

【例6-1】20×2年2月1日，某基层工会收到会员缴纳的会费3 000元，并于当日存入开户银行。

相关账务处理如下：

借：库存现金　　　　3 000

　　贷：会费收入　　　　3 000

借：银行存款　　　　3 000

　　贷：库存现金　　　　3 000

【例6-2】20×2年末，某基层工会“会费收入”本期发生额为120 000元，作期末结转处理。

相关账务处理如下：

借：会费收入　　　　120 000

　　贷：工会资金结余——本年收支结转　　　　120 000

借：工会资金结余——累计结余　　　　120 000

　　贷：工会资金结余——本年收支结转　　　　120 000

第三节 拨缴经费收入

一、拨缴经费收入概述

（一）拨缴经费收入的概念

拨缴经费收入指基层单位行政拨缴、下级工会按规定上缴及上级工会按规定转拨的工会拨缴经费中归属于本级工会的经费。

（二）拨缴经费收入的特点

拨缴经费是国家以立法形式维护工会权益的具体体现，根据《工会法》第四十三条的规定，企业、事业单位无正当理由拖延或者拒不拨缴工会经费，基层工会或者上级工会可以向当地人民法院申请支付令；拒不执行支付令的，工会可以依法申请人民法院强制执行。行政方面每月按照全部职工工资总额的2%向工会拨缴经费，也是法律固定下来的，具有长期的法律效力。

二、拨缴经费的计算基数和分成比例

拨缴经费收入是我国各级工会组织最主要的经费来源。根据中华全国总工会、财政部《关于新〈工会法〉中有关工会经费问题的具体规定》（工总财字［1992］19号）的规定，凡建立工会组织的全民所有制和集体所有制企业、事业单位和机关，应于每月15日以前按照上月份全部职工工资总额的2%，向工会拨缴当月的工会经费。

（一）拨缴经费的计算基数

工资总额是计算拨缴经费的基数，是企业、事业单位、机关和其他社会组织在一个会计期间（一般是一年）支付给全部职工的全部劳动报酬。按照国家统计局1990年1号令公布的《关于工资总额组成的规定》及其解释，工资总额由计时工资、计件工资、奖金、津贴和补贴、加班加点工资和特殊情况下支付的工资等六个部分组成。

（二）经费的分成比例

一直以来，工会经费在工会组织系统内实行层层上解的办法进行分解并确定本级工会经费。为促进西部地区和老少边穷地区以及老工业基地工会的建设，推动工会组织的全面、协调、均衡发展，全国总工会决定，从2004年起调整工会经费上缴办法。

调整工会经费上缴办法的原则是，基数不变，超收增缴，统一使用，服务基层，多缴奖励，少缴抵拨。

根据全国总工会相关规定，基层工会经费分成比例不得少于60%，具体比例，由各省级工会（含铁路、民航、金融产业工会）根据本地区（产业）实际情况自行确定，各企业、行政事业等单位的基层工会组织，要按照各省级工会确定的具体分成比例，按时足额向上级工会拨缴经费。2018年，全总本级对省级工会的补助又进一步调整，以各省级工会2017年上缴全总经费实际数为基数，基数部分沿用以前年度办法测算项目补助总额，超过基数的部分，采取经费回拨的方式全额返还。

三、拨缴经费的方式

拨缴经费的方式有三种：自主收缴、税务代收、财政划拨。

1.自主收缴。各基层工会所在单位的行政方面每月按照上个月本单位职工工资总额的2%，向本级工会拨缴工会经费，并凭工会组织开具的《工会经费收入专用收据》，在企业所得税税前扣除。基层工会收到2%全额经费后，按照规定的比例数额向上一级工会上缴经费。上一级工会按规定比例留成经费后，逐级上解，直至全国总工会。

2.税务代收。县以上总工会委托税务部门向组建工会的企业、事业、机关等单位收缴工会经费。企业拨缴的工会经费，也可凭合法、有效的工会经费代收凭据依法在税前扣除。目前，在委托税务代收工会经费的方式上，开展委托税务代收的多数省份将工会经费的代收借助财税库银联网系统进行分解核算，各级工会按规定比例进行上解和下拨，具体有两种模式：一是采取由省级总工会来集中对代收工会经费实行管理的模式；二是由各级地方工会负责各级工会经费的管理模式。根据所在地方委托税务代收的规定，工会经费代收的范围一般包括除财政拨款单位之外一般性企事业单位或其他类型的社会组织。

3.财政划拨。各级财政部门将应由财政负担的工会经费列入财政预算，并拨付当地总工会。有条件的地区在推行财政国库管理制度改革时，可考虑根据当地财政部门的规定，对工会经费实行国库集中支付。也就是说，对于财政预算保障的行政事业单位按照工资总额的2%提取的工会经费，统一纳入本级财政预算，并由财政部门采取国库集中支付方式，统一划拨到所在县级以上工会组织。

四、拨缴经费收入的核算

（一）会计科目设置

工会应当设置“拨缴经费收入”科目，核算基层单位行政拨缴、下级工会按规定上缴及上级工会按规定转拨的工会拨缴经费中归属于本级工会的经费。本科目期末结转后无余额。

（二）明细科目设置

工会可以根据需要在“拨缴经费收入”科目下设置明细科目，进行明细核算。拨缴经费收入中如有专项资金收入，还应当按照具体项目进行明细核算。

（三）主要账务处理

1.采用自主拨缴方式收缴工会经费的：

收到工会经费，按照实际收到的总金额，借记“银行存款”科目，按规定属于本级工会的部分，贷记“拨缴经费收入”科目，按规定应上缴上级工会的部分，贷记“应付上级经费”科目。

年末，存在应收未收的拨缴经费收入的，按照下级工会经费收缴报告表中的金额，借记“应收下级经费”科目，按规定属于本级工会的部分，贷记“拨缴经费收入”科目，按规定应上缴上级工会的部分，贷记“应付上级经费”科目。

2.采用税务代收、财政划拨方式收取工会经费的：

（1）本级工会通过税务部门代收、财政部门划拨的工会经费，按实际收到的总金额，借记“银行存款”科目，按规定属于本级工会的部分，贷记“拨缴经费收入”科目，按规定应上缴上级工会的部分，贷记“应付上级经费”科目，按规定应转拨下级工会的部分，贷记“应付下级经费——应付下级转拨经费”科目。

（2）本级工会收到上级工会转拨的通过税务部门代收、财政部门划拨的工会经费，按照实际收到的总金额，借记“银行存款”科目，按规定属于本级工会的部分，贷记“拨缴经费收入”科目，按规定属于下级工会的部分，贷记“应付下级经费——应付下级转拨经费”科目。

年末，存在应收未收的拨缴经费收入的，按照上级工会经费转拨通知中的金额，借记“应收上级经费——应收上级转拨经费”科目，按规定属于本级工会的部分，贷记“拨缴经费收入”科目，按规定属于下级工会的部分，贷记“应付下级经费——应付下级转拨经费”科目。

3.期末结转时，将“拨缴经费收入”科目本期发生额中的专项资金收入转入工会资金结转，借记“拨缴经费收入”科目各专项资金收入明细科目，贷记“工会资金结转——本年收支结转”科目；将“拨缴经费收入”科目本期发生额中的非专项资金收入转入工会资金结余，借记“拨缴经费收入”科目各非专项资金收入明细科目，贷记“工会资金结余——本年收支结转”科目。

拨缴经费收入的主要账务处理如表6–3所示。

表6–3 “拨缴经费收入”科目核算内容

序号	业务和事项内容		账务处理	
			基层工会	县级以上工会
1	采用自主拨缴方式收缴工会经费	收到工会经费	借：银行存款 贷：拨缴经费收入［按规定属于本级工会的部分］ 应付上级经费［按规定应上缴上级工会的部分］	
		年末，存在应收未收的拨缴经费收入时	—	借：应收下级经费 贷：拨缴经费收入 应付上级经费
2	采用税务代收、财政划拨方式收取工会经费	本级工会通过税务部门代收、财政部门划拨的工会经费	借：银行存款 贷：拨缴经费收入 应付上级经费	借：银行存款 贷：拨缴经费收入 应付上级经费 应付下级经费——应付下级转拨经费
		本级工会收到上级工会转拨通过财政部门划拨、税务部门代收的工会经费	借：银行存款 贷：拨缴经费收入	借：银行存款 贷：拨缴经费收入 应付下级经费——应付下级转拨经费

续表

<table>
<tr><th rowspan="2">序号</th><th rowspan="2" colspan="2">业务和事项内容</th><th colspan="2">账务处理</th></tr>
<tr><th>基层工会</th><th>县级以上工会</th></tr>
<tr><td>2</td><td>采用税务代收、财政划拨方式收取工会经费</td><td>年末，存在应收未收的拨缴经费收入时</td><td>借：应收上级经费——应收上级转拨经费
贷：拨缴经费收入</td><td>借：应收上级经费——应收上级转拨经费
贷：拨缴经费收入
应付下级经费——应付下级转拨经费</td></tr>
<tr><td rowspan="2">3</td><td rowspan="2">期末结转时</td><td>专项资金收入</td><td colspan="2">借：拨缴经费收入
贷：工会资金结转——本年收支结转</td></tr>
<tr><td>非专项资金收入</td><td colspan="2">借：拨缴经费收入
贷：工会资金结余——本年收支结转</td></tr>
</table>

（四）会计实务举例

【例6-3】20×2年3月5日，某基层工会收到本月行政拨缴工会经费75 000元，其中，本级工会按60%留成，余下的40%上缴上级工会。

相关账务处理如下：

借：银行存款　　75 000

　贷：拨缴经费收入　　（75 000×60%）45 000

　　应付上级经费　　（75 000×40%）30 000

【例6-4】20×2年12月，某县级总工会发生如下经济业务：

（1）5日，收到某下级工会的经费收缴报告显示当月该工会实际收到经费300 000元，按照6∶1∶3的比例在基层工会、本级工会和上级工会进行分解。

（2）9日，收到上述上缴经费，银行存款收讫。

（3）12日，上解上述上级工会经费，银行存款付讫。

相关账务处理如下：

（1）根据下级工会经费收缴报告表中的金额：

借：应收下级经费　　（300 000×40%）120 000

　贷：拨缴经费收入　　（300 000×10%）30 000

　　应付上级经费　　（300 000×30%）90 000

（2）收到上缴经费时：

借：银行存款　　120 000

　　贷：应收下级经费　　120 000

（3）上解上级工会经费时：

借：应付上级经费　　90 000

　　贷：银行存款　　90 000

【例6–5】接例6-4，202×年12月，该县级总工会还发生如下经济业务：

（1）10日，收到税务部门代收的工会经费900 000元，按照6∶1∶3的比例在基层工会、本级工会和上级工会进行分解，通过银行存款收讫。

（2）21日，上解和转拨上述工会经费，通过银行存款付讫。

相关账务处理如下：

（1）收到税务部门代收的工会经费时：

借：银行存款　　900 000

　　贷：拨缴经费收入　　（900 000×10%）90 000

　　　　应付上级经费　　（900 000×30%）270 000

　　　　应付下级经费——应付下级转拨经费

　　　　（900 000×60%）540 000

（2）上解和转拨经费时：

借：应付上级经费　　270 000

　　应付下级经费——应付下级转拨经费　　540 000

　　贷：银行存款　　810 000

【例6–6】对例6-4、例6-5中“拨缴经费收入”本期发生额作期末结转处理。假设当年预算拨缴经费收入100 000元，按规定将工会超收收入20 000元用于补充预算稳定调节基金。

相关财务处理如下：

（1）按规定补充预算稳定调节基金：

借：安排预算稳定调节基金　　20 000

　　贷：预算稳定调节基金　　20 000

（2）结转“拨缴经费收入”发生额：

借：拨缴经费收入　　120 000

贷：工会资金结余——本年收支结转　　120 000

（3）结转“安排预算稳定调节基金”科目发生额：

借：工会资金结余——本年收支结转　　20 000

贷：安排预算稳定调节基金　　20 000

（4）假设本年无其他结转项目，那么上述收支结转后“工会资金结余——本年收支结转”科目贷方余额为100 000元，年末还应进一步结转：

借：工会资金结余——本年收支结转　　100 000

贷：工会资金结余——累计结余　　100 000

【例6-7】工会经费自主收缴模式的账务处理，参见第三章例3-5，此处略。

第四节　上级补助收入

一、上级补助收入概述

（一）上级补助收入的概念

上级补助收入指本级工会收到的上级工会补助的款项，包括一般性转移支付补助和专项转移支付补助。

（二）上级补助收入的内容

上级补助收入属于工会经费的二次分配，包括一般性转移支付补助、专项转移支付补助。

1. 一般性转移支付是指上级工会按有关规定拨付给下级工会的未指定专门用途的补助。

2. 专项转移支付是指上级工会拨付的指定专门用途的项目补助，包括帮扶补助、送温暖补助和救灾补助等。帮扶补助是指上级工会拨付的专门用于帮扶困难职工的补助；送温暖补助是指上级工会拨付的专门用于开展向困难职工和家庭送温暖活动的补助；救灾补助是指上级工会拨付的专门用于慰问在自然灾害中生命和经济财产遭受损失、生活遇到困难的职工和家庭的补助。

二、上级补助收入的核算

（一）会计科目设置

工会应当设置“上级补助收入”科目，核算本级工会收到的上级工会补助的款项。本科目的余额要与上级工会的补助下级支出科目金额核对一致。本科目期末结转后无余额。

（二）明细科目设置

“上级补助收入”科目应当设置以下明细科目：

（1）一般性转移支付补助：核算上级工会按照有关规定拨付给下级工会的未指定专门用途的补助。

（2）专项转移支付补助：核算上级工会拨付的指定专门用途的项目补助，包括帮扶困难职工的补助、用于开展向困难职工和家庭送温暖活动的补助、救灾补助等。

（三）主要账务处理

1.收到上级补助收入时，按照银行收款单的金额，借记“银行存款”科目，贷记“上级补助收入”科目。

2.年末清算时，存在上级应付未付补助款项的，借记“应收上级经费——应收上级补助”科目，贷记“上级补助收入”科目。

3.期末结转时，将“上级补助收入”科目本期发生额中的专项资金收入转入工会资金结转，借记“上级补助收入”科目（专项转移支付补助），贷记“工会资金结转——本年收支结转”科目；将“上级补助收入”科目本期发生额中的非专项资金收入转入工会资金结余，借记“上级补助收入”科目（一般性转移支付补助），贷记“工会资金结余——本年收支结转”科目。

上级补助收入的主要账务处理如表6–4所示。

表6–4　“上级补助收入”科目核算内容

<table>
<tr><th rowspan="2">序号</th><th rowspan="2" colspan="2">业务和事项内容</th><th colspan="2">账务处理</th></tr>
<tr><th>基层工会</th><th>县级以上工会</th></tr>
<tr><td>1</td><td colspan="2">收到上级补助收入时</td><td colspan="2">借：银行存款
　贷：上级补助收入</td></tr>
<tr><td>2</td><td colspan="2">年末清算时，存在上级应付未付补助款项的</td><td colspan="2">借：应收上级经费——应收上级补助
　贷：上级补助收入</td></tr>
<tr><td rowspan="2">3</td><td rowspan="2">期末结转时</td><td>专项资金收入</td><td colspan="2">借：上级补助收入——专项转移支付补助
　贷：工会资金结转——本年收支结转</td></tr>
<tr><td>非专项资金收入</td><td colspan="2">借：上级补助收入——一般性转移支付补助
　贷：工会资金结余——本年收支结转</td></tr>
</table>

（四）会计实务举例

【例6–8】某市级总工会当地工作经费严重不足，向省总申请经费支持，收到省级总工会安排的一般性补助经费100 000元，上述款项银行存款收讫。

相关账务处理如下：

借：银行存款　　100 000

　贷：上级补助收入——般性转移支付补助　　100 000

【例6–9】接例6–8，该市级总工会收到省级总工会补助通知，安排帮扶困难职工的补助200 000元，向困难职工和家庭送温暖活动补助50 000元。年末决算前，上述款项尚未收到。

相关账务处理如下：

借：应收上级经费——应收上级补助　　250 000

　贷：上级补助收入——专项转移支付补助　　250 000

【例6-10】对例6-8、例6-9中“上级补助收入”本期发生额进行期末结转。

相关账务处理如下：

（1）结转“上级补助收入”本期发生额：

借：上级补助收入——般性转移支付补助　　100 000

　　贷：工会资金结余——本年收支结转　　100 000

借：上级补助收入——专项转移支付补助　　250 000

　　贷：工会资金结转——本年收支结转　　250 000

（2）年末，结转“工会资金结转”明细科目余额：

借：工会资金结转——本年收支结转　　250 000

　　贷：工会资金结转——累计结转　　250 000

（3）年末，结转“工会资金结余”明细科目余额：

借：工会资金结余——本年收支结转　　100 000

　　贷：工会资金结余——累计结余　　100 000

第五节　政府补助收入

一、政府补助收入概述

（一）政府补助收入的概念

政府补助收入指各级人民政府按照《工会法》和国家有关规定给予县级以上工会的补助款项。

（二）政府补助收入的内容

政府补助收入是工会经费的重要来源之一，包括工会收到的财政拨付的离退休人员离退休费和生活补贴、帮扶资金、送温暖经费、疗养事业补助、劳模补助、基建、修缮及大型活动补助等，但不包括财政列入预算并统一划拨的工会经费或建会筹备金。

二、政府补助收入的核算

（一）会计科目设置

工会应当设置“政府补助收入”科目，核算县级以上工会收到的各级人民政府按照《工会法》和国家的有关规定给予工会的补助款项。本科目期末结转后无余额。

（二）明细科目设置

“政府补助收入”科目应当设置以下明细科目：

（1）财政拨款收入：核算县级以上工会从同级政府财政部门取得的财政拨款。本明细科目下应当设置“基本支出”和“项目支出”两个明细科目，在“基本支出”明细科目下按照“人员经费”和“公用经费”进行明细核算，在“项目支出”明细科目下按照具体项目进行明细核算；同时，按照《政府收支分类科目》中“支出功能分类科目”的项级科目进行明细核算。

（2）非同级财政拨款收入：核算县级以上工会从非同级政府财政部门取得的政府补助收入。本明细科目应当按照非同级财政拨款收入的类别、来源等进行明细核算。如有专项资金收入，还应按照具体项目进行明细核算。

（三）主要账务处理

1.财政拨款收入

（1）财政直接支付方式下，根据收到的“财政直接支付入账通知书”及相关原始凭证，按照通知中直接支付的入账金额，借记有关支出科目，贷记“政府补助收入”科目（财政拨款收入）。形成非货币性资产的，应当同时按照确定的资产成本，借记相关资产科目，贷记“资产基金”科目。

年末，根据本年度财政直接支付预算指标数与当年财政直接支付实际支出数的差额，借记“财政应返还额度”科目，贷记“政府补助收入”科目（财政拨款收入）。

（2）财政授权支付方式下，根据收到的“授权支付到账通知书”，按照通知书中的授权支付额度，借记“零余额账户用款额度”科目，贷记“政府补助收入”科目（财政拨款收入）。

年末，工会本年度财政授权支付预算指标数大于零余额账户用款额度下达数的，按照两者差额，借记“财政应返还额度”科目，贷记“政府补助收入”科目（财政拨款收入）。

（3）其他方式下，按照本期预算收到财政拨款收入时，按照实际收到的金额，借记“银行存款”科目，贷记“政府补助收入”科目（财政拨款收入）。

（4）因差错更正、购货退回等发生国库直接支付款项退回的，属于本年度支付的款项，按照退回金额，借记“政府补助收入”科目（财政拨款收入），贷记“维权支出”“资本性支出”等科目。

2. 非同级财政拨款收入

取得非同级财政拨款收入时，按照实际收到的金额，借记“银行存款”科目，贷记“政府补助收入”科目（非同级财政拨款收入）。

期末结转时，将“政府补助收入”科目本期发生额中的财政拨款收入转入财政拨款结转，借记“政府补助收入”科目（财政拨款收入），贷记“财政拨款结转——本年收支结转”科目；将“政府补助收入”科目本期发生额中的非同级财政拨款专项资金收入转入工会资金结转，借记“政府补助收入”科目（非同级财政拨款收入），贷记“工会资金结转——本年收支结转”科目；将“政府补助收入”科目本期发生额中的非同级财政拨款非专项资金收入转入工会资金结余，借记“政府补助收入”科目（非同级财政拨款收入），贷记“工会资金结余——本年收支结转”科目。

政府补助收入的主要账务处理如表6–5所示。

表6–5　“政府补助收入”科目核算内容

序号	业务和事项内容			账务处理 县级以上工会
1	财政拨款收入	财政直接支付方式下	未形成非货币性资产的	借：维权支出/行政支出等 贷：政府补助收入——财政拨款收入
			形成非货币性资产的	借：资本性支出等 贷：政府补助收入——财政拨款收入 借：库存物品/固定资产/在建工程等 贷：资产基金
			年末，根据本年度财政直接支付预算指标数与当年财政直接支付实际支出数的差额	借：财政应返还额度——财政直接支付 贷：政府补助收入——财政拨款收入
		财政授权支付方式下	根据收到的“授权支付到账通知书”	借：零余额账户用款额度 贷：政府补助收入——财政拨款收入
			年末，根据本年度财政授权支付预算指标数大于零余额账户用款额度下达数的差额	借：财政应返还额度——财政授权支付 贷：政府补助收入——财政拨款收入
		其他方式下	按照本期预算收到财政拨款收入时	借：银行存款 贷：政府补助收入——财政拨款收入
		因差错更正、购货退回等发生国库直接支付款项退回的（属于本年度支付的款项）		借：政府补助收入——财政拨款收入 贷：维权支出/资本性支出等
2	非同级财政拨款收入	取得非同级财政拨款收入时		借：银行存款 贷：政府补助收入——非同级财政拨款收入
3	期末结转	结转财政拨款收入		借：政府补助收入——财政拨款收入 贷：财政拨款结转——本年收支结转
		结转非同级财政拨款收入	专项资金收入	借：政府补助收入——非同级财政拨款收入 贷：工会资金结转——本年收支结转
			非专项资金收入	借：政府补助收入——非同级财政拨款收入 贷：工会资金结余——本年收支结转

（四）会计实务举例

【例6-11】某县级总工会政府补助通过国库集中支付，20×2年12月发生如下经济业务：

（1）1日，收到"财政直接支付到账通知书"，财政部门为该县级总工会支付了固定资产购建支出200 000元，形成的资产为国有资产。

（2）4日，收到"财政授权支付额度到账通知书"，取得财政授权额度50 000元。

（3）9日，财政授权支付维权支出30 000元，用于困难职工帮扶。

相关账务处理如下（支出功能分类、经济分类略）：

（1）财政直接支付购建固定资产时：

借：资本性支出——项目支出（财政拨款）　200 000

　　贷：政府补助收入——财政拨款收入　200 000

借：固定资产——国有资产　200 000

　　贷：资产基金——固定资产（国有资产）　200 000

（2）收到财政授权支付额度到账通知书时：

借：零余额账户用款额度　50 000

　　贷：政府补助收入——财政拨款收入　50 000

（3）财政授权支付维权支出时：

借：维权支出——困难职工帮扶支出　30 000

　　贷：零余额账户用款额度　30 000

【例6-12】接例6-11，该县级总工会组织职工技能创新大比武，收到本县人保局拨来专项经费100 000元，款项已通过银行存款收讫。

相关账务处理如下：

借：银行存款　100 000

　　贷：政府补助收入——非同级财政拨款收入　100 000

【例6-13】接例6-11，该县级总工会发生经济业务如下：

（1）20×2年末，年终与财政部门和代理银行提供的对账单核对，本年度财政部门批复的财政授权支付基本支出预算指标为120 000元，根据银行提供的对账单，本年度财政授权支付50 000元，仅支出30 000元，剩余20 000元尚未使用需作额度注销处理，尚未下达的财政授权支付预算指标为70 000元。

（2）年初财政直接支付项目经费预算指标250 000元，实际支付200 000元，尚未下达财政直接支付额度50 000元。

（3）次年1月1日，收到财政部门批转的“财政直接支付额度恢复通知书”，恢复财政直接支付额度50 000元。

（4）次年1月1日，收到代理银行提供的“财政授权支付额度恢复到账通知书”，恢复财政授权支付额度20 000元。

（5）次年1月20日，收到财政部门批复的上年年末未下达的零余额账户额度70 000元。

相关账务处理如下：

（1）年末确认尚未下达的财政授权支付额度：

借：财政应返还额度——财政授权支付　　70 000

　　贷：政府补助收入——财政拨款收入——基本支出　　70 000

（2）年末注销财政授权支付未使用额度：

借：财政应返还额度——财政授权支付　　20 000

　　贷：零余额账户用款额度　　20 000

（3）年末根据未下达的直接支付用款额度直接确认收入：

借：财政应返还额度——财政直接支付　　50 000

　　贷：政府补助收入——财政拨款收入——项目支出　　50 000

（4）恢复财政直接支付额度不需要进行账务处理，待将来使用时直接冲减“财政应返还额度——财政直接支付”科目即可。

（5）根据代理银行提供的通知书恢复财政授权支付额度：

借：零余额账户用款额度　　20 000

　　贷：财政应返还额度——财政授权支付　　20 000

（6）收到财政部门批复的上年年末未下达的零余额账户额度：

借：零余额账户用款额度　　70 000

　　贷：财政应返还额度——财政授权支付　　70 000

【例6–14】对例6–11、例6–12、例6–13中“政府补助收入”本期发生额470 000元作期末结转处理，其中：财政拨款收入370 000元，非同级财政拨款专项收入100 000元。

相关账务处理如下：

（1）结转“政府补助收入”本期发生额：

借：政府补助收入——财政拨款收入	370 000	
贷：财政拨款结转——本年收支结转		370 000
借：政府补助收入——非同级财政拨款收入	100 000	
贷：工会资金结转——本年收支结转		100 000

（2）年末，结转“财政拨款结转”明细科目余额：

借：财政拨款结转——本年收支结转	370 000	
贷：财政拨款结转——累计结转		370 000

（3）年末，结转“工会资金结转”明细科目余额：

借：工会资金结转——本年收支结转	100 000	
贷：工会资金结转——累计结转		100 000

第六节 行政补助收入

一、行政补助收入概述

（一）行政补助收入的概念

行政补助收入指基层工会取得的所在单位行政方面按照《工会法》和国家有关规定给予工会的补助款项。

（二）行政补助收入的内容

行政补助收入的内容包括工会收到行政拨付的劳动竞赛经费、工会开展活动的费用补助等，不包括行政方面按规定向工会拨缴的工会经费。工会收到这部分经费时，应当出具“工会经费收入专用收据”，根据税务部门有关规定，此部分补助经费应在税后利润中列支。

二、行政补助收入的核算

（一）会计科目设置

工会应当设置“行政补助收入”科目，核算基层工会取得的所在单位行政方面按照工会法和国家的有关规定给予工会的补助款项。本科目期末结转后无余额。

（二）明细科目设置

行政补助收入中如有专项资金收入，应当按照具体项目进行明细核算。

（三）主要账务处理

1.收到行政补助时，借记“银行存款”等科目，贷记“行政补助收入”科目。

2.期末结转时，将本科目本期发生额中的专项资金收入转入工会资金结转，借记“行政补助收入”科目各专项资金收入明细科目，贷记“工会资金结转——本年收支结转”科目；将“行政补助收入”科目本期发生额中的非专项资金收入转入工会资金结余，借记“行政补助收入”科目各非专项资金收入明细科目，贷记“工会资金结余——本年收支结转”科目。

行政补助收入的主要账务处理如表6-6所示。

表6-6 “行政补助收入”科目核算内容

序号	业务和事项内容		账务处理
			基层工会
1	收到行政补助时		借：银行存款 贷：行政补助收入
2	期末结转时	专项资金收入	借：行政补助收入 贷：工会资金结转——本年收支结转
		非专项资金收入	借：行政补助收入 贷：工会资金结余——本年收支结转

（四）会计实务举例

【例6-15】20×2年3月5日，某基层工会举办“三八”妇女节活动，收到单位行政拨付的活动专项经费补助50 000元，上述款项已通过银行存款收讫。

相关账务处理如下：

借：银行存款　　50 000

　　贷：行政补助收入　　50 000

【例6-16】对例6-15中“行政补助收入”本期发生额为50 000元的专项经费补助作期末结转处理。

相关账务处理如下：

（1）结转“行政补助收入”本期发生额：

借：行政补助收入　　50 000

　　贷：工会资金结转——本年收支结转　　50 000

（2）年末，结转“工会资金结转”明细科目余额：

借：工会资金结转——本年收支结转　　50 000

　　贷：工会资金结转——累计结转　　50 000

第七节　附属单位上缴收入

一、附属单位上缴收入概述

附属单位上缴收入指工会所属的企事业单位按规定上缴的收入。工会所属的企事业单位是指具有独立法人资格的单位，包括附属的事业单位和附属的企业单位。上缴的收入包括附属的事业单位上缴的收入和附属的企业上缴的利润等。工会应当对其附属单位上缴款项实行计划管理，并加强调控与监督。

二、附属单位上缴收入的核算

（一）会计科目设置

工会应当设置“附属单位上缴收入”科目，核算工会所属的企事业单位按规定上缴的收入。本科目期末结转后无余额。

（二）明细科目设置

“附属单位上缴收入”科目应当按照缴款项目或缴款单位名称设明细账。所属单位上缴收入中如有专项资金收入，还应当按照具体项目进行明细核算。

（三）主要账务处理

1.收到相关收入时，借记“银行存款”等科目，贷记“附属单位上缴收入”科目。

2.期末结转时，将“附属单位上缴收入”科目本期发生额中的专项资金收入转入工会资金结转，借记“附属单位上缴收入”科目各专项资金收入明细科目，贷记“工会资金结转——本年收支结转”科目；将“附属单位上缴收入”科目本期发生额中的非专项资金收入转入工会资金结余，借记“附属单位上缴收入”科目各非专项资金收入明细科目，贷记“工会资金结余——本年收支结转”科目。

附属单位上缴收入的主要账务处理如表6–7所示。

表6–7　“附属单位上缴收入”科目核算内容

序号	业务和事项内容		账务处理
			县级以上工会
1	收到相关收入时		借：银行存款 贷：附属单位上缴收入
2	期末结转时	专项资金收入	借：附属单位上缴收入 贷：工会资金结转——本年收支结转
		非专项资金收入	借：附属单位上缴收入 贷：工会资金结余——本年收支结转

（四）会计实务举例

【例6-17】20×2年12月30日，某省级工会收到直属事业单位上缴资产占用费和管理费合计500 000元，上述款项已通过银行存款收讫。

相关账务处理如下：

借：银行存款	500 000	
贷：附属单位上缴收入		500 000

【例6-18】对例6-17中"附属单位上缴收入"本期发生额作期末结转处理。

相关账务处理如下：

借：附属单位上缴收入	500 000	
贷：工会资金结余——本年收支结转		500 000
借：工会资金结余——本年收支结转	500 000	
贷：工会资金结余——累计结余		500 000

第八节　投资收益

一、投资收益概述

投资收益指工会对外投资发生的损益。

投资收益包括工会对外投资取得的利息、分得的股利或利润，以及收回投资时实际取得的价款与"投资"科目账面余额的差额。

二、投资收益的核算

（一）会计科目设置

工会应当设置"投资收益"科目，核算工会对外投资发生的损益。本科目期末结转后无余额。

（二）明细科目设置

投资收益中如有专项资金收入，应当按照具体项目进行明细核算。

（三）主要账务处理

1.投资持有期间，收到利息、股利等投资收益时，按照实际收到的金额，借记“银行存款”科目，贷记“投资收益”科目。

2.对外转让或到期收回债券投资本息，按照实际收到的金额，借记“银行存款”科目，按照收回投资的账面余额，贷记“工会资金结余”科目，按照其差额，贷记或借记“投资收益”科目；同时，按照收回投资的账面余额，借记“资产基金——投资”科目，贷记“投资”科目。

3.期末结转时，将“投资收益”科目本期发生额中的专项资金收入转入工会资金结转，借记“投资收益”科目各专项资金收入明细科目，贷记“工会资金结转——本年收支结转”科目；将“投资收益”科目本期发生额中的非专项资金收入转入工会资金结余，借记“投资收益”科目各非专项资金收入明细科目，贷记“工会资金结余——本年收支结转”科目。

投资收益的主要账务处理如表6–8所示。

表6–8　“投资收益”科目核算内容

<table>
<tr><th rowspan="2">序号</th><th rowspan="2" colspan="2">业务和事项内容</th><th colspan="2">账务处理</th></tr>
<tr><th>基层工会</th><th>县级以上工会</th></tr>
<tr><td>1</td><td>投资持有期间</td><td>收到利息、股利等投资收益时</td><td colspan="2">借：银行存款
　贷：投资收益</td></tr>
<tr><td>2</td><td>对外转让或到期收回债券投资</td><td>实际收到资金时</td><td colspan="2">借：银行存款
　贷：工会资金结余
　　投资收益［差额，贷方或借方］
借：资产基金——投资
　贷：投资</td></tr>
<tr><td rowspan="2">3</td><td rowspan="2">期末结转时</td><td>专项资金收入</td><td colspan="2">借：投资收益
　贷：工会资金结转——本年收支结转</td></tr>
<tr><td>非专项资金收入</td><td colspan="2">借：投资收益
　贷：工会资金结余——本年收支结转</td></tr>
</table>

（四）会计实务举例

【例6-19】20×2年，某省级工会发生如下经济业务：

（1）5月6日，经批准以一幢办公楼作价入股康能公司，该办公楼账面原值700万元，已提折旧150万元，评估价格为800万元，双方约定以评估价格折合160万股，占25%的股份。

（2）12月31日，收到康能公司利润分红50万元，已通过银行存款收讫。

相关账务处理如下：

（1）以一幢办公楼作价投资时：

借：投资——股权投资	8 000 000	
贷：资产基金——投资		8 000 000
借：资产基金——固定资产	5 500 000	
累计折旧		1 500 000
贷：固定资产		7 000 000

（2）收到利润分红时：

借：银行存款	500 000	
贷：投资收益		500 000

【例6-20】接例6-19，两年后，经批准，与康能公司协商一致，该工会将持有的25%股权全部转让给华山公司，转让价款为960万元。转让时，该股权投资的账面价值为800万元。款项已通过银行存款收讫。

相关账务处理如下：

借：银行存款	9 600 000	
贷：工会资金结余——累计结余		8 000 000
投资收益		1 600 000
借：资产基金——投资	8 000 000	
贷：投资——股权投资		8 000 000

【例6-21】对例6-19、例6-20中“投资收益”本期发生额作期末结转处理。

相关账务处理如下：

（1）结转“投资收益”本期发生额：

借：投资收益　　2 100 000

　　贷：工会资金结余——本年收支结转　　2 100 000

（2）年末，结转“工会资金结余”明细科目余额：

借：工会资金结余——本年收支结转　　2 100 000

　　贷：工会资金结余——累计结余　　2 100 000

第九节　其他收入

一、其他收入概述

其他收入指工会除会费收入、拨缴经费收入、上级补助收入、政府补助收入、行政补助收入、附属单位上缴收入和投资收益之外的各项收入。

其他收入包括资产盘盈、固定资产处置净收入、接受捐赠收入、银行存款利息收入等。

二、其他收入的核算

（一）会计科目设置

工会应当设置“其他收入”科目，核算除会费收入、拨缴经费收入、上级补助收入、政府补助收入、行政补助收入、附属单位上缴收入和投资收益之外的各项收入。本科目期末结转后无余额。

（二）明细科目设置

其他收入中如有专项资金收入，应当按照具体项目进行明细核算。

（三）主要账务处理

1.取得银行存款利息收入，借记“银行存款”等科目，贷记“其他收入”科目。

2.接受捐赠的款项，借记“银行存款”等科目，贷记“其他收入”科目。

3.每日现金账款核对中如发现现金溢余，属于无法查明原因的，报经批准后处理时，借记“待处理财产损益”科目，贷记“其他收入”科目。

4.已核销其他应收款在以后期间收回的，按照实际收回的金额，借记“银行存款”等科目，贷记“其他收入”科目。

5.盘亏或者毁损、报废的各类资产，报经批准处理后收支结清时，如果处理收入大于相关费用的，按照处理收入减去相关费用后的净收入，借记“待处理财产损溢”科目，贷记“其他收入”科目，需按规定上缴同级政府财政的，贷记“其他应付款”科目。

6.有偿调出、出售的固定资产和无形资产，按照有偿调出、出售过程中取得的价款，借记“银行存款”等科目，贷记“其他收入”科目，按规定应上缴同级财政的，贷记“其他应付款”科目；同时，按照有偿调出、出售资产的账面价值，借记“资产基金”科目，按照已计提折旧或摊销，借记“累计折旧”“累计摊销”科目，按照资产的账面余额，贷记“固定资产”“无形资产”科目。

7.期末结转时，将“其他收入”科目本期发生额中的专项资金收入转入工会资金结转，借记“其他收入”科目各专项资金收入明细科目，贷记“工会资金结转——本年收支结转”科目；将“其他收入”科目本期发生额中的非专项资金收入转入工会资金结余，借记“其他收入”科目各非专项资金收入明细科目，贷记“工会资金结余——本年收支结转”科目。

其他收入的主要账务处理如表6-9所示。

表6-9　　“其他收入”科目核算内容

<table>
<tr><th rowspan="2">序号</th><th colspan="3" rowspan="2">业务和事项内容</th><th colspan="2">账务处理</th></tr>
<tr><th>基层工会</th><th>县级以上工会</th></tr>
<tr><td>1</td><td colspan="3">取得银行存款利息收入</td><td colspan="2">借：银行存款
贷：其他收入</td></tr>
<tr><td>2</td><td colspan="3">接受捐赠的款项</td><td colspan="2">借：银行存款
贷：其他收入</td></tr>
<tr><td>3</td><td colspan="3">无法查明原因的现金溢余，需报经批准后处理</td><td colspan="2">借：待处理财产损溢
贷：其他收入</td></tr>
<tr><td>4</td><td colspan="3">已核销其他应收款在以后期间收回的</td><td colspan="2">借：银行存款
贷：其他收入</td></tr>
<tr><td rowspan="3">5</td><td rowspan="3">盘亏或者毁损、报废的各类资产</td><td rowspan="2">处理收入大于相关费用</td><td>不需要上缴同级政府财政的</td><td colspan="2">借：待处理财产损溢
贷：其他收入</td></tr>
<tr><td>需要上缴同级政府财政的</td><td colspan="2">借：待处理财产损溢
贷：其他应付款</td></tr>
<tr><td>处理收入小于相关费用</td><td>形成净支出</td><td colspan="2">借：其他支出
贷：待处理财产损溢</td></tr>
<tr><td rowspan="4">6</td><td rowspan="4">有偿调出、出售的固定资产和无形资产</td><td colspan="2">调出、出售固定资产时</td><td colspan="2">借：资产基金——固定资产
累计折旧
贷：固定资产</td></tr>
<tr><td colspan="2">调出、出售无形资产时</td><td colspan="2">借：资产基金——无形资产
累计摊销
贷：无形资产</td></tr>
<tr><td rowspan="2">有偿调出、出售过程中取得的价款</td><td>不需要上缴同级政府财政的</td><td colspan="2">借：银行存款
贷：其他收入</td></tr>
<tr><td>需要上缴同级政府财政的</td><td colspan="2">借：银行存款
贷：其他应付款</td></tr>
<tr><td rowspan="2">7</td><td rowspan="2">期末结转时</td><td colspan="2">专项资金收入</td><td colspan="2">借：其他收入
贷：工会资金结转——本年收支结转</td></tr>
<tr><td colspan="2">非专项资金收入</td><td colspan="2">借：其他收入
贷：工会资金结余——本年收支结转</td></tr>
</table>

（四）会计实务举例

【例6-22】20×2年12月，某市级总工会发生如下经济业务：

（1）10日，收到银行存款利息收入6 500元。

（2）12日，收到鸿丰公司抗疫救灾专项捐赠款50 000元。

（3）17日，经批准报废处理一批文体活动材料，原价25 000元，处置过程中产生处置净收入2 000元，不需要上缴财政，款项银行存款收讫。

（4）20日，经批准有偿调出财政拨款形成的运动设施一套，该套设施账面余额为150 000元，已提折旧85 000元，有偿调出过程中取得收入10 000元，款项已通过银行存款收讫，该笔款项需要上缴财政。

（5）25日，将上述有偿调出运动设施取得的收入上缴财政，款项已通过银行存款支付。

相关账务处理如下：

（1）收到银行存款利息时：

借：银行存款　6 500

　　贷：其他收入　6 500

（2）收到捐赠款时：

借：银行存款　50 000

　　贷：其他收入　50 000

（3）报废文体活动材料：

①报废文体活动材料转入待处理：

借：待处理财产损溢——待处理财产价值　25 000

　　贷：库存物品　25 000

②收到处置净收入：

借：银行存款　2 000

　　贷：待处理财产损溢——处理净收入　2 000

③报经批准后处理时：

借：资产基金——库存物品　25 000

　　贷：待处理财产损溢——待处理财产价值　25 000

借：待处理财产损溢——处理净收入　2 000

　　贷：其他收入　2 000

（4）有偿调出运动设施时：

借：资产基金——固定资产　65 000

累计折旧　　85 000

贷：固定资产　　150 000

借：银行存款　　10 000

贷：其他应付款　　10 000

（5）有偿调出收入实际上缴时：

借：其他应付款　　10 000

贷：银行存款　　10 000

【例6-23】对例6-22中“其他收入”本期发生额58 500元作期末结转处理，其中：专项资金50 000元。

相关账务处理如下：

（1）结转“其他收入”本期发生额：

借：其他收入　　58 500

贷：工会资金结转——本年收支结转　　50 000

工会资金结余——本年收支结转　　8 500

（2）年末，结转“工会资金结转”明细科目余额：

借：工会资金结转——本年收支结转　　50 000

贷：工会资金结转——累计结转　　50 000

（3）年末，结转“工会资金结余”明细科目余额：

借：工会资金结余——本年收支结转　　8 500

贷：工会资金结余——累计结余　　8 500

第十节　动用预算稳定调节基金

一、动用预算稳定调节基金概述

动用预算稳定调节基金是指县级以上工会按照工会预算管理规定动用的预算稳定调节基金。动用预算稳定调节基金的主要用途是平衡年度预算。

二、动用预算稳定调节基金的核算

（一）会计科目设置

工会应当设置“动用预算稳定调节基金”科目，核算县级以上工会按照工会预算管理规定动用的预算稳定调节基金。本科目期末结转后无余额。

（二）主要账务处理

1.按规定动用预算稳定调节基金时，按照动用的金额，借记“预算稳定调节基金”科目，贷记“动用预算稳定调节基金”科目。

2.期末结转时，将本科目本期发生额转入工会资金结余科目，借记“动用预算稳定调节基金”科目，贷记“工会资金结余——本年收支结转”科目。

动用预算稳定调节基金的主要账务处理如表6-10所示。

表6-10　　“动用预算稳定调节基金”科目核算内容

序号	业务和事项内容	账务处理
		县级以上工会
1	动用预算稳定调节基金时	借：预算稳定调节基金 　　贷：动用预算稳定调节基金
2	期末结转	借：动用预算稳定调节基金 　　贷：工会资金结余——本年收支结转

（三）会计实务举例

【例6-24】动用预算稳定调节基金的账务处理参见本书第五章第六节例5-27，此处不赘述。

第七章
支　出

第一节　支出概述

一、支出的概念及特点

（一）支出的概念

支出是指工会为开展各项工作和活动所发生的各项资金耗费和损失。

（二）支出的特点

1. 合法合规。工会发生的各项支出，必须符合国家各项法律法规及相关制度，避免随意性。《工会法》规定，工会经费主要用于为职工服务和工会活动。工会经费的具体使用应当遵循中华全国总工会制定的各项管理办法。

2. 工会支出可以表现为资产的减少，也可能引起负债的增加，或者两者兼而有之，且最终导致净资产的减少。

二、支出的分类

（一）支出的功能分类

支出功能分类反映工会做了什么。支出功能分类设置类、款、项三级科目。从同级政府财政部门取得财政拨款的县级以上工会，除“安排预算稳定调节基金”科目外，还应当在其他各支出类科目下根据资金来源按照“财政拨款”“工会资金”进行明细核算；同时，在“财政拨款”明细科目下按照《政府收支分类科目》中“支出功能分类科目”的项级科目进行明细核算。根据财政部《2020年政府收支分类科目》，同级财政安排的县级以上工会的各项支出一般在“20129一般公共服务支出——群众团体事务”预算科目下对应不同的项级科目进行明细核算，比如，反映财政对工会事务的补助支出在“2012906一般公共服务支出——群众团体事务——工会事务”中进行核算。关于“支出功能分类科目”的项级科目，详见本书第二章第二节政府收支分类相关内容，此处不赘述。

（二）支出的经济分类

支出经济分类反映工会支出的经济性质和具体用途。新《工会会计制度》下，要求各支出类会计科目，除“安排预算稳定调节基金”科目外，工会应当分别按照“基本支出”和“项目支出”进行明细核算，在“项目支出”下按照具体项目进行明细核算；同时，按照《政府收支分类科目》中“部门预算支出经济分类科目”的款级科目进行明细核算。根据财政部《2020年政府收支分类科目》，部门预算支出经济分类科目的类级科目包括10个：301工资福利支出、302商品和服务支出、303对个人和家庭的补助、307债务利息及费用支出、309资本性支出（基本建设）、310资本性支出、311对企业补助（基本建设）、312对企业补助、313对社会保障基金补助、399其他支出等。类以下还相应设有款级科目，比如，反映工会工作人员国（境）内出差发生的城市间交通费、住宿费、伙食补助费和市内交通费等支出在“30211商品和服务支出——差旅费”预算科目进行明细核算；反映工会在会议期间按规定开支的住宿费、伙食费、会议场地租金、交通费、文件印刷费等支出在“30215商品和服务支出——会议费”预算科目进行明细核算。关于“支出经济分类科目”的款级科目，详见本书第二章第二节政府收支分类相关内容，此处不赘述。

三、支出的确认

（一）支出的确认基础

工会支出的确认，主要以收付实现制为基础，但对个别事项的处理，采用权责发生制为补充确认基础。比如：对于补助下级支出，工会可以根据已确定的应付未付的各项补助经费的通知数，确认本级工会有关支出。

（二）支出的入账金额

工会各项支出应当按照实际发生额入账。

四、支出的管理要求

支出是各级工会开展业务活动的主要内容，也是评价和考核各级工会职能履行具体情况的重要依据。各级工会应加强对各项经费支出的管理，具体要做到：

1. 坚持经费独立，做好预算控制。各级工会要独立建立银行账户，实行单独核算。根据审定的预算，开支实行工会委员会集体领导下的主席负责制，重大开支由工会委员会集体研究决定。各级工会必须严格按照支出预算的安排，确保一切开支均应在经批准的预算内执行。为使工会做好职工权益维护和帮扶等服务工作，党和政府以及社会各界都会给予工会大力的资金扶持，各级工会应合理统筹各项资源，区分不同的资金来源，严格专款专用，最大限度地提高资金使用的经济和社会效益。

2. 坚持服务职工，做好支出内部控制。各级工会必须严格按照“服务职工、面向工会”的原则安排相关业务活动，工会经费不得用于非工会活动的开支、不得支付社会摊派或变相摊派的费用、不得为单位和个人提供资金拆借、担保和抵押。建立和完善与支出业务相关的授权标准、支付程序、支出审核以及资金办理的相关业务，科学分析和识别支出控制的关键点，做好支出控制，如：所申请的资金年初是否有预算，负责审批的人是否有权限，财务部门在资金支付前是否对审批权限、额度、支付内容等相关内容进行符合，是否建立与完善支出复核制度，是否严格执行不相容职务分离原则，严禁由一人全程办理与支出相关的所有业务环节。

根据《基层工会经费收支管理办法》(总工办发〔2017〕32号),基层工会不准使用工会经费请客送礼;不准违反工会经费使用规定滥发奖金、津贴、补贴;不准使用工会经费从事高消费性娱乐和健身活动;不准单位行政利用工会账户,违规设立“小金库”;不准将工会账户并入单位行政账户,使工会经费开支失去控制;不准截留、挪用工会经费;不准用工会经费参与非法集资活动或为非法集资活动提供经济担保;不准用工会经费报销与工会活动无关的费用。

3.坚持民主管理,做到勤俭节约。各级工会应当定期公布账目,接受会员监督和经费审查委员会审查。在经费使用过程中,要自觉坚持勤俭节约原则,少花钱,多办事、办好事。用工会经费结余进行各项投资时,必须认真进行可行性分析论证,经本级经费审查委员会审查,工会委员会(常委会)讨论通过后,方可列入预算。严格遵守国家财经政策、规定和开支范围、标准,遵守财经纪律,认真执行《工会会计制度》和财务管理各项规定。

五、支出类会计科目的设置

1.基层工会和县级以上工会应按照《工会会计制度》的规定来设置和使用会计科目,基层工会支出类一级会计科目共有6个,县级以上工会支出类一级会计科目共有10个,详见表7-1。

表7-1　　　　支出类科目表

基层工会支出类科目		县级以上工会支出类科目	
科目编号	科目名称	科目编号	科目名称
501	职工活动支出	502	职工活动组织支出
503	职工服务支出	503	职工服务支出
504	维权支出	504	维权支出
505	业务支出	505	业务支出
507	资本性支出	506	行政支出
510	其他支出	507	资本性支出
		508	补助下级支出

续表

基层工会支出类科目		县级以上工会支出类科目	
科目编号	科目名称	科目编号	科目名称
		509	对附属单位的支出
		510	其他支出
		521	安排预算稳定调节基金

注：对于本表未列出的会计科目，基层工会可以根据实际需要按照县级以上工会的会计科目进行账务处理。

2.对于上述各支出类会计科目，除“安排预算稳定调节基金”科目外，工会应当分别按照“基本支出”和“项目支出”进行明细核算，在“项目支出”下按照具体项目进行明细核算；同时，按照《政府收支分类科目》中“部门预算支出经济分类科目”的款级科目进行明细核算。

从同级政府财政部门取得财政拨款的县级以上工会，除“安排预算稳定调节基金”科目外，还应当在其他各支出类科目下根据资金来源按照“财政拨款”“工会资金”进行明细核算；同时，在“财政拨款”明细科目下按照《政府收支分类科目》中“支出功能分类科目”的项级科目进行明细核算。

第二节　职工活动支出

一、职工活动支出的概念

职工活动支出指基层工会开展职工教育活动、文体活动、宣传活动、劳模疗休养活动、会员活动等发生的支出。

二、职工活动支出的分类及要求

根据现行《工会预算管理办法》（总工办发〔2019〕26号）、《基层工会预算管理办法》（总工办发〔2020〕29号），职工活动支出包括职工教育支出、文体活动支出、宣传活动支出、职工集体福利支出和其他活动支出等。

1.职工教育支出。用于基层工会举办政治、法律、科技、业务等专题培训和职工技能培训所需的教材资料、教学用品、场地租金等方面的支出，用于支付职工教育活动聘请授课人员的酬金，用于基层工会组织的职工素质提升补助和职工教育培训优秀学员的奖励。对优秀学员的奖励应以精神鼓励为主、物质激励为辅。授课人员酬金标准参照国家有关规定执行。

2.文体活动支出。用于基层工会开展或参加上级工会组织的职工业余文体活动所需器材、服装、用品等购置、租赁与维修方面的支出以及活动场地、交通工具的租金支出等，用于文体活动优胜者的奖励支出，用于文体活动中必要的伙食补助费。文体活动奖励应以精神鼓励为主、物质激励为辅。奖励范围不得超过参与人数的三分之二；不设置奖项的，可为参加人员发放少量纪念品。文体活动中开支的伙食补助费，不得超过当地差旅费中的伙食补助标准。基层工会可以用会员会费组织会员观看电影、文艺演出和体育比赛等，开展春游秋游，为会员购买当地公园年票。会费不足部分可以用工会经费弥补，弥补部分不超过基层工会当年会费收入的三倍。基层工会组织会员春游秋游应当日往返，不得到有关部门明令禁止的风景名胜区开展春游秋游活动。

3.宣传活动支出。用于基层工会开展重点工作、重大主题和重大节日宣传活动所需的材料消耗、场地租金、购买服务等方面的支出，用于培育和践行社会主义核心价值观，弘扬劳模精神和工匠精神等经常性宣传活动方面的支出，用于基层工会开展或参加上级工会举办的知识竞赛、宣讲、演讲比赛、展览等宣传活动支出。

4.职工集体福利支出。用于基层工会逢年过节和会员生日、婚丧嫁娶、退休离岗的慰问支出等。基层工会逢年过节可以向全体会员发放节日慰问品。逢年过节的年节是指国家规定的法定节日（即：新年、春节、清明节、劳动节、端午节、中秋节和国庆节）和经自治区以上人民政府批准设立的少数民族节日。节日慰问品原则上为符合中国传统节日习惯的用品和职工群众必需的生活用品等，基层工会可结合实际采取便捷灵活的发放方式。工会会员生日慰问可以发放生日蛋糕等实物慰问品，也可以发放指定蛋糕店的蛋糕券。工会会员结婚生育时，可以给予一定金额的慰问品。工会会员生病住院、工会会员或其直系亲属去世时，可以给予一定金额的慰问金。工会会员退休离岗，可以发放一定金额的纪念品。

5.其他活动支出。用于工会组织开展的劳动模范和先进职工疗休养补贴等其他活动支出。

三、职工活动支出的核算

（一）会计科目设置

工会应当设置“职工活动支出”科目，核算基层工会开展职工教育活动、文体活动、宣传活动、劳模疗休养活动、会员活动等发生的支出。本科目期末结转后无余额。

（二）明细科目设置

“职工活动支出”科目应设置以下明细科目：

1.职工教育支出：核算基层工会用于开展政治、法律、科技、业务等专题培训和职工技能培训所需的教材资料、教学用品、场地租金等方面的支出，用于支付职工教育活动聘请授课人员的酬金，用于基层工会开展的职工素质提升补助和职工教育培训优秀学员的奖励。

2.文体活动支出：核算基层工会用于开展或参加上级工会组织的职工业余文体活动所需器材、服装、用品等购置、租赁与维修方面的支出以及活动场地、交通工具的租金支出等，用于文体活动优胜者的奖励支出，用于文体活动中必要的伙食补助费。

3.宣传活动支出：核算基层工会用于开展重点工作、重大主题和重大节日宣传活动所需的材料消耗、场地租金、购买服务等方面的支出，用于培育和践行社会主义核心价值观，弘扬劳模精神、劳动精神、工匠精神等经常性宣传活动方面的支出，用于基层工会开展或参加上级工会举办的知识竞赛、宣讲、演讲比赛、展览等宣传活动的支出。

4.劳模职工疗休养支出：核算基层工会用于组织和开展的劳动模范和先进职工疗休养活动的公杂费等补助。

5.会员活动支出：核算基层工会用于组织会员观看电影、文艺演出、开展春游秋游，为会员购买当地公园年票等的支出；用于基层工会在重大节日（传统节日）和会员生日、婚丧嫁娶、退休离岗的慰问支出。

6.其他活动支出：核算基层工会用于开展其他活动的各项职工活动支出。

（三）主要账务处理

1.发生职工活动支出时，借记“职工活动支出”科目，贷记“库存现金”“银行存款”等科目。支出的款项中有形成库存物品等资产的，应当同时按照确定的成本借记“库存物品”等科目，贷记“资产基金”科目。

2.期末结转时，将“职工活动支出”科目本期发生额中的工会资金专项资金支出转入工会资金结转，借记“工会资金结转——本年收支结转”科目，贷记“职工活动支出”科目；将“职工活动支出”科目本期发生额中的工会资金非专项资金支出转入工会资金结余，借记“工会资金结余——本年收支结转”科目，贷记“职工活动支出”科目。

职工活动支出的主要账务处理如表7-2所示。

表7-2　“职工活动支出”科目核算内容

序号	业务和事项内容		账务处理
			基层工会
1	发生职工活动支出	发生时	借：职工活动支出 　贷：库存现金/银行存款等
		支出的款项中有形成库存物品等资产的	借：库存物品等 　贷：资产基金
2	期末结转	专项资金支出	借：工会资金结转——本年收支结转 　贷：职工活动支出
		非专项资金支出	借：工会资金结余——本年收支结转 　贷：职工活动支出

（四）会计实务举例

【例7-1】202×年3月，某基层工会发生如下经济业务：

（1）8日，“三八”国际妇女节，组织女职工参加烘焙技能培训活动，需支付给某专业培训机构培训费用40 000元，上述款项用银行存款付讫。

（2）12日，为解决本单位2名工会会员因工伤住院导致生活困难的情况，依据相关规定，给予2 000元/人的现金补助，上述款项用现金支付。

（3）20日，为宣传普及劳动法和民法典知识，使用专项经费举办知识竞赛活动，发生场租费25 000元，用银行存款支付。同时，竞赛活动发放奖金6 000元，用现金支付。

（4）25日，接到上级工会通知，安排本单位1名劳动模范和1名先进职工去参加省外疗休养活动，共发生活动支出8 000元，主要为往返交通和住宿费用，通过银行存款付讫。

相关账务处理如下：

（1）烘焙技能培训活动发生支出：

借：职工活动支出——职工教育支出——商品和服务支出（培训费）
40 000

贷：银行存款 40 000

（2）支付工会会员生活困难补助：

借：维权支出——困难职工帮扶支出——对个人和家庭的补助（救济费）
4 000

贷：库存现金 4 000

（3）知识竞赛活动发生支出：

借：职工活动支出——职工教育支出——商品和服务支出（租赁费）
25 000

贷：银行存款 25 000

借：职工活动支出——职工教育支出——对个人和家庭的补助（其他对个人和家庭的补助） 6000

贷：库存现金 6 000

（4）职工疗养活动支出：

借：职工活动支出——劳模职工疗休养支出——商品服务支出（差旅费）
8 000

贷：银行存款 8 000

由于基层工会专职工作人员的工资、奖励、补贴由所在单位承担，基层工会办公和开展活动必要的设施和活动场所等物质条件由所在单位提供，因此，在进行支出核算时，基层工会一般不涉及“基本支出”，基本上都是“项目支出”，故本例中出于简化考虑，未在各支出科目一级科目下按“基本支出”和“项目支出”进行明细核算。

【例7-2】对例7-1中“职工活动支出”和“维权支出”本期发生额进行期末结转。

相关账务处理如下：

借：工会资金结转——本年收支结转　31 000

　　贷：职工活动支出——职工教育支出——商品和服务支出（租赁费）　25 000

　　　　职工活动支出——职工教育支出——对个人和家庭的补助（其他对个人和家庭的补助）　6 000

借：工会资金结余——本年收支结转　52 000

　　贷：职工活动支出——职工教育支出——商品和服务支出（培训费）　40 000

　　　　——劳模职工疗休养支出——商品和服务支出（差旅费）　8 000

　　　　维权支出——困难职工帮扶支出——对个人和家庭的补助（救济费）　4 000

第三节　职工活动组织支出

一、职工活动组织支出概述

（一）职工活动组织支出的概念

职工活动组织支出指县级以上工会组织开展职工教育活动、文体活动、宣传活动和劳模疗休养活动等发生的支出。

（二）职工活动组织支出的分类

职工活动组织支出包括职工教育支出、文体活动支出、宣传活动支出、劳模职工疗休养支出和其他活动支出等。

二、职工活动组织支出的核算

（一）会计科目设置

工会应当设置“职工活动组织支出”科目，核算县级以上工会组织开展职工教育活动、文体活动、宣传活动、劳模疗休养活动等发生的支出。本科目期末结转后无余额。

（二）明细科目设置

“职工活动组织支出”科目应当按照工会预算管理等规定，参照“职工活动支出”科目设置明细科目。

（三）主要账务处理

1.发生职工活动组织支出时，借记“职工活动组织支出”科目，贷记“库存现金”“银行存款”“零余额账户用款额度”等科目。支出的款项中有形成库存物品等资产的，应当同时按照确定的成本借记“库存物品”等科目，贷记“资产基金”科目。

2.期末结转时，将“职工活动组织支出”科目本期发生额中的财政拨款支出转入财政拨款结转，借记“财政拨款结转——本年收支结转”科目，贷记“职工活动组织支出”科目；将“职工活动组织支出”科目本期发生额中的工会资金专项资金支出转入工会资金结转，借记“工会资金结转——本年收支结转”科目，贷记“职工活动组织支出”科目；将本科目本期发生额中的工会资金非专项资金支出转入工会资金结余，借记“工会资金结余——本年收支结转”科目，贷记“职工活动组织支出”科目。

职工活动组织支出的主要账务处理如表7-3所示。

表7-3　　“职工活动组织支出”科目核算内容

序号	业务和事项内容		账务处理
			县级以上工会
1	发生职工活动组织支出	发生时	借：职工活动组织支出 贷：库存现金/银行存款/零余额账户用款额度等
		支出的款项中有形成库存物品等资产的	借：库存物品等 贷：资产基金
2	期末结转	财政拨款支出	借：财政拨款结转——本年收支结转 贷：职工活动组织支出
2	期末结转	工会资金专项资金支出	借：工会资金结转——本年收支结转 贷：职工活动组织支出
		工会资金非专项资金支出	借：工会资金结余——本年收支结转 贷：职工活动组织支出

（四）会计实务举例

【例7-3】202×年12月，某县级工会发生如下经济业务：

（1）1日，举办职工技能提升培训班，发生培训场地支出15 000元，资料印刷费5 000元，授课教师劳务费12 000元，均由下属职工大学完成并支付，上述款项均通过银行存款支付给职工大学。

（2）6日，支付劳模精神和工匠精神宣讲活动支出25 000元。

（3）10日，组织本县劳动模范和先进职工80人参加疗休养活动，承担往返交通费、住宿费、市内交通费、伙食补助、公杂费等支出300 000元，均委托下属职工疗养院办理，上述专门款项通过财政授权支付完毕。

相关账务处理如下：

（1）支付职工技能提升培训班支出：

借：职工活动组织支出——职工教育支出——项目支出——经济分类（商品和服务支出——培训费）　　32 000

　贷：银行存款　　32 000

（2）支付劳模精神和工匠精神宣讲活动支出：

借：职工活动组织支出——宣传活动支出——项目支出——经济分类（商品和服务支出——其他商品服务支出） 25 000

　　贷：银行存款 25 000

（3）财政拨款支付劳模职工疗休养支出：

借：职工活动组织支出——劳模职工疗休养支出（财政拨款）——项目支出——功能分类（一般公共服务支出——群众团体事务——工会事务）——经济分类（商品服务支出——其他商品和服务支出） 300 000

　　贷：零余额账户用款额度 300 000

【例7–4】对例7–3中“职工活动组织支出”本期发生额进行期末结转。

相关账务处理如下：

（1）结转“职工活动组织支出”本期发生额：

借：财政拨款结转——本年收支结转 300 000

　　贷：职工活动组织支出——劳模职工疗休养支出（财政拨款）——项目支出——功能分类（一般公共服务支出——群众团体事务——工会事务）——经济分类（商品服务支出——其他商品和服务支出） 300 000

借：工会资金结余——本年收支结转 57 000

　　贷：职工活动组织支出——职工教育支出——项目支出——经济分类（商品和服务支出——培训费） 32 000

　　　　——宣传活动支出——项目支出——经济分类（商品和服务支出——其他商品服务支出） 25 000

（2）年末，结转“财政拨款结转”明细科目余额：

借：财政拨款结转——累计结转 300 000

　　贷：财政拨款结转——本年收支结转 300 000

（3）年末，结转“工会资金结余”明细科目余额：

借：工会资金结余——累计结余 57 000

　　贷：工会资金结余——本年收支结转 57 000

第四节 职工服务支出

一、职工服务支出概述

（一）职工服务支出的概念

职工服务支出指工会开展职工劳动和技能竞赛活动、职工创新活动、建家活动、职工书屋、职工互助保障、心理咨询等工作发生的支出。

（二）职工服务支出的分类

根据现行《工会预算管理办法》（总工办发〔2019〕26号）、《基层工会预算管理办法》（总工办发〔2020〕29号），职工服务支出包括劳动和技能竞赛活动支出、建家活动支出、职工创新活动支出、职工书屋活动支出和其他服务支出等。

二、职工服务支出的核算

（一）会计科目设置

工会应当设置“职工服务支出”科目，核算工会服务和开展职工劳动和技能竞赛活动、职工创新活动、建家活动、职工书屋、职工互助保障、心理咨询等工作发生的支出。本科目期末结转后无余额。

（二）明细科目设置

“职工服务支出”科目应当设置以下明细科目：

1.劳动和技能竞赛活动支出：核算工会组织开展合理化建议、技术革新、发明创造、岗位练兵、技术比武、技术培训等劳动和技能竞赛活动支出及其奖励支出。

2.建家活动支出：核算工会组织建设、建家活动方面的支出。

3.职工创新活动支出：核算工会开展的劳模和工匠人才创新工作、职工创新工作活动发生的支出。

4.职工书屋活动支出：核算工会为建设职工书屋而发生的图书购置以及维护的支出。

5.其他服务支出：核算工会组织和开展会员和职工普惠制服务、心理咨询、互助保障等其他方面的职工服务支出。

（三）主要账务处理

1.发生职工服务支出时，按照实际支付的金额，借记“职工服务支出”科目，贷记“库存现金”“银行存款”“零余额账户用款额度”等科目。支出的款项中有形成库存物品等资产的，应当同时按照确定的成本借记“库存物品”等科目，贷记“资产基金”科目。

2.期末结转时，将“职工服务支出”科目本期发生额中的财政拨款支出转入财政拨款结转，借记“财政拨款结转——本年收支结转”科目，贷记“职工服务支出”科目；将“职工服务支出”科目本期发生额中的工会资金专项资金支出转入工会资金结转，借记“工会资金结转——本年收支结转”科目，贷记“职工服务支出”科目；将“职工服务支出”科目本期发生额中的工会资金非专项资金支出转入工会资金结余，借记“工会资金结余——本年收支结转”科目，贷记“职工服务支出”科目。

职工服务支出的主要账务处理如表7–4所示。

表7–4 “职工服务支出”科目核算内容

<table>
<tr><th rowspan="2">序号</th><th rowspan="2" colspan="2">业务和事项内容</th><th colspan="2">账务处理</th></tr>
<tr><th>基层工会</th><th>县级以上工会</th></tr>
<tr><td rowspan="2">1</td><td rowspan="2">发生职工服务支出</td><td>发生时</td><td colspan="2">借：职工服务支出
贷：库存现金/银行存款/零余额账户用款额度等</td></tr>
<tr><td>形成库存物品等资产的</td><td colspan="2">借：库存物品等
贷：资产基金</td></tr>
<tr><td>2</td><td>期末结转</td><td>财政拨款支出</td><td>—</td><td>借：财政拨款结转——本年收支结转
贷：职工服务支出</td></tr>
</table>

续表

序号	业务和事项内容		账务处理	
			基层工会	县级以上工会
2	期末结转	工会资金专项资金支出	借：工会资金结转——本年收支结转 　贷：职工服务支出	
		工会资金非专项资金支出	借：工会资金结余——本年收支结转 　贷：职工服务支出	

注：本表中“零余额账户用款额度”科目适用于有财政拨款的县级以上工会。

（四）会计实务举例

【例7-5】202×年12月，某市级工会发生如下经济业务：

（1）1日，召开全市劳模和工匠表彰大会，发生会议支出5 000元，支付全市20名劳模、30名工匠表彰奖励，共发生奖励支出800 000元，款项已通过银行存款付讫。

（2）5日，举办全市急救技术比武活动，发生场地租金支出20 000元，比武所需物品购置费42 000元，租车费等5 000元，聘请专家指导及评委劳务费17 000元，上述款项均通过银行存款付讫。

（3）8日，支持市内10家基层工会建立“职工之家”，每家拨付5万元的建家补助，款项已通过银行存款付讫。

（4）10日，完成全市“职工书屋”达标验收，对通过达标验收的25家工会给予30 000元/家的经费补助，款项已通过银行存款付讫。

相关账务处理如下（支出经济分类略）：

（1）支付全市劳模和工匠表彰大会支出：

借：职工服务支出——职工创新活动支出　　805 000

　　贷：银行存款　　805 000

（2）支付全市急救技术比武活动支出：

借：职工服务支出——劳动和技能竞赛活动支出　　84 000

　　贷：银行存款　　84 000

（3）支付建家补助支出：

借：职工服务支出——建家活动支出　　500 000

贷：银行存款 500 000

（4）支付职工书屋达标验收补助支出：

借：职工服务支出——职工书屋活动支出 750 000

贷：银行存款 750 000

【例7-6】对例7-5中“职工服务支出”本期发生额进行期末结转处理。

相关账务处理如下：

（1）结转“职工服务支出”本期发生额：

借：工会资金结余——本年收支结转 2 139 000

贷：职工服务支出——职工创新活动支出 805 000

——劳动和技能竞赛活动支出 84 000

——建家活动支出 500 000

——职工书屋活动支出 750 000

（2）年末，结转“工会资金结余”明细科目：

借：工会资金结余——累计结余 2 139 000

贷：工会资金结余——本年收支结转 2 139 000

第五节 维权支出

一、维权支出的概念

维权支出指工会组织和开展用于维护职工权益的支出。

二、维权支出的分类

根据现行《工会预算管理办法》（总工办发〔2019〕26号）、《基层工会预算管理办法》（总工办发〔2020〕29号），维权支出包括劳动关系协调费、劳动保护费、法律援助费、困难职工帮扶费、送温暖费和其他维权支出。

1.劳动关系协调费。用于推进创建劳动关系和谐企业活动、加强劳动争议调解和队伍建设、开展劳动合同咨询活动、集体合同示范文本印制与推广等方面的支出。

2.劳动保护费。用于基层工会开展群众性安全生产和职业病防治活动、加强群监员队伍建设、开展职工心理健康维护等促进安全健康生产、保护职工生命安全为宗旨开展职工劳动保护发生的支出等。

3.法律援助费。用于基层工会向职工群众开展法治宣传、提供法律咨询、法律服务等发生的支出。

4.困难职工帮扶费。用于基层工会对困难职工提供资金和物质帮助等发生的支出。工会会员本人及家庭因大病、意外事故、子女就学等原因致困时，基层工会可给予一定金额的慰问。

5.送温暖费。用于基层工会开展春送岗位、夏送清凉、金秋助学和冬送温暖等活动发生的支出。

6.其他维权支出。用于基层工会补助职工和会员参加互助互济保障活动等其他方面的维权支出。

三、维权支出的核算

（一）会计科目设置

工会应当设置“维权支出”科目，核算工会用于维护职工权益的支出。本科目期末结转后无余额。

（二）明细科目设置

“维权支出”科目应当设置以下明细科目：

（1）劳动关系协调支出：核算工会用于推进创建劳动关系和谐企业活动、加强劳动争议调解和队伍建设、开展劳动合同咨询活动、集体合同示范文本印制与推广等方面的支出。

（2）劳动保护支出：核算工会用于开展群众性安全生产和职业病防治活动、加强群众安全监督检查员队伍建设、开展职工心理健康维护等以促进安全健康生产、保护职工生命安全为宗旨开展的职工劳动保护发生的支出。

（3）法律援助支出：核算工会用于向职工群众提供法律咨询、法律服务等发生的支出。

（4）困难职工帮扶支出：核算工会用于对困难职工提供资金和物质帮助等发生的支出。

（5）送温暖支出：核算工会用于开展春送岗位、夏送清凉、金秋助学和送温暖等活动发生的支出。

（6）其他维权支出：核算工会用于补助职工等其他方面的维权支出。

（三）主要账务处理

1.发生维权支出时，借记“维权支出”科目，贷记“库存现金”“银行存款”“零余额账户用款额度”等科目。支出的款项中有形成库存物品等资产的，应当同时按照确定的成本借记“库存物品”等科目，贷记“资产基金”科目。

2.县级以上工会提取工会干部权益保障金时，借记“维权支出”科目，贷记“专用基金”科目。

3.期末结转时，将“维权支出”科目本期发生额中的财政拨款支出转入财政拨款结转，借记“财政拨款结转——本年收支结转”科目，贷记“维权支出”科目；将“维权支出”科目本期发生额中的工会资金专项资金支出转入工会资金结转，借记“工会资金结转——本年收支结转”科目，贷记“维权支出”科目；将“维权支出”科目本期发生额中的工会资金非专项资金支出转入工会资金结余，借记“工会资金结余——本年收支结转”科目，贷记“维权支出”科目。

维权支出的主要账务处理如表7–5所示。

表7-5　　　　　　　　　“维权支出”科目核算内容

<table>
<tr><th rowspan="2">序号</th><th rowspan="2" colspan="2">业务和事项内容</th><th colspan="2">账务处理</th></tr>
<tr><th>基层工会</th><th>县级以上工会</th></tr>
<tr><td rowspan="2">1</td><td rowspan="2">发生维权支出</td><td>发生时</td><td colspan="2">借：维权支出
　贷：库存现金/银行存款/零余额账户用款额度等</td></tr>
<tr><td>支出的款项中有形成库存物品等资产的</td><td colspan="2">借：库存物品等
　贷：资产基金</td></tr>
<tr><td>2</td><td colspan="2">县级以上工会提取工会干部权益保障金时</td><td>—</td><td>借：维权支出
　贷：专用基金</td></tr>
<tr><td rowspan="3">3</td><td rowspan="3">期末结转</td><td>财政拨款支出</td><td>—</td><td>借：财政拨款结转——本年收支结转
　贷：维权支出</td></tr>
<tr><td>工会资金专项资金支出</td><td colspan="2">借：工会资金结转——本年收支结转
　贷：维权支出</td></tr>
<tr><td>工会资金非专项资金支出</td><td colspan="2">借：工会资金结余——本年收支结转
　贷：维权支出</td></tr>
</table>

注：本表中“零余额账户用款额度”科目适用于有财政拨款的县级以上工会。

（四）会计实务举例

【例7-7】20×2年11月，某市级工会发生如下经济业务：

（1）2日，根据合同，支付法律咨询、法律服务费100 000元，银行存款付讫。

（2）3日，组织全市基层工会开展创建劳动关系和谐企业活动，发生活动支出50 000元，已通过银行存款付讫。

（3）5日，慰问帮扶困难职工15人，每人发放5 000元帮扶金，共计75 000元，已通过银行存款付讫。

（4）15日，开展冬季送温暖活动，购买被褥、暖手宝等取暖物品等发生支出45 000元，已通过银行存款付讫。

（5）28日，参与该市关于涉及职工切身利益的法规修订，双方成立法规起草小组，并深入基层开展调研活动，发生租车费、食宿费、资料费等共计15 000元，银行存款付讫。

相关账务处理如下（支出经济分类略）：

（1）支付法律咨询、法律服务费：

借：维权支出——法律援助支出　　　　　　　　100 000

贷：银行存款		100 000

（2）开展创建劳动关系和谐企业活动支出：

借：维权支出——劳动关系协调支出	50 000	
贷：银行存款		50 000

（3）慰问帮扶困难职工：

借：维权支出——困难职工帮扶支出	75 000	
贷：银行存款		75 000

（4）支付冬季送温暖活动支出：

借：维权支出——送温暖支出	45 000	
贷：银行存款		45 000

（5）支付调研活动支出：

借：维权支出——其他维权支出	15 000	
贷：银行存款		15 000

【例7–8】对例7–7中“维权支出”本期发生额进行期末结转。

相关账务处理如下：

借：工会资金结余——本年收支结转	285 000	
贷：维权支出——法律援助支出		100 000
——劳动关系协调支出		50 000
——困难职工帮扶支出		75 000
——送温暖支出		45 000
——其他维权支出		15 000

第六节　业务支出

一、业务支出概述

业务支出指工会培训工会干部、加强自身建设及开展业务工作发生的各项支出。

二、业务支出的分类

根据现行《工会预算管理办法》（总工办发〔2019〕26号）、《基层工会预算管理办法》（总工办发〔2020〕29号），业务支出包括培训费、会议费、专项业务费和其他业务支出等。

1.培训费。用于基层工会开展工会干部和积极分子培训发生的支出。开支范围和标准以有关部门制定的培训费管理办法为准。

2.会议费。用于基层工会会员大会或会员代表大会、委员会、常委会、经费审查委员会以及其他专业工作会议的各项支出。开支范围和标准以有关部门制定的会议费管理办法为准。

3.专项业务费。用于基层工会开展基层工会组织建设、建家活动、劳模和工匠人才创新工作室、职工创新工作室等创建活动发生的支出，用于基层工会开办的图书馆、阅览室和职工书屋等职工文体活动阵地所发生的支出，用于基层工会开展专题调研所发生的支出，用于基层工会开展女职工工作性支出，用于基层工会开展外事活动方面的支出，用于基层工会组织开展合理化建议、技术革新、发明创造、岗位练兵、技术比武、技术培训等劳动和技能竞赛活动支出及其奖励支出。

4.其他业务支出。用于基层工会发放兼职工会干部和专职社会化工会工作者补贴，用于经上级批准评选表彰的优秀工会干部和积极分子的奖励支出，用于基层工会必要的办公费、差旅费，用于基层工会支付代理记账、中介机构审计等购买服务方面的支出。基层工会兼职工会干部和专职社会化工会工作者发放补贴的管理办法由省级工会制定。

三、业务支出的核算

（一）会计科目设置

工会应当设置“业务支出”科目，核算工会培训工会干部、加强自身建设及开展业务工作发生的各项支出。本科目期末结转后无余额。

（二）明细科目设置

“业务支出”科目应设置以下明细科目：

（1）培训支出：核算工会用于开展工会干部和积极分子培训发生的支出。

（2）会议支出：核算工会用于工会会员大会或会员代表大会、委员会、常委会、经费审查委员会以及其他专业工作会议的各项支出。

（3）专项业务支出：核算工会用于开展组织建设、专题调研、专项工作、劳模津贴、劳模专项补助、扶贫活动及外事活动的支出。

（4）其他业务支出：核算工会发生的不属于以上业务开支的其他业务支出，如工会用于发放兼职工会干部和专职社会化工会工作者补贴的支出等。

（三）主要账务处理

1.发生业务支出时，借记“业务支出”科目，贷记“库存现金”“银行存款”“零余额账户用款额度”等科目。支出的款项中有形成库存物品等资产的，应当同时按照确定的成本借记“库存物品”等科目，贷记“资产基金”科目。

2.期末结转时，将“业务支出”科目本期发生额中的财政拨款支出转入财政拨款结转，借记“财政拨款结转——本年收支结转”科目，贷记“业务支出”科目；将“业务支出”科目本期发生额中的工会资金专项资金支出转入工会资金结转，借记“工会资金结转——本年收支结转”科目，贷记“业务支出”科目；将“业务支出”科目本期发生额中的工会资金非专项资金支出转入工会资金结余，借记“工会资金结余——本年收支结转”科目，贷记“业务支出”科目。

业务支出的主要账务处理如表7–6所示。

表7–6　　　　　　　　“业务支出”科目核算内容

<table>
<tr><th rowspan="2">序号</th><th rowspan="2" colspan="2">业务和事项内容</th><th colspan="2">账务处理</th></tr>
<tr><th>基层工会</th><th>县级以上工会</th></tr>
<tr><td rowspan="2">1</td><td rowspan="2">发生业务支出</td><td>发生时</td><td colspan="2">借：业务支出
　　贷：库存现金/银行存款/零余额账户用款额度等</td></tr>
<tr><td>形成库存物品等资产的</td><td colspan="2">借：库存物品等
　　贷：资产基金</td></tr>
<tr><td rowspan="3">2</td><td rowspan="3">期末结转</td><td>财政拨款支出</td><td>—</td><td>借：财政拨款结转——本年收支结转
　　贷：业务支出</td></tr>
<tr><td>工会资金专项资金支出</td><td colspan="2">借：工会资金结转——本年收支结转
　　贷：业务支出</td></tr>
<tr><td>工会资金非专项资金支出</td><td colspan="2">借：工会资金结余——本年收支结转
　　贷：业务支出</td></tr>
</table>

（四）会计实务举例

【例7–9】202×年4月，某集团工会发生如下经济业务：

（1）2日，接省工会通知，选送2名工会干部外出参加培训，共发生支出5 000元，上述款项通过银行存款付讫。

（2）7日，召开年度工会会员代表大会，发生按规定开支的住宿费、伙食费、会议场地租金、交通费、文件印刷费等共计20 000元，款项通过银行存款付讫。

（3）9日，组织部分工会会员开展劳动关系座谈活动，发生支出2 000元，款项通过银行存款付讫。

（4）15日，组织工会委员参与协调劳资纠纷，发生差旅等支出3 000元，此项工作上级工会安排有专门补助10 000元，款项通过银行存款收付讫。

（5）30日，发放专职社会化工会工作者补贴5 000元，款项通过银行存款付讫。

相关账务处理如下（支出经济分类略）：

（1）支付工会干部外出参加培训：

借：业务支出——培训支出　　　　　　　　　　　　5 000

贷：银行存款		5 000

（2）支付年度工会会员代表大会费用：

借：业务支出——会议支出	20 000	
贷：银行存款		20 000

（3）支付座谈活动费用：

借：业务支出——会议支出	2 000	
贷：银行存款		2 000

（4）参与协调劳资纠纷：

借：业务支出——专项业务支出	3 000	
贷：银行存款		3 000

（5）发放兼职工会干部和专职社会化工会工作者补贴：

借：业务支出——其他业务支出	5 000	
贷：银行存款		5 000

【例7–10】对例7–9中“业务支出”本期发生额35 000元进行期末结转，其中：工会专项资金3 000元，其余为工会非专项资金。

相关账务处理如下：

借：工会资金结转——本年收支结转	3 000	
贷：业务支出——专项业务支出		3 000
借：工会资金结余——本年收支结转	32 000	
贷：业务支出——培训支出		5 000
——会议支出		22 000
——其他业务支出		5 000

第七节　行政支出

一、行政支出概述

行政支出指县级以上工会为行政管理、后勤保障等发生的各项日常支出。

行政支出主要包括工资福利支出、商品和服务支出、对个人和家庭的补助支出和其他行政支出。

二、行政支出的核算

（一）会计科目设置

工会应当设置“行政支出”科目，核算县级以上工会为行政管理、后勤保障等发生的各项日常支出。本科目期末结转后无余额。

（二）明细科目设置

“行政支出”科目应设置以下明细科目：

（1）工资福利支出：核算工会开支的专职工作人员和长期聘用人员的各类劳动报酬，以及为上述人员缴纳的各项社会保险费等；包括基本工资、津贴补贴、奖金、社会保障缴费、伙食补助费、住房公积金等。

（2）商品和服务支出：核算工会购买商品和服务的支出（不包括用于购置固定资产、无形资产的支出）。包括：办公费、印刷费、咨询费、手续费、水费、电费、邮电费、物业管理费、公务用车运行维护费（燃料费、维修费、过桥过路费、保险费、安全奖励费用等）、其他交通费用、差旅费（住宿费、城市间交通费、市内交通费、伙食补助费、杂费）、维修（护）费、租赁费、公务接待费、专用材料费、劳务费、委托业务费、工会经费、福利费等。

（3）对个人和家庭的补助支出：核算工会用于对个人和家庭的补助支出。包括：离休费、退休费、退职费、抚恤金、生活补助、医疗费补助等。

（4）其他行政支出：核算不能划分到上述明细科目的其他行政支出。

（三）主要账务处理

1.计算确认当期人员经费时，借记“行政支出”科目，贷记“应付职工薪酬”科目。

2.支出公用经费时，借记“行政支出”科目，贷记“库存现金”“银行存款”“零余额账户用款额度”等科目。支出的款项中有购入库存物品的，应当同时按照确定的成本借记“库存物品”科目，贷记“资产基金”科目。

3.期末结转时，将“行政支出”科目本期发生额中的财政拨款支出转入财政拨款结转，借记“财政拨款结转——本年收支结转”科目，贷记“行政支出”科目；将“行政支出”科目本期发生额中的工会资金专项资金支出转入工会资金结转，借记“工会资金结转——本年收支结转”科目，贷记“行政支出”科目；将“行政支出”科目本期发生额中的工会资金非专项资金支出转入工会资金结余，借记“工会资金结余——本年收支结转”科目，贷记“行政支出”科目。

行政支出的主要账务处理如表7-7所示。

表7-7 “行政支出”科目核算内容

序号	业务和事项内容		账务处理
			县级以上工会
1	计算确认当期人员经费时		借：行政支出 贷：应付职工薪酬
2	支出公用经费	支出时	借：行政支出 贷：库存现金/银行存款/零余额账户用款额度等
		形成库存物品等资产的	借：库存物品等 贷：资产基金
3	期末结转	财政拨款支出	借：财政拨款结转——本年收支结转 贷：行政支出
		工会资金专项资金支出	借：工会资金结转——本年收支结转 贷：行政支出
		工会资金非专项资金支出	借：工会资金结余——本年收支结转 贷：行政支出

（四）会计实务举例

【例7-11】20×2年，某市总工会发生如下经济业务：

（1）计提6月份人员工资300 000元（基本工资80 000元、津贴补贴150 000元、绩效工资70 000元）；同时，计提单位为职工缴纳的住房公积金32 800元和各种社会保险费83 500元。

（2）计提非长期聘用人员工资3 000元。

（3）7月5日，使用工会资金通过银行存款发放上述计提的工资，并代扣代缴本单位各部门职工个人所得税5 700元；同时代扣个人应承担的住房公积金32 800元、个人应承担的社会保险费17 000元。

（4）7月10日，向税务局缴纳代扣的个人所得税5 700元，通过银行存款付讫。

（5）7月24日，缴纳住房公积金65 600元（单位部分32 800元、个人部分32 800元），社会保险费100 500元（单位部分83 500元，个人部分17 000元），通过银行存款支付完毕。

相关账务处理如下（支出经济分类略）：

（1）计提6月份人员工资：

借：行政支出——工资福利支出	416 300	
贷：应付职工薪酬——基本工资		80 000
——国家统一规定的津贴补贴		150 000
——规范津贴补贴（绩效工资）		70 000
——住房公积金（单位部分）		32 800
——社会保险费（单位部分）		83 500

（2）计提非长期聘用人员工资：

借：行政支出——工资福利支出	3 000	
贷：应付职工薪酬——其他个人收入		3 000

（3）发放上述计提的工资：

借：应付职工薪酬——基本工资	80 000	
——国家统一规定的津贴补贴	150 000	
——规范津贴补贴（绩效工资）	70 000	
——其他个人收入	3 000	
贷：银行存款		247 500
其他应付款——个人所得税		5 700
应付职工薪酬——住房公积金（个人部分）		32 800
——社会保险费（个人部分）		17 000

（4）向税务局缴纳代扣的个人所得税：

借：其他应付款——个人所得税	5 700	
贷：银行存款		5 700

（5）缴纳住房公积金、社会保险费（单位和个人部分）时：

借：应付职工薪酬——住房公积金　　65 600

——社会保险费　　100 500

贷：银行存款　　166 100

【例7-12】接例7-11，该市总工会还发生了如下经济业务：

（1）4月30日，发生车辆修理支出35 000元，通过银行存款付讫。

（2）6月30日，支付水费、电费共计4 200元，通过银行存款付讫。

（3）8月7日，因公务需要，发生业务招待费1 200元，通过银行存款付讫。

（4）10月30日，根据合同，支付物业服务费及卫生保洁费30 000元，通过银行存款付讫。

相关账务处理如下（支出经济分类略）：

（1）发生车辆修理支出：

借：行政支出——商品和服务支出　　35 000

贷：银行存款　　35 000

（2）支付水费、电费：

借：行政支出——商品和服务支出　　4 200

贷：银行存款　　4 200

（3）支付业务招待费：

借：行政支出——商品和服务支出　　1 200

贷：银行存款　　1 200

（4）支付物业服务费及卫生保洁费：

借：行政支出——商品和服务支出　　30 000

贷：银行存款　　30 000

【例7-13】对例7-11、例7-12中“行政支出”本期发生额489 700元进行期末结转。

相关账务处理如下：

借：工会资金结余——本年收支结转　　489 700

贷：行政支出——工资福利支出　　419 300

——商品和服务支出　　70 400

借：工会资金结余——累计结余　489 700
　贷：工会资金结余——本年收支结转　489 700

第八节　资本性支出

一、资本性支出概述

资本性支出指工会从事建设工程、设备工具购置、大型修缮和信息网络购建等而发生的实际支出。

资本性支出具体分为房屋建筑物购建、办公设备购置、专用设备购置、交通工具购置、大型修缮、信息网络购建和其他资本性支出等。

二、资本性支出的核算

（一）会计科目设置

工会应当设置“资本性支出”科目，核算工会从事建设工程、设备工具购置、大型修缮和信息网络购建而发生的实际支出。本科目期末结转后无余额。

（二）明细科目设置

“资本性支出”科目应设置以下明细科目：

（1）房屋建筑物购建：核算工会用于购买、自行建造办公用房、仓库、食堂等建筑物（含附属设施，如电梯、通讯线路、电缆、水气管道等）的支出。

（2）办公设备购置：核算工会购置纳入固定资产核算范围的办公家具和办公设备的支出。

（3）专用设备购置：核算工会购置具有专门用途、纳入固定资产核算范围的各类专用设备的支出。

（4）交通工具购置：核算工会用于购置各类交通工具的支出（含车辆购置税）。

（5）大型修缮：核算工会各类设备、建筑物等的大型修缮支出。

（6）信息网络购建：核算工会用于信息网络方面的支出。如计算机硬件、软件购置、开发、应用支出等。购建的计算机硬件、软件等不符合固定资产、无形资产确认标准的，不在此科目核算。

（7）其他资本性支出：核算工会其他上述科目中未包括的资本性支出。

（三）主要账务处理

1.购置、有偿调入固定资产、无形资产等时，按照实际支出的金额，借记“资本性支出”科目，贷记“银行存款”“零余额账户用款额度”“政府补助收入”等科目；同时，按照确定的资产成本，借记“固定资产”“无形资产”科目，贷记“资产基金”科目。

2.自行建造房屋建筑物等固定资产、对固定资产进行大型修缮等时，按照自行建造过程中发生的实际支出，借记“资本性支出”科目，贷记“银行存款”“零余额账户用款额度”“政府补助收入”等科目；同时，借记“在建工程”科目，贷记“资产基金——在建工程”科目。

3.发生长期待摊费用时，按照实际支出的金额，借记“资本性支出”科目，贷记“银行存款”“零余额账户用款额度”“政府补助收入”等科目；同时，借记“长期待摊费用”科目，贷记“资产基金——长期待摊费用”科目。

4.期末结转时，将“资本性支出”科目本期发生额中的财政拨款支出转入财政拨款结转，借记“财政拨款结转——本年收支结转”科目，贷记“资本性支出”科目；将“资本性支出”科目本期发生额中的工会资金专项资金支出转入工会资金结转，借记“工会资金结转——本年收支结转”科目，贷记“资本性支出”科目；将“资本性支出”科目本期发生额中的工会资金非专项资金支出转入工会资金结余，借记“工会资金结余——本年收支结转”科目，贷记“资本性支出”科目。

资本性支出的主要账务处理如表7-8所示。

表7-8　“资本性支出”科目核算内容

序号	业务和事项内容		账务处理	
			基层工会	县级以上工会
1	购置、有偿调入固定资产、无形资产		借：资本性支出 贷：银行存款/零余额账户用款额度/政府补助收入等 借：固定资产/无形资产 贷：资产基金——固定资产/无形资产	
2	自行建造房屋建筑物等固定资产、对固定资产进行大型修缮等	支出发生时	借：资本性支出 贷：银行存款/零余额账户用款额度/政府补助收入等 借：在建工程 贷：资产基金——在建工程	
		工程完工时	借：固定资产 贷：资产基金——固定资产 借：资产基金——在建工程 贷：在建工程	
3	发生长期待摊费用时		借：资本性支出 贷：银行存款/零余额账户用款额度/政府补助收入等 借：长期待摊费用 贷：资产基金——长期待摊费用	
4	期末结转	财政拨款支出	—	借：财政拨款结转——本年收支结转 贷：资本性支出
		工会资金专项资金支出	借：工会资金结转——本年收支结转 贷：资本性支出	
		工会资金非专项资金支出	借：工会资金结余——本年收支结转 贷：资本性支出	

注：本表中“零余额账户用款额度”和“政府补助收入”科目适用于有财政拨款的县级以上工会。

（四）会计实务举例

【例7-14】20×2年，某市级总工会进行信息化建设，项目建设经费由同级政府专门补助，形成的软件需确认国有资产。经招标采购，甲乙双方已签订软件开发合同，合同总金额500 000元，发生如下经济业务：

（1）2月5日，按照合同约定预付30%建设资金共计150 000元，财政直接支付完毕；

（2）4月30日，按工程建设进度再支付40%建设资金200 000元，财政直接支付完毕；

（3）6月30日，项目竣工验收合格，根据合同支付工程尾款150 000元，财政直接支付完毕。

相关账务处理如下（支出经济分类、功能分类略）：

（1）按照合同约定预付30%建设资金：

借：在建工程——其他投资　150 000

　　贷：资产基金——在建工程　150 000

借：资本性支出——信息网络购建（财政拨款）　150 000

　　贷：政府补助收入　150 000

（2）按照合同约定预付40%建设资金：

借：在建工程——其他投资　200 000

　　贷：资产基金——在建工程　200 000

借：资本性支出——信息网络购建（财政拨款）　200 000

　　贷：政府补助收入　200 000

（3）根据合同支付工程尾款：

借：在建工程——其他投资　150 000

　　贷：资产基金——在建工程　150 000

借：资本性支出——信息网络购建（财政拨款）　150 000

　　贷：政府补助收入　150 000

（4）工程完工交付使用时：

借：无形资产——国有资产　500 000

　　贷：资产基金——无形资产（国有资产）　500 000

借：资产基金——在建工程　500 000

　　贷：在建工程——其他投资　500 000

【例7–15】接例7–14，该市级总工会202×年9月，对工会活动器材进行日常维护，支付维护费用40 000元，银行存款付讫。

相关账务处理如下（支出经济分类略）：

借：资本性支出——其他资本性支出 40 000

贷：银行存款 40 000

【例7-16】对例7-14、例7-15中“资本性支出”本期发生额540 000元进行期末结转，其中：财政性资金500 000元，工会非专项资金40 000元。

相关账务处理如下：

（1）结转“资本性支出”本期发生额：

借：财政拨款结转——本年收支结转 500 000

贷：资本性支出——信息网络购建（财政拨款） 500 000

借：工会资金结余——本年收支结转 40 000

贷：资本性支出——其他资本性支出 40 000

（2）年末，结转“财政拨款结转”明细科目余额：

借：财政拨款结转——累计结转 500 000

贷：财政拨款结转——本年收支结转 500 000

（3）年末，结转“工会资金结余”明细科目余额：

借：工会资金结余——累计结余 40 000

贷：工会资金结余——本年收支结转 40 000

【例7-17】工会自行建造房屋建筑物等固定资产的账务处理，参见本书第三章例3-24，此处略。

第九节 补助下级支出

一、补助下级支出概述

补助下级支出指县级以上工会为解决下级工会经费不足或根据有关规定给予下级工会的各类补助款项。

补助下级支出主要包括一般性转移支付补助和专项转移支付补助。

二、补助下级支出的核算

（一）会计科目设置

工会应当设置“补助下级支出”科目，核算县级以上工会为解决下级工会经费不足或根据有关规定给予下级工会的各类补助款项。本科目期末结转后无余额。

（二）明细科目设置

“补助下级支出”科目应设置以下明细科目：

（1）一般性转移支付补助：核算工会按有关规定对下级未指定用途的补助。

（2）专项转移支付补助：核算工会按有关规定对下级指定专门用途的项目补助，包括对下级的帮扶困难职工的补助、用于开展向困难职工和家庭送温暖活动的补助、救灾补助等。

（三）主要账务处理

1.发生补助下级支出时，按照实际支付的金额，借记“补助下级支出”科目，贷记“银行存款”“零余额账户用款额度”等科目。

2.年末清算时，存在应付未付下级补助款项的，借记“补助下级支出”科目，贷记“应付下级经费——应付下级补助”科目。

3.期末结转时，将“补助下级支出”科目本期发生额中的财政拨款支出转入财政拨款结转，借记“财政拨款结转——本年收支结转”科目，贷记“补助下级支出”科目；将“补助下级支出”科目本期发生额中的工会资金专项资金支出转入工会资金结转，借记“工会资金结转——本年收支结转”科目，贷记“补助下级支出”科目；将“补助下级支出”科目本期发生额中的工会资金非专项资金支出转入工会资金结余，借记“工会资金结余——本年收支结转”科目，贷记“补助下级支出”科目。

补助下级支出的主要账务处理如表7–9所示。

表7–9　　“补助下级”支出科目核算内容

序号	业务和事项内容		账务处理（县级以上工会）
1	发生补助下级支出时		借：补助下级支出 　　贷：银行存款/零余额账户用款额度等
2	年末清算时，存在应付未付下级补助款项		借：补助下级支出 　　贷：应付下级经费——应付下级补助
3	期末结转	财政拨款支出	借：财政拨款结转——本年收支结转 　　贷：补助下级支出
		工会资金专项资金支出	借：工会资金结转——本年收支结转 　　贷：补助下级支出
		工会资金非专项资金支出	借：工会资金结余——本年收支结转 　　贷：补助下级支出

（四）会计实务举例

【例7–18】202×年12月，某市级总工会发生下列经济业务：

（1）5日，按照规定支付下级工会经费补助30万元，其中：一般性转移支付补助20万元，工会专项资金送温暖活动补助10万元，通过银行存款付讫。

（2）7日，支付给某县级工会机关运行经费补助10万元，以银行存款付讫。

（3）10日，工会专项资金支付给下级工会困难职工帮扶补助30万元、救灾补助20万元，上述款项通过银行存款付讫。

相关账务处理如下（支出经济分类略）：

（1）支付下级经费补助：

借：补助下级支出——一般性转移支付补助　　200 000

　　　　　　　　——专项转移支付补助　　100 000

　　贷：银行存款　　300 000

（2）支付机关运行经费补助：

借：补助下级支出——一般性转移支付补助　　100 000

　　贷：银行存款　　100 000

（3）支付下级经费补助：

借：补助下级支出——专项转移支付补助　　500 000
　　贷：银行存款　　500 000

【例7-19】对例7-18中“补助下级支出”本期发生额900 000元进行期末结转，其中：工会专项资金支出600 000元，其余为工会非专项资金。

相关账务处理如下：

（1）结转“补助下级支出”本期发生额：

借：工会资金结转——本年收支结转　　600 000
　　贷：补助下级支出——专项转移支付补助　　600 000
借：工会资金结余——本年收支结转　　300 000
　　贷：补助下级支出——一般性转移支付补助　　300 000

（2）年末，结转“工会资金结转”明细科目余额：

借：工会资金结转——累计结转　　600 000
　　贷：工会资金结转——本年收支结转　　600 000

（3）年末，结转“工会资金结余”明细科目余额：

借：工会资金结余——累计结余　　300 000
　　贷：工会资金结余——本年收支结转　　300 000

第十节　对附属单位的支出

一、对附属单位的支出概述

对附属单位的支出指工会按规定对所属企事业单位的补助。

二、对附属单位的支出的核算

（一）会计科目设置

工会应当设置“对附属单位的支出”科目，核算工会按规定对所属企事业单位的补助。本科目期末结转后无余额。

（二）明细科目设置

“对附属单位的支出”科目应当按照单位设置明细科目。

（三）主要账务处理

1.发生相关支出时，借记“对附属单位的支出”科目，贷记“银行存款”“零余额账户用款额度”等科目。

2.期末结转时，将“对附属单位的支出”科目本期发生额中的财政拨款支出转入财政拨款结转，借记“财政拨款结转——本年收支结转”科目，贷记“对附属单位的支出”科目；将“对附属单位的支出”科目本期发生额中的工会资金专项资金支出转入工会资金结转，借记“工会资金结转——本年收支结转”科目，贷记“对附属单位的支出”科目；将“对附属单位的支出”科目本期发生额中的工会资金非专项资金支出转入工会资金结余，借记“工会资金结余——本年收支结转”科目，贷记“对附属单位的支出”科目。

对附属单位的支出的主要账务处理如表7–10所示。

表7–10 “对附属单位的支出”科目核算内容

序号	业务和事项内容		账务处理
			县级以上工会
1	发生相关支出时		借：对附属单位的支出 贷：银行存款/零余额账户用款额度等
2	期末结转时	财政拨款支出	借：财政拨款结转——本年收支结转 贷：对附属单位的支出
		工会资金专项资金支出	借：工会资金结转——本年收支结转 贷：对附属单位的支出
		工会资金非专项资金支出	借：工会资金结余——本年收支结转 贷：对附属单位的支出

（四）会计实务举例

【例7-20】20×2年12月30日，按相关政策某省级工会对独立核算的附属企事业单位的补助600 000元，上述款项已通过银行存款付讫。

相关账务处理如下（支出经济分类略）：

借：对附属单位的支出　　600 000

　　贷：银行存款　　600 000

【例7-21】对例7-20中“对附属单位的支出”本期发生额600 000元作期末结转处理。

相关账务处理如下：

借：工会资金结余——本年收支结转　　600 000

　　贷：对附属单位的支出　　600 000

借：工会资金结余——累计结余　　600 000

　　贷：工会资金结余——本年收支结转　　600 000

第十一节　其他支出

一、其他支出概述

其他支出指工会除职工活动支出、职工活动组织支出、职工服务支出、维权支出、业务支出、行政支出、资本性支出、补助下级支出和对附属单位的支出以外的各项支出，如资产盘亏、资产处置净损失、捐赠支出、汇兑损益以及按规定计提有关专用基金等。

二、其他支出的核算

（一）会计科目设置

工会应当设置“其他支出”科目，核算工会除职工活动支出、职工活动组织支出、职工服务支出、维权支出、业务支出、行政支出、资本性支出、补助下级支出和对附属单位的支出以外的各项支出。本科目期末结转后无余额。

（二）主要账务处理

1.每日现金账款核对中如发现现金短缺，属于无法查明原因的部分，报经批准后，借记“其他支出”科目，贷记“待处理财产损溢”科目。

2.核销预计无法收回的其他应收款时，报经批准后，借记“其他支出”科目，贷记“待处理财产损溢”科目。

3.接受捐赠、无偿调入或对外捐赠、无偿调出实物资产、无形资产时，发生应由本级工会承担的相关税费、运输费等的，借记“其他支出”科目，贷记“银行存款”“零余额账户用款额度”等科目。

4.报废、毁损的实物资产，处理收支结清时，如果处理收入小于相关费用的，按照相关费用减去处理收入后的净支出，借记“其他支出”科目，贷记“待处理财产损溢”科目。

5.对外捐赠支出，借记“其他支出”科目，贷记“库存现金”“银行存款”等科目。

6.提取专用基金时，借记“其他支出”科目，贷记“专用基金”科目。

7.期末确认外币汇兑损益时，借记或贷记“其他支出”科目，贷记或借记“银行存款”等科目。

8.期末结转时，将“其他支出”科目本期发生额中的财政拨款支出转入财政拨款结转，借记“财政拨款结转——本年收支结转”科目，贷记“其他支出”科目；将“其他支出”科目本期发生额中的工会资金专项资金支出转入工会资金结转，借记“工会资金结转——本年收支结转”科目，贷记“其他支出”科目；将本科目本期发生额中的工会资金非专项资金支出转入工会资金结余，借记“工会资金结余——本年收支结转”科目，贷记“其他支出”科目。

其他支出的主要账务处理如表7–11所示。

表7-11　　　　“其他支出”科目核算内容

<table>
<tr><th rowspan="2">序号</th><th rowspan="2" colspan="3">业务和事项内容</th><th colspan="2">账务处理</th></tr>
<tr><th>基层工会</th><th>县级以上工会</th></tr>
<tr><td>1</td><td colspan="3">发现现金短缺，无法查明原因</td><td colspan="2">借：其他支出
贷：待处理财产损溢</td></tr>
<tr><td>2</td><td colspan="3">核销预计无法收回的其他应收款时</td><td colspan="2">借：其他支出
贷：待处理财产损溢</td></tr>
<tr><td>3</td><td colspan="3">接受捐赠、无偿调入或对外捐赠、无偿调出实物资产、无形资产时，发生应由本级工会承担的相关税费、运输费等的</td><td colspan="2">借：其他支出
贷：银行存款/零余额账户用款额度等</td></tr>
<tr><td rowspan="3">4</td><td rowspan="3">报废、毁损的实物资产，处理收支结清时</td><td colspan="2">如果处理收入小于相关费用的</td><td colspan="2">借：其他支出
贷：待处理财产损溢</td></tr>
<tr><td rowspan="2">如果处理收入大于相关费用</td><td>净收入不需要上缴同级政府财政的</td><td colspan="2">借：待处理财产损溢
贷：其他收入</td></tr>
<tr><td>净收入需要上缴同级政府财政的</td><td colspan="2">借：待处理财产损溢
贷：其他应付款</td></tr>
<tr><td>5</td><td colspan="3">对外捐赠支出</td><td colspan="2">借：其他支出
贷：库存现金/银行存款等</td></tr>
<tr><td>6</td><td colspan="3">提取专用基金时</td><td colspan="2">借：其他支出
贷：专用基金</td></tr>
<tr><td rowspan="2">7</td><td rowspan="2">期末确认外币汇兑损益</td><td colspan="2">确认汇兑收益</td><td colspan="2">借：银行存款等
贷：其他支出</td></tr>
<tr><td colspan="2">确认汇兑损失</td><td colspan="2">借：其他支出
贷：银行存款等</td></tr>
<tr><td rowspan="3">8</td><td rowspan="3">期末结转</td><td colspan="2">结转本期发生额中的财政拨款支出</td><td>—</td><td>借：财政拨款结转——本年收支结转
贷：其他支出</td></tr>
<tr><td colspan="2">结转本期发生额中的工会资金专项资金支出</td><td colspan="2">借：工会资金结转——本年收支结转
贷：其他支出</td></tr>
<tr><td colspan="2">结转本期发生额中的工会资金非专项资金支出</td><td colspan="2">借：工会资金结余——本年收支结转
贷：其他支出</td></tr>
</table>

（三）会计实务举例

【例7-22】 20×2年12月，某市级总工会现金盘查时发现现金短缺150元，经过查实，其中100元时应该由责任人赔偿款，剩余的50元无法查明原因，报请批准核销。

相关账务处理如下（支出经济分类略）：

（1）发现现金短缺，转入待处理财产时：

借：待处理财产损溢 150

　　贷：库存现金 150

（2）应由责任人等赔偿的：

借：其他应收款 100

　　贷：待处理财产损溢 100

（3）属于无法查明原因的，报经批准核销时：

借：其他支出 50

　　贷：待处理财产损溢 50

【例7-23】接例7-22，20×2年12月，该市级总工会捐赠5万元给某县红十字会抗疫救灾，款项已通过银行存款支付完毕。

相关账务处理如下（支出经济分类略）：

借：其他支出 50 000

　　贷：银行存款 50 000

【例7-24】接例7-22，20×2年12月，该市级总工会报废电脑1台，账面价值为7 000元，已提折旧4 500元；报废复印机1台，账面原值10 000元，已提折旧8 000元。报废清理的过程中，取得变价收入100元，发生搬运费支出150元。

相关账务处理如下（支出经济分类略）：

（1）报废资产转入待处理资产时：

借：待处理财产损溢——待处理财产价值 4 500

　　累计折旧 12 500

　　贷：固定资产 17 000

（2）报经批准后处理时：

借：资产基金——固定资产 4 500

　　贷：待处理财产损溢——待处理财产价值 4 500

（3）处理报废资产过程中取得变价收入：

借：库存现金 100

贷：待处理财产损溢——处理净收入　　100

（4）处理报废资产过程中发生相关费用：

借：待处理财产损溢——处理净收入　　150

贷：库存现金　　150

（5）处理收入小于相关费用：

借：其他支出　　50

贷：待处理财产损溢——处理净收入　　50

【例7-25】接例7-22，20×2年12月31日，该市级总工会提取工会干部权益保障金10万元。

相关账务处理如下（支出经济分类略）：

借：其他支出　　100 000

贷：专用基金——权益保障金　　100 000

【例7-26】对例7-22、例7-23、例7-24、例7-25中“其他支出”本期发生额150 100元作期末结转处理。

相关账务处理如下：

借：工会资金结余——本年收支结转　　150 100

贷：其他支出　　150 100

借：工会资金结余——累计结余　　150 100

贷：工会资金结余——本年收支结转　　150 100

第十二节　安排预算稳定调节基金

一、安排预算稳定调节基金概述

安排预算稳定调节基金是指县级以上工会按照工会预算管理规定使用超收的拨缴经费收入安排的预算稳定调节基金。

二、安排预算稳定调节基金的核算

（一）会计科目设置

工会应当设置“安排预算稳定调节基金”科目，核算县级以上工会按照有关规定安排的预算稳定调节基金。本科目期末结转后无余额。

（二）主要账务处理

1.按规定安排预算稳定调节基金时，按照计提的金额，借记“安排预算稳定调节基金”科目，贷记“预算稳定调节基金”科目。

2.期末，将“安排预算稳定调节基金”科目本期发生额转入工会资金结余科目，借记“工会资金结余——本年收支结转”科目，贷记“安排预算稳定调节基金”科目。

安排预算稳定调节基金的主要账务处理如表7-12所示。

表7-12　“安排预算稳定调节基金”科目核算内容

序号	业务和事项内容	账务处理
		县级以上工会
1	年末计提时	借：安排预算稳定调节基金 　贷：预算稳定调节基金
2	年末结转	借：工会资金结余——本年收支结转 　贷：安排预算稳定调节基金

（三）会计实务举例

【例7-27】202×年12月31日，某县级总工会按规定使用超收的拨缴经费收入补充预算稳定调节基金100万元。

相关账务处理如下：

借：安排预算稳定调节基金　1 000 000

　贷：预算稳定调节基金　1 000 000

借：工会资金结余——本年收支结转　1 000 000

　贷：安排预算稳定调节基金　1 000 000

第八章
财务报表

第一节　财务报表概述

一、工会财务报表的概念

工会财务报表是反映各级工会财务状况、业务活动和预算执行结果的书面文件。工会财务报表是各级工会领导、上级工会及其他会计报表使用者了解情况、掌握政策、指导工作的重要资料。

二、工会财务报表的分类

（一）按报表内容分类

工会财务报表包括会计报表和附注。会计报表分为主表和附表，主表包括资产负债表和收入支出表，附表包括财政拨款收入支出表、国有资产情况表和成本费用表。

1.资产负债表，是反映工会某一会计期末全部资产、负债和净资产情况的报表。

2.收入支出表，是反映工会某一会计期间全部收入、支出及结转结余情况的报表。

3.财政拨款收入支出表，是反映县级以上工会某一会计期间从同级政府财政部门取得的财政拨款收入、支出及结转结余情况的报表。

4.国有资产情况表，是反映县级以上工会某一会计期间持有的国有资产情况的报表。

5.成本费用表，是反映县级以上工会某一会计期间成本费用情况的报表。

6.附注是对在资产负债表、收入支出表等报表中列示项目所作的进一步说明，以及未能在这些报表中列示项目的说明。

（二）按报送时限分类

工会财务报表分为年度财务报表和中期财务报表。以短于一个完整的会计年度的期间（如半年度、季度和月度）编制的财务报表称为中期财务报表。年度财务报表是以整个会计年度为基础编制的财务报表。

三、工会财务报表的填报要求

（一）编制内容要求

1.工会财务报表要根据登记完整、核对无误的账簿记录和其他有关资料编制，做到数字准确、内容完整、报送及时。

（1）数字准确。要求财务报表如实反映财务状况，数字真实可靠。在编制财务报表之前本期发生的所有账务必须全部登记入账，并以账簿记录为依据编制，不能以预算数代替实际数，不能弄虚作假、隐瞒谎报。

（2）内容完整。财务报表是一套完整的指标体系，报表内容要严格按照《工会会计制度》规定的统一种类、格式进行编制，不得漏编、漏报。

（3）报送及时。财务报表的时效性很强，如果不及时编制，就会失去财务报表应由的作用，不利于各级工会领导了解情况、掌握政策、指导工作。

因此，各级工会必须按上级工会规定的时间和期限及时编制财务报表。

2.工会财务报表应当由各级工会的法定代表人和主管会计工作的负责人、会计机构负责人（会计主管人员）签名并盖章。

3.工会应当根据《工会会计制度》有关会计报表的编制基础、编制依据、编制原则和方法的要求，提供真实、完整的会计报表。工会不得违反规定，随意改变会计报表的编制基础、编制依据、编制原则和方法，不得随意改变《工会会计制度》规定的会计报表有关数据的会计口径。

（二）编制时间要求

工会要负责对所属单位财务报表和下级工会报送的年度财务报表进行审核、核批和汇总工作，定期向本级工会领导和上级工会报告本级工会预算执行情况。

工会财务报表需按《工会会计制度》规定的时间要求进行编制，如表8-1所示。

表8-1 工会财务报表编制时间一览表

编 号	会计报表名称	编制期	编制主体
工会01表	资产负债表	月度、年度	各级工会
工会02表	收入支出表	月度、年度	各级工会
工会附01表	财政拨款收入支出表	年度	县级以上工会
工会附02表	国有资产情况表	年度	县级以上工会
工会附03表	成本费用表	月度、年度	县级以上工会

第二节 资产负债表

一、资产负债表概述

（一）资产负债表的概念

资产负债表，是反映工会某一会计期末全部资产、负债和净资产情况的报表。由于它反映的是某一时点的情况，所以又被称为静态报表。

各级工会至少应当编制月度、年度资产负债表，可以根据需要编制季度、半年度资产负债表。

（二）资产负债表的用途

资产负债表可以向报表使用者提供以下几方面的信息：（1）工会某一日期所掌握的经济资源以及这些经济资源的分布和结构情况；（2）工会某一日期的负债及其结构情况；（3）工会净资产的情况；（4）通过对资产负债表的分析，可以了解工会的财务实力、短期偿债能力和支付能力；（5）将前后期的资产负债表进行对照分析，可以看出工会资产负债变化情况及发展趋势。

二、资产负债表的格式

资产负债表的格式采用账户结构，分为左右两部分。左方列示资产类项目，反映全部资产的分布及存在形态，右方列示负债及净资产各项目，反映全部负债和净资产的内容及构成情况。资产按照流动性从强到弱的顺序排列，具体包括货币资金、应收款项、库存物品、投资、在建工程、固定资产、无形资产和长期待摊费用等；负债按到期日远近或偿付紧迫程度的顺序排列，具体包括应付职工薪酬、应付上级经费、应付下级经费、其他应付款和代管经费等；净资产包括资产基金、专用基金、工会资金结转、工会资金结余、财政拨款结转、财政拨款结余和预算稳定调节基金等。资产负债表左右双方相等，即：资产 = 负债 + 净资产。

资产负债表的格式如表8–2所示。

表8–2　　　　资产负债表

工会01表

编制单位：　　　　____年__月__日　　　　单位：元

资 产	年初余额	期末余额	负债与净资产	年初余额	期末余额
一、资 产			二、负 债		
流动资产：			应付职工薪酬		

续表

资 产	年初余额	期末余额	负债与净资产	年初余额	期末余额
货币资金			应付上级经费		
零余额账户用款额度*			应付下级经费		
财政应返还额度			其他应付款		
应收上级经费			代管经费		
应收下级经费			**负债合计**		
其他应收款					
库存物品			**三、净资产**		
流动资产合计			资产基金		
投 资			专用基金		
在建工程			工会资金结转		
固定资产原值			工会资金结余		
减：累计折旧			财政拨款结转		
固定资产净值			财政拨款结余		
无形资产原值			预算稳定调节基金		
减：累计摊销			**净资产合计**		
无形资产净值					
长期待摊费用					
待处理财产损溢					
资产总计			**负债与净资产总计**		

注：“*”标识项目为中期报表项目，年报中不需列示。

三、资产负债表的编制方法

工会资产负债表是在期末登记完有关总账和明细账的基础上编制的。资产负债表的编制是以日常会计核算记录的数据为基础进行归类、整理和汇总，加工成报表项目的过程。

工会资产负债表的主体部分的各项目均列有“年初余额”和“期末余

额”两个栏目，是一种比较资产负债表。表中的“资产总计”项目年初（期末）余额应当与“负债与净资产总计”项目年初（期末）余额相等。

（一）“年初余额”的填报

工会资产负债表“年初余额”栏内各项目，根据上年年末资产负债表“年末余额”栏内各对应项目数字填列。如果本年度资产负债表规定的各个项目的名称和内容与上年不一致，应对上年年末资产负债表各项目的名称和数字按照本年度的规定进行调整，填入本表“年初余额”栏内。对于资产负债表的月报和年报，期初数都应当按照上年年末余额进行填列。

（二）“期末余额”的填报

“期末余额”是指某一会计期末的数字，根据本期期末总账各科目余额填列。编制年度资产负债表时，将“期末余额”栏改为“年末余额”栏。年度资产负债表“年末余额”栏内各项目，根据本年末总账各科目余额填列。

资产负债表“期末余额”栏各项目的内容和填列方法如下：

1. 资产类项目

（1）“货币资金”项目，反映工会期末库存现金、银行存款的合计数。本项目应当根据“库存现金”“银行存款”科目的期末余额的合计数填列。

（2）“零余额账户用款额度”项目，反映县级以上工会期末尚未支用的零余额账户用款额度金额。本项目仅在中期报表中列示，年度报表中不列示。本项目应当根据“零余额账户用款额度”科目的期末余额填列。

（3）“财政应返还额度”项目，反映县级以上工会期末财政应返还额度的金额。本项目应当根据“财政应返还额度”科目的期末余额填列。

（4）“应收上级经费”项目，反映工会期末应收未收的上级工会应转拨（或拨付）的工会拨缴经费及补助金额。本项目应当根据“应收上级经费”

科目的期末余额填列。

（5）“应收下级经费”项目，反映县级以上工会期末应收未收的下级工会应上缴的工会拨缴经费金额。本项目应当根据“应收下级经费”科目的期末余额填列。

（6）“其他应收款”项目，反映工会期末尚未收回的其他应收款金额。本项目应当根据“其他应收款”科目的期末余额填列。

（7）“库存物品”项目，反映工会期末存储的库存物品的实际成本。本项目应当根据“库存物品”科目的期末余额填列。

（8）“流动资产合计”项目，反映工会期末流动资产的合计数。本项目应当根据本表中“货币资金”“零余额账户用款额度”[中期报表]、“财政应返还额度”“应收上级经费”“应收下级经费”“其他应收款”和“库存物品”项目金额的合计数填列。

（9）“投资”项目，反映工会期末持有的投资账面余额。本项目应当根据“投资”科目的期末余额填列。

（10）“在建工程”项目，反映工会期末所有的建设项目工程的实际成本。本项目应当根据“在建工程”科目的期末余额填列。

（11）“固定资产原值”项目，反映工会期末固定资产的原值。本项目应当根据“固定资产”科目的期末余额填列。

“累计折旧”项目，反映工会期末固定资产已计提的累计折旧金额。本项目应当根据“累计折旧”科目的期末余额填列。

“固定资产净值”项目，反映工会期末固定资产的账面价值。本项目应当根据“固定资产”科目期末余额减去“累计折旧”科目期末余额后的金额填列。

（12）“无形资产原值”项目，反映工会期末无形资产的原值。本项目应当根据“无形资产”科目的期末余额填列。

“累计摊销”项目，反映工会期末无形资产已计提的累计摊销金额。本项目应当根据“累计摊销”科目的期末余额填列。

“无形资产净值”项目，反映工会期末无形资产的账面价值。本项目应当根据“无形资产”科目期末余额减去“累计摊销”科目期末余额后的金额填列。

（13）“长期待摊费用”项目，反映工会期末已经支出，但应由本期和以后各期负担的分摊期限在1年以上（不含1年）的各项支出金额。本项目应当根据“长期待摊费用”科目的期末余额填列。

（14）“待处理财产损溢”项目，反映工会期末尚未处理完毕的各种资产的净损失或净溢余。本项目应当根据“待处理财产损溢”科目的期末借方余额填列；如“待处理财产损溢”科目期末为贷方余额，以“-”号填列。

（15）“资产总计”项目，反映工会期末资产的合计数。本项目应当根据本表中“流动资产合计”“投资”“在建工程”“固定资产净值”“无形资产净值”“长期待摊费用”和“待处理财产损溢”项目金额的合计数填列。

2.负债类项目

（1）“应付职工薪酬”项目，反映县级以上工会期末按有关规定应付给职工及为职工支付的各种薪酬金额。本项目应当根据“应付职工薪酬”科目的期末余额填列。

（2）“应付上级经费”项目，反映工会期末应缴未缴上级的工会拨缴经费金额。本项目应当根据“应付上级经费”科目的期末余额填列。

（3）“应付下级经费”项目，反映县级以上工会期末应付未付下级的转拨（或拨付）工会拨缴经费及补助金额。本项目应当根据“应付下级经费”科目的期末余额填列。

（4）“其他应付款”项目，反映工会期末尚未支付的其他应付及暂收款项金额。本项目应当根据“其他应付款”科目的期末余额填列。

（5）“代管经费”项目，反映工会期末受托代管的其他组织的资金金额。本项目应当根据“代管经费”科目的期末余额填列。

（6）“负债合计”项目，反映工会期末负债的合计数。本项目应当根据本表中“应付职工薪酬”“应付上级经费”“应付下级经费”“其他应付款”和“代管经费”项目金额的合计数填列。

3.净资产类项目

（1）“资产基金”项目，反映工会期末库存物品、投资、在建工程、固定资产、无形资产、长期待摊费用等非货币性资产在净资产中占用的金额。本项目应当根据“资产基金”科目的期末余额填列。

（2）“专用基金”项目，反映县级以上工会期末累计提取但尚未使用的专用基金余额。本项目应当根据“专用基金”科目的期末余额填列。

（3）“工会资金结转”项目，反映工会累计滚存的除财政拨款外的工会经费结转金额。本项目应当根据“工会资金结转”科目的期末余额填列。

（4）“工会资金结余”项目，反映工会累计滚存的除财政拨款外的工会经费结余金额。本项目应当根据“工会资金结余”科目的期末余额填列。

（5）“财政拨款结转”项目，反映县级以上工会累计滚存的财政拨款结转金额。本项目应当根据“财政拨款结转”科目的期末余额填列。

（6）“财政拨款结余”项目，反映县级以上工会累计滚存的财政拨款结余金额。本项目应当根据“财政拨款结余”科目的期末余额填列。

（7）“预算稳定调节基金”项目，反映县级以上工会累计滚存的预算稳定调节基金金额。本项目应当根据“预算稳定调节基金”科目的期末余额填列。

（8）“净资产合计”项目，反映工会期末净资产合计数。本项目应当根据本表中“资产基金”“专用基金”“工会资金结转”“工会资金结余”“财政拨款结转”“财政拨款结余”和“预算稳定调节基金”项目金额的合计数填列。

（9）“负债与净资产总计”项目，应当根据本表中“负债合计”和“净资产合计”项目金额的合计数填列。

第三节　收入支出表

一、收入支出表概述

（一）收入支出表的概念

收入支出表，是反映工会某一会计期间全部收入、支出及结转结余情况的报表。工会至少应当编制月度、年度收入支出表，可以根据需要编制季度、半年度收入支出表。

（二）收入支出表的用途

收入支出表可以向报表使用者提供以下几方面的信息：（1）工会在一定时期内工会经费收入总体情况以及这些收入的来源及构成情况；（2）工会在一定时期内工会经费支出总体情况以及支出的构成情况；（3）工会经费收入减去支出后的差额；（4）年初资金结转结余、资金结转结余调整及变动及年末资金结转结余的情况；（5）通过对经费收入支出表的分析，以及将前后期的经费收入支出表进行对照分析，可以看出工会收入支出变化情况及发展趋势。

二、收入支出表的格式

收入支出表从格式上按照本月数、本年累计数分项列示，同时按照年初资金结转结余、资金结转结余调整及变动、收入合计、支出合计、本期收支差额、年末资金结转结余等项目分层次排列。收入支出表的格式如表8-3所示。

表8–3 收入支出表

工会02表

编制单位： ____年__月 单位：元

项 目	本月数	本年累计数
一、年初资金结转结余		
（一）年初资金结转		
（二）年初资金结余		
二、资金结转结余调整及变动		
三、收入合计		
（一）会费收入		
（二）拨缴经费收入		
（三）上级补助收入		
（四）政府补助收入		
（五）行政补助收入		
（六）附属单位上缴收入		
（七）投资收益		
（八）其他收入		
（九）动用预算稳定调节基金		
四、支出合计		
（一）职工活动支出		
（二）职工活动组织支出		
（三）职工服务支出		
（四）维权支出		
（五）业务支出		
（六）行政支出		
（七）资本性支出		
（八）补助下级支出		
（九）对附属单位的支出		
（十）其他支出		
（十一）安排预算稳定调节基金		

续表

项 目	本月数	本年累计数
五、本期收支差额		
六、年末资金结转结余		
（一）年末资金结转		
（二）年末资金结余		

三、收入支出表的编制方法

（一）“本年累计数”的填报

收入支出表“本年累计数”栏内各项目，根据自年初至本期期末各项目的累计实际发生额填列，也可以根据上月收入支出表“本年累计数”加上本月收入支出表“本月数”后的金额填列。

（二）“本月数”的填报

“本月数”栏内各项目，根据本月各项目的实际发生额填列。编制年度收入支出表时，将“本月数”栏改为“本年数”栏，将“本年累计数”栏改为“上年数”栏。年度收入支出表“本年数”栏内各项目，根据本年度各项目的实际发生额填列。年度收入支出表“上年数”栏内各项目，根据上年度收入支出表“本年数”栏内各对应项目数字填列。

工会经费收入支出表“本月数”栏各项目的内容和填列方法如下：

1.“年初资金结转结余”项目

“年初资金结转结余”项目及其所属各明细项目，反映工会本年初所有资金结转结余的金额。本项目及其所属各明细项目，仅在编制年度收入支出表时填列。

“年初资金结转结余”项目根据各明细项目的合计数填列。“年初资金结转”项目根据“工会资金结转”“财政拨款结转”科目年初余额的合计数填列。“年初资金结余”项目根据“工会资金结余”“财政拨款结余”科目年初余额的合计数填列。

本项目及其所属各明细项目的数额，应当与上年年度收入支出表中“年末资金结转结余”中各项目的金额相等。

2.“资金结转结余调整及变动”项目

“资金结转结余调整及变动”项目，反映工会因发生需要调整以前年度各项资金结转结余的事项导致各项资金结转结余发生变动的金额。本项目根据“工会资金结转”“工会资金结余”“财政拨款结转”“财政拨款结余”科目下“年初余额调整”“归集上缴”科目本期发生额的合计数填列。若为负数，以“-”号填列。

3.收入类项目

（1）“收入合计”项目，反映工会本期收入总额。本项目应当根据本表中“会费收入”“拨缴经费收入”“上级补助收入”“政府补助收入”“行政补助收入”“附属单位上缴收入”“投资收益”“其他收入”和“动用预算稳定调节基金”项目金额的合计数填列。

（2）“会费收入”项目，反映基层工会收到的工会会员会费的金额。本项目应当根据“会费收入”科目的本期发生额填列。

（3）“拨缴经费收入”项目，反映工会收到的基层单位行政拨缴、下级工会按规定上缴及上级工会按规定转拨的工会拨缴经费中归属于本级工会的经费金额。本项目应当根据“拨缴经费收入”科目的本期发生额填列。

（4）“上级补助收入”项目，反映工会收到的上级工会给予的补助金额。本项目应当根据“上级补助收入”科目的本期发生额填列。

（5）“政府补助收入”项目，反映县级以上工会收到的各级人民政府按照《工会法》和国家的有关规定给予工会的补助金额。本项目应当根据“政府补助收入”科目的本期发生额填列。

（6）“行政补助收入”项目，反映基层工会收到的所在单位行政方面按照《工会法》和国家的有关规定给予工会的补助金额。本项目应当根据“行政补助收入”科目的本期发生额填列。

（7）“附属单位上缴收入”项目，反映工会收到的所属企事业单位按规定上缴的金额。本项目应当根据“附属单位上缴收入”科目的本期发生额填列。

（8）“投资收益”项目，反映工会收到的对外投资发生的损益金额。本项目应当根据“投资收益”科目的本期发生额填列；如为投资净损失，以“-”号填列。

（9）“其他收入”项目，反映工会收到的各类其他收入的金额。本项目应当根据“其他收入”科目的本期发生额填列。

（10）“动用预算稳定调节基金”项目，反映县级以上工会按照工会预算管理规定动用的预算稳定调节基金金额。本项目应当根据“动用预算稳定调节基金”科目的本期发生额填列。

4.支出类项目

（1）“支出合计”项目，反映工会本期支出总额。本项目应当根据本表中“职工活动支出”“职工活动组织支出”“职工服务支出”“维权支出”“业务支出”“行政支出”“资本性支出”“补助下级支出”“对附属单位的支出”“其他支出”和“安排预算稳定调节基金”项目金额的合计数填列。

（2）“职工活动支出”项目，反映基层工会开展职工教育活动、文体活动、宣传活动、劳模疗休养活动、会员活动等发生的支出金额。本项目应当根据“职工活动支出”科目的本期发生额填列。

（3）“职工活动组织支出”项目，反映县级以上工会组织开展职工教育活动、文体活动、宣传活动、劳模疗休养活动等发生的支出金额。本项目应当根据“职工活动组织支出”科目的本期发生额填列。

（4）“职工服务支出”项目，反映工会开展职工劳动和技能竞赛活动、职工创新活动、建家活动、职工书屋、职工互助保障、心理咨询等工作发生的支出金额。本项目应当根据“职工服务支出”科目的本期发生额填列。

（5）“维权支出”项目，反映工会用于维护职工权益的支出金额。本项目应当根据“维权支出”科目的本期发生额填列。

（6）“业务支出”项目，反映工会培训工会干部、加强自身建设及开展业务工作发生的支出金额。本项目应当根据“业务支出”科目的本期发生额填列。

（7）“行政支出”项目，反映县级以上工会为行政管理、后勤保障等发生的各项日常支出金额。本项目应当根据“行政支出”科目的本期发生额填列。

（8）“资本性支出”项目，反映工会从事建设工程、设备工具购置、大型修缮和信息网络购建而发生的实际支出金额。本项目应当根据“资本性支出”科目的本期发生额填列。

（9）“补助下级支出”项目，反映县级以上工会为解决下级工会经费不足或根据有关规定给予下级工会的各类补助金额。本项目应当根据“补助下级支出”科目的本期发生额填列。

（10）“对附属单位的支出”项目，反映工会按规定对所属企事业单位的补助金额。本项目应当根据“对附属单位的支出”科目的本期发生额填列。

（11）“其他支出”项目，反映工会发生的各项其他支出的金额。本项目应当根据“其他支出”科目的本期发生额填列；如为贷方发生额，以“—”号填列。

（12）“安排预算稳定调节基金”项目，反映县级以上工会按照有关规定使用超收的拨缴经费收入安排的预算稳定调节基金金额。本项目应当根据“安排预算稳定调节基金”科目的本期发生额填列。

5.“本期收支差额”项目

“本期收支差额”项目，反映工会本期发生的各项资金收入和支出相抵后的余额。本项目应当根据本表中“收入合计”项目金额减去“支出合计”项目金额后的余额填列。如为负数，以“—”号填列。

6.“年末资金结转结余”项目

“年末资金结转结余”项目及其所属各明细项目，反映工会本年各项资金结转结余的年末余额。本项目及其所属各明细项目，仅在编制年度收入支出表时填列。

“年末资金结转结余”项目根据各明细项目的合计数填列。“年末资金结转”项目根据“工会资金结转”“财政拨款结转”科目年末余额的合计数填列。“年末资金结余”项目根据“工会资金结余”“财政拨款结余”科目年末余额的合计数填列。

第四节 财政拨款收入支出表

一、财政拨款收入支出表概述

（一）财政拨款收入支出表的概念

财政拨款收入支出表，是反映县级以上工会某一会计期间从同级政府财政部门取得的财政拨款收入、支出及结转结余情况的报表。

县级以上工会应当按年度编制财政拨款收入支出表。不从同级政府财政部门取得财政拨款的县级以上工会，不填列本表。

（二）财政拨款收入支出表的用途

财政拨款收入支出表可以向报表使用者提供县级以上工会的以下几方面的信息：（1）某一会计期间财政拨款收入、财政拨款支出和年末财政拨款结转结余情况；（2）某一会计期间基本支出情况，即人员经费、公用经费支出情况；（3）某一会计期间各个项目支出具体情况；（4）通过对财政拨款收入支出表的分析，以及将前后期的财政拨款收入支出表进行对照分析，可以看出工会财政拨款收入支出变化情况及发展趋势。

二、财政拨款收入支出表的格式

财政拨款收入支出表从格式上按照年初财政拨款结转结余、调整年初财政拨款结转结余、本年归集上缴、单位内部调剂、本年财政拨款收入、本年财政拨款支出、年末财政拨款结转结余等分项列示，同时按照基本支出、项目支出分层次排列。

财政拨款收入支出表“项目”栏内各项目，应当根据县级以上工会取得的财政拨款分项设置。其中“项目支出”项目下，根据每个项目设置。

财政拨款收入支出表的格式如表8–4所示。

表8–4　　财政拨款收入支出表

工会附01表

编制单位：　　____年　　单位：元

项目	年初财政拨款结转结余		调整年初财政拨款结转结余	本年归集上缴	单位内部调剂		本年财政拨款收入	本年财政拨款支出	年末财政拨款结转结余	
	结转	结余			结转	结余			结转	结余
基本支出：										
1.人员经费										
2.公用经费										
项目支出：										
1.××项目										
2.××项目										
……										
总计										

三、财政拨款收入支出表的编制方法

财政拨款收入支出表各栏及其对应项目的内容和填列方法如下：

1.“年初财政拨款结转结余”栏中各项目，反映县级以上工会年初各项财政拨款结转结余的金额。各项目应当根据“财政拨款结转”“财政拨款结余”科目及其明细科目的年初余额填列。本栏中各项目的数额应当与上年度财政拨款收入支出表中“年末财政拨款结转结余”栏中各项目的数额相等。

2.“调整年初财政拨款结转结余”栏中各项目，反映县级以上工会对年初财政拨款结转结余的调整金额。各项目应当根据“财政拨款结转”“财政拨款结余”科目下“年初余额调整”明细科目及其所属明细科目的本年发生额填列；如调整减少年初财政拨款结转结余，以“–”号填列。

3.“本年归集上缴”栏中各项目，反映县级以上工会本年按规定实际上缴的财政拨款结余资金金额。各项目应当根据“财政拨款结余”科目下“归集上缴”科目及其所属明细科目的本年发生额，以“–”号填列。

4.“单位内部调剂”栏中各项目，反映县级以上工会本年财政拨款结转结余资金在工会内部不同项目等之间的调剂金额。各项目应当根据“财政拨款结转”和“财政拨款结余”科目下的“单位内部调剂”明细科目及其所属明细科目的本年发生额填列；对工会内部调剂减少的财政拨款结余金额，以“–”号填列。

5.“本年财政拨款收入”栏中各项目，反映县级以上工会本年从同级政府部门取得的财政预算拨款金额。各项目应当根据“政府补助收入”科目下“财政拨款收入”明细科目及其所属明细科目的本年发生额填列。

6.“本年财政拨款支出”栏中各项目，反映县级以上工会本年发生的财政拨款支出金额。各项目应当根据除“安排预算稳定调节基金”科目以外的各支出类科目下“财政拨款”明细科目及其所属明细科目的本年发生额填列。

7.“年末财政拨款结转结余”栏中各项目，反映县级以上工会年末财政拨款结转结余的金额。各项目应当根据“财政拨款结转”“财政拨款结余”科目及其所属明细科目的年末余额填列。

第五节　国有资产情况表

一、国有资产情况表概述

（一）国有资产情况表的概念

国有资产情况表，是反映县级以上工会某一会计期间持有的国有资产情况的报表。县级以上工会应当按年度编制国有资产情况表。

（二）国有资产情况表的用途

国有资产情况表可以向报表使用者提供县级以上工会的以下几方面的信息：（1）年末持有的国有资产的总体情况及构成情况；（2）年末持有国有资产中流动资产与非流动资产各组成部分的具体情况；（3）通过对国有资产情况表的分析，以及将前后期的国有资产情况表进行对照分析，可以看出国有资产变化情况及发展趋势。

二、国有资产情况表的格式

国有资产情况表从格式上按照流动资产、非流动资产分项列示，其中，流动资产包括货币资金、财政应返还额度、库存物品等；非流动资产包括在建工程、固定资产、无形资产、长期待摊费用等。

国有资产情况表的格式如表8–5所示。

表8–5　　国有资产情况表

工会附02表

编制单位：　　____年　　单位：元

项 目	年初余额	年末余额
流动资产：		
货币资金		

续表

项 目	年初余额	年末余额
财政应返还额度		
库存物品		
流动资产合计		
非流动资产：		
在建工程		
固定资产原值		
减：累计折旧		
固定资产净值		
无形资产原值		
减：累计摊销		
无形资产净值		
长期待摊费用		
非流动资产合计		
资产总计		

三、国有资产情况表的编制方法

（一）“年初余额”的填报

国有资产情况表“年初余额”栏各项目金额，应当根据上年度国有资产情况表“年末余额”栏内各对应项目数字填列。

（二）“年末余额”的填报

国有资产情况表“年末余额”栏各项目的内容和填列方法如下：

1.“货币资金”项目，反映县级以上工会年末库存现金及银行存款中财政拨款的合计数。本项目应当根据“库存现金”“银行存款”科目下“国有资产”明细科目年末余额的合计数填列。

2.“财政应返还额度”项目，反映县级以上工会年末财政应返还额度的金额。本项目应当根据“财政应返还额度”科目的年末余额填列。

3.“库存物品”项目，反映县级以上工会年末存储的财政拨款形成的库存物品的实际成本。本项目应当根据“库存物品”科目下“国有资产”明细科目的年末余额填列。

4.“流动资产合计”项目，反映工会期末流动资产中国有资产的合计数。本项目应当根据本表中“货币资金”“财政应返还额度”“库存物品”项目金额的合计数填列。

5.“在建工程”项目，反映县级以上工会年末所有的建设项目工程中国有资产部分的实际成本。本项目应当根据“在建工程”科目下“国有资产”明细科目的年末余额填列。

6.“固定资产原值”项目，反映县级以上工会年末固定资产中国有资产部分的原值。本项目应当根据“固定资产”科目下“国有资产”明细科目的年末余额填列。

“累计折旧”项目，反映县级以上工会年末固定资产中国有资产部分已计提的累计折旧金额。本项目应当根据“累计折旧”科目下“国有资产”明细科目的年末余额填列。

“固定资产净值”项目，反映县级以上工会年末固定资产中国有资产部分的账面价值。本项目应当根据“固定资产原值”项目减去“累计折旧”项目后的金额填列。

7.“无形资产原值”项目，反映县级以上工会年末无形资产中国有资产部分的原值。本项目应当根据“无形资产原值”科目下“国有资产”明细科目的年末余额填列。

“累计摊销”项目，反映县级以上工会年末无形资产中国有资产部分已计提的累计摊销金额。本项目应当根据“累计摊销”科目下“国有资产”明细科目的年末余额填列。

“无形资产净值”项目，反映县级以上工会年末无形资产中国有资产部分的账面价值。本项目应当根据“无形资产”项目减去“累计摊销”项目后的金额填列。

8.“长期待摊费用”项目，反映县级以上工会年末已经支出的，应由本期和以后各期负担的分摊期限在1年以上（不含1年）的财政拨款支出。本项目应当根据“长期待摊费用”科目下“国有资产”明细科目的年末余额填列。

9.“非流动资产合计”项目，反映县级以上工会年末非流动资产中国有资产的合计数。本项目应当根据本表中“在建工程”“固定资产净值”“无形资产净值”“长期待摊费用”项目金额的合计数填列。

10.“资产总计”项目，反映县级以上工会年末国有资产的合计数。本项目应当根据“流动资产合计”项目与“非流动资产合计”项目金额的合计数填列。

第六节 成本费用表

一、成本费用表概述

（一）成本费用表的概念

成本费用表，是反映县级以上工会某一会计期间成本费用情况的报表。

县级以上工会至少应当编制月度、年度成本费用表，可以根据需要编制季度、半年度成本费用表。

（二）成本费用表的用途

成本费用表可以向报表使用者提供以下几方面的信息：（1）工会某一会计期间内的成本费用的总体情况及构成情况，如月度、季度、半年、年度等；（2）工会某一会计期间内的各分项成本费用的情况；（3）通过对成本费用表的分析，以及将前后期的成本费用表进行对照分析，可以看出成本费用变化情况及发展趋势。

二、成本费用表的格式

成本费用表从格式上按照职工活动组织费用、职工服务费用、维权费用、业务费用、行政费用、补助下级费用、对附属单位的费用、折旧及摊销费用、其他费用和调整事项等分项列示。

成本费用表的格式如表8-6所示。

表8-6　　成本费用表

工会附03表

编制单位：　　　　____年__月　　　　单位：元

项 目	本月数	本年累计数
职工活动组织费用		
职工服务费用		
维权费用		
业务费用		
行政费用		
补助下级费用		
对附属单位的费用		
折旧及摊销费用		
其他费用		
调整事项		
费用总计		

三、成本费用表的编制方法

1.编制年度成本费用表时，将“本月数”栏改为“本年数”栏，将“本年累计数”栏改为“上年数”栏。

2.本表“本月数”栏内各项目，根据本月各项目的实际发生额填列。年度成本费用表“本年数”栏内各项目，根据本年度各项目的实际发生额填列。

3.本表“本年累计数”栏内各项目，根据自年初至本期期末各项目的累计实际发生额填列，也可以根据上月成本费用表“本年累计数”加上本月成本费用表“本月数”后的金额填列。

年度成本费用表“上年数”栏内各项目，根据上年度成本费用表“本年数”栏内各对应项目数字填列。

4.本表“本月数”栏各项目的内容和填列方法如下：

（1）“职工活动组织费用”项目，反映县级以上工会组织开展职工教育活动、文体活动、宣传活动、劳模疗休养活动等所发生的费用。本项目根据“职工活动组织支出”科目的本期发生额填列。

（2）“职工服务费用”项目，反映县级以上工会开展职工劳动和技能竞赛活动、职工创新活动、建家活动、职工书屋、职工互助保障、心理咨询等工作发生的费用。本项目根据“职工服务支出”科目的本期发生额填列。

（3）“维权费用”项目，反映县级以上工会用于维护职工权益的费用。本项目根据“维权支出”科目的本期发生额填列。

（4）“业务费用”项目，反映县级以上工会培训工会干部、加强自身建设及开展业务工作发生的费用。本项目根据“业务支出”科目的本期发生额填列。

（5）“行政费用”项目，反映县级以上工会为行政管理、后勤保障等发生的各项费用。本项目根据“行政支出”科目的本期发生额填列。

（6）“补助下级费用”项目，反映县级以上工会补助下级发生的费用。本项目根据“补助下级支出”科目的本期发生额填列。

（7）“对附属单位的费用”项目，反映县级以上工会按规定对附属企事业单位补助发生的费用。本项目根据“对附属单位的支出”科目的本期发生额填列。

（8）“折旧及摊销费用”项目，反映县级以上工会应承担的折旧、摊销及待摊费用。本项目根据“累计折旧”“累计摊销”“长期待摊费用”科目本期贷方发生额的合计数填列。

（9）“其他费用”项目，反映县级以上工会发生的除以上费用项目外的其他费用。本项目根据“其他支出”科目的本期发生额填列。

（10）“调整事项”项目，反映由于会计核算基础差异导致的费用调整金额。本项目根据本期调整事项的实际发生额填列，若为调减事项，以“–”号填列。

（11）“费用总计”项目，反映县级以上工会发生的成本费用合计数。本项目根据本表中“职工活动组织费用”“职工服务费用”“维权费用”“业务费用”“行政费用”“补助下级费用”“对附属单位的费用”“折旧及摊销费用”“其他费用”和“调整事项”项目金额的合计数填列。

5.调整事项：

（1）调整库存物品对当期费用的影响。

当期购入库存物品的支出，不作为当期费用；当期领用、发出库存物品对应的支出，作为当期费用。县级以上工会应当将“库存物品”科目期初余额减去期末余额后的差额，作为当期费用的调增金额。

（2）调整在建工程对当期费用的影响。

建设项目竣工验收并交付使用时，县级以上工会应当将在建工程中“待核销基建支出”明细科目的本期发生额计入当期费用，作为当期费用的调增金额。

（3）调整其他事项对当期费用的影响。

存在其他事项因核算基础不同导致当期费用与支出存在差异的，比照上述原则进行处理。

第七节 附 注

一、附注的概念

附注是对在资产负债表、收入支出表等报表中列示项目所作的进一步说明，以及未能在这些报表中列示项目的说明。

二、附注的主要内容

1.工会的年度会计报表附注至少应当披露下列内容:（1）遵循《工会会计制度》的声明;（2）整体财务状况、预算执行情况的说明;（3）重要会计政策、会计估计及其变更情况的说明;（4）会计报表重要项目的进一步说明，包括其主要构成、增减变动情况等;（5）重要资产处置、资产重大损失情况的说明;（6）以名义金额计量的资产名称、数量等情况，以及以名义金额计量理由的说明;（7）以前年度结转结余调整情况的说明;（8）有助于理解和分析会计报表需要说明的其他事项。

2.法律、行政法规和国家统一的会计制度另有规定的，从其规定。

03

第三篇

新旧衔接篇

第九章 新旧会计制度衔接

第一节　新旧会计制度衔接概述

一、新旧制度衔接的总要求

财政部对《工会会计制度》(财会〔2009〕7号)进行了修订，于2021年4月14日发布了新《工会会计制度》(财会〔2021〕7号)(以下称新制度)，自2022年1月1日起施行。也就是说，各级工会在2021年12月31日及之前，仍应当按照原制度进行会计处理和编报财务报表。自2022年1月1日起，工会应当严格按照新制度进行会计处理和编报财务报表。

二、新旧制度衔接的工作内容和步骤

为了保障新旧制度的平稳过渡，财政部配套印发了《工会新旧会计制度有关衔接问题的处理规定》(以下简称《衔接规定》)，各级工会组织应当按照《衔接规定》的有关要求做好新旧会计制度的衔接工作。

（一）衔接的前期准备工作

1.组织开展工会资产负债的全面清查

各级工会应当成立专门的资产清查组，由财务部门牵头，相关的资产管理部门、使用部门配合，制定资产和负债清查盘点方案，在2021年年终决算前对本工会的资产和负债进行全面清查、盘点和核实。在清查方案中，应明确各部门的职责和具体的时间安排，以保证清查盘点工作的有序完成。在清查过程中，应填制相应的清查盘点表，以固定资产为例，相应的表格样式可参考表9-1。

对清查出的流动资产盘盈、盘亏、毁损，固定资产盘盈、盘亏，以及应确认而未确认的资产、负债，应当按照规定程序报经批准认定后及时进行账务处理，同时将有关情况在财务报表附注中予以说明。同时，各级工会应当对应收及应付往来款项进行全面清查，全面开展往来款项专项清理和分析，按照往来款管理有关规定进行对账、清理及核销。

表9-1 ××工会固定资产盘点表

编制单位： 账面截止日： 盘点日期：

序号	资产类别和名称	资产编号	规格型号	价值（元）	购置日期	使用（保管）人	存放地点	资产现状				清查结果			备注
								在用	闲置	待报废	其他	账实相符	有账无物	有物无账	
	一、××类别														
	……														
	××类别小计														
	二、××类别														
	……														
	××类别小计														
	三、××类别														
	……														
	××类别小计														
	合计														

参与盘点人员签字： 盘点日期：

2. 完成固定资产和无形资产核查工作

各级工会可以通过设置固定资产和无形资产核查表的形式完成固定资产和无形资产核查工作，具体内容和要求如下：（1）对按新制度标准确认为固定资产（房屋及构筑物；专用设备；通用设备；文物和陈列品；图书、档案；家具、用具、装具及动植物）和无形资产的，应对其原价、形成的资金来源（国有资产、工会资产）、已使用年限、尚可使用年限等进行核查，为计提固定资产折旧和摊销无形资产做准备。（2）对于按新制度标准确认不属于固定资产的，只需核查其资产原价，作为进行重分类时的调账依据。（3）对于核查截止日后新制度执行前发生的固定资产和无形资产变动，要及时做好核查明细表登记，补充形成核查期间为核查截止日至2021年12月31日的核查明细表。固定资产和无形资产的具体核查表样式，可参见表9-2和表9-3。

表9-2　××工会固定资产核查明细表

序号	资产类别和名称	资产编号	购置日期	资产原价			折旧年限			计提折旧			备注
				合计	国有资产	工会资产	合计	已使用年限	尚可使用年限	合计	国有资产	工会资产	
	一、××类别												
	……												
	××类别小计												
	二、××类别												
	……												
	××类别小计												
	三、××类别												
	……												
	××类别小计												
	合计												

编制单位：　　　　　　　　　　核查截止日：　　　　　单位：元

表9–3 ××工会无形资产核查明细表

编制单位： 核查截止日： 单位：元

序号	资产类别和名称	资产编号	入账日期	资产原价			摊销年限			计提摊销			备注
				合计	国有资产	工会资产	合计	已摊销年限	未摊销年限	合计	国有资产	工会资产	

3. 清理基建会计账务

新制度执行后，基本建设工程项目均通过新账的“在建工程”科目核算，工会不再执行《国有建设单位会计制度》（财会字〔1995〕45号），因此，各级工会应当在2021年年终决算前完成基建会计账务清理工作，为基本建设业务纳入工会会计“大账”统一核算做好准备。

（二）编制原制度下的科目余额表

根据原账编制2021年12月31日的科目余额表，并按照《衔接规定》的要求，对部分科目余额进行明细拆分或合并，为原账科目转入新账做准备。注意梳理和分析原制度下工会结余资金的性质和构成，按照《衔接规定》确定各项净资产科目的金额，为新旧制度衔接奠定基础。

（三）按新制度设立新账

按照新制度设立2022年1月1日的新账。各级工会应当根据自身具体情况设置总账会计科目及明细科目。

这里需要注意：新制度已规定的一级科目，不得减并、自行增设；本制度已规定的明细科目，不得减并，不得擅自更改科目名称，不需要的科目可以不用。各省级工会可以根据需要自行增设未规定的明细科目，或将相应权限授权给所属下级工会。

（四）登记新账的科目余额

按照《衔接规定》的要求，对2021年12月31日会计科目余额表进行结转及调整，形成新制度下的会计科目余额表，包括将原账科目余额转入新账会计科目、将未入账事项登记新账科目、对相关新账科目余额进行调整和基建并账调整。原账科目是指按照原制度规定设置的会计科目。

在具体科目衔接转换时，需要区分以下四种情况分别结转：（1）根据原账余额直接转入新账相应科目。（2）根据原账有关科目余额分析转入新账相关科目。（3）将原未入账事项登记新账科目。工会根据新制度规定如果存在未入账事项的，应当按照《衔接规定》补充登记新账的相应科目。（4）按照新制度要求对新账有关科目余额进行调整。

（五）编制新账期初科目余额表

按照登记及调整后新账的各会计科目余额，编制2022年1月1日的科目余额表，作为新账各会计科目的期初余额。

（六）编制新账期初资产负债表

根据新账各会计科目期初余额，按照新制度编制2022年1月1日资产负债表。

将上述（一）至（六）的所有原始资料整理汇总，形成工会新旧会计制度衔接报告，按照有关要求报批或报备，经审批或备案后的报告应作为会计档案保存。

三、及时调整会计信息系统

工会应当按照新制度要求对原有会计信息系统进行及时更新和调试，实现数据正确转换，确保新旧账套的有序衔接。

1.做好原账数据备份。将旧制度下工会会计核算系统中2021年12月31日结账日以后的数据完整备份，按照会计档案管理相关规定及要求，做好会计电子档案的保管工作。

2.更新系统。按照新制度的规定和要求，结合各自实际，注意区分基层工会与县级以上工会，更新工会会计核算系统中的会计科目编码、会计科目及报表格式等基础工作。

3.设置新账。按照新制度规定设置2022年工会新账账套。

4.衔接新旧账套。将2021年12月31日以前，按照旧制度核算的各会计科目余额及新旧会计科目对应关系，进行衔接和对应，正确实现数据转换。

四、基本建设账数据的并入

新制度执行后，基本建设工程项目均通过新账的“在建工程”科目核算，工会不再执行《国有建设单位会计制度》（财会字〔1995〕45号）。新旧制度转换时，工会应当将基建账相关数据并入新账。

五、工会存量资产的分析

工会应当对存量资产进行分析，按照相关规定依法确认为国有资产的，转账时将原账对应的科目余额转入新账相关资产科目的“国有资产”明细科目；依法确认为工会资产的，转入新账相关资产科目的“工会资产”明细科目。

第二节　会计科目的新旧衔接

会计科目的新旧衔接，主要包括四个方面的内容：一是将2021年12月

31日原账会计科目余额转入新账会计科目，指的是对原账中资产、负债、净资产科目余额的结转。由于原账中收入类、支出类科目年末无余额，无须进行转账处理。二是将原未入账事项登记新账会计科目。三是对新账的相关会计科目余额按照新制度规定进行调整。四是将基建账套相关数据并入新账。

一、将原账会计科目余额转入新账

（一）资产类

1.“库存现金”“银行存款”科目

新制度设置了“库存现金”“银行存款”科目。转账时，工会应当将原账的“库存现金”“银行存款”科目余额转入新账的“库存现金”“银行存款”科目。其中，存在代管经费的，还应当将原账“库存现金”“银行存款”科目余额中属于代管经费的金额，转入新账“库存现金”“银行存款”科目下的“代管经费”明细科目。

2.“财政应返还额度”“投资”科目

新制度设置了“财政应返还额度”“投资”科目，其核算内容与原账的上述相应科目的核算内容基本相同。转账时，工会应当将原账的上述科目余额直接转入新账的相应科目。

3.“库存物品”科目

新制度设置了“库存物品”科目，并规定库存物品取得时应当同时确认资产基金。转账时，工会应当将原账的“库存物品”科目余额直接转入新账的“库存物品”科目，同时，按照原账“库存物品”科目余额，将“结余”科目对应余额转入新账的“资产基金——库存物品”科目。

4.“应收上级经费”科目

新制度设置了“应收上级经费”科目，该科目的核算内容包括工会应收未收的上级工会拨付或转拨的工会经费和专项补助。转账时，工会应当按照相关规定将原账的“应收上级经费”科目余额中的工会建会筹备金转入新账的“其他应收款”科目，将原账的“应收上级经费”科目余额减去建会筹备金后的差额转入新账的“应收上级经费”科目。

5.“应收下级经费”科目

新制度设置了“应收下级经费”科目，该科目的核算内容包括工会应收未收的下级工会上缴的工会经费。转账时，工会应当按照相关规定将原账的“应收下级经费”科目余额中的工会建会筹备金转入新账的“其他应收款”科目，将原账的“应收下级经费”科目余额减去建会筹备金后的差额转入新账的“应收下级经费”科目。

6.“借出款”科目

新制度未设置“借出款”科目，但设置了“其他应收款”科目。转账时，工会应当将原账的“借出款”科目余额，转入新账的“其他应收款”科目。

7.“其他应收款”科目

新制度设置了“其他应收款”科目，该科目的核算内容包括原账“其他应收款”科目的核算内容。转账时，工会应当将原账的“其他应收款”科目余额，转入新账的“其他应收款”科目。

8.“在建工程”科目

新制度设置了“在建工程”科目。转账时，对于在原账“在建工程”科目核算的建设项目，工会应当将原账的“在建工程”科目余额转入新账的“在建工程”各明细科目。对于未在原账“在建工程”科目核算的建设项目，按照新制度规定，不再通过基建账单独核算，工会应当将基建账相关数据并入新账，具体处理参见本规定第五部分。

9.“固定资产”科目

新制度设置了“固定资产”科目。由于新制度中固定资产价值标准与原制度相比有所提高，原账中作为固定资产核算的实物资产，将有一部分要按照新制度转为库存物品。同时，新制度设置了“无形资产”科目，原在“固定资产”科目核算的无形资产，需转入新账的“无形资产”科目。

转账时，工会应当根据重新确定的固定资产目录，对原账中“固定资产”科目的余额进行分析：

（1）对于达不到新制度中固定资产确认标准的实物资产，应当将相应余额转入新账的“库存物品”科目，将相应的“固定基金”科目余额转入新账的“资产基金——库存物品”科目。

（2）对于原在“固定资产”科目核算的无形资产，应当将相应余额转入新账的“无形资产”科目，将相应的“固定基金”科目余额转入新账的“资产基金——无形资产”科目。

（3）对于符合新制度中固定资产确认标准的，应当将相应余额转入新账的“固定资产”科目，将相应的“固定基金”科目余额转入新账的“资产基金——固定资产”科目。

10.“零余额账户用款额度”科目

新制度设置了“零余额账户用款额度”科目。由于原账的“零余额账户用款额度”科目年末无余额，该科目无需进行转账处理。

（二）负债类

1.“应付工资（离退休费）”“应付地方（部门）津贴补贴”“应付其他个人收入”科目

新制度设置了“应付职工薪酬”科目，该科目的核算内容包含了原账“应付工资（离退休费）”“应付地方（部门）津贴补贴”“应付其他个人收入”科目的核算内容。转账时，工会应当将原账的“应付工资（离退休费）”“应付地方（部门）津贴补贴”“应付其他个人收入”科目余额转入新账的“应付职工薪酬”科目。

2.“应付上级经费”科目

新制度设置了“应付上级经费”科目，该科目的核算内容包括工会应上缴上级工会的工会拨缴经费。转账时，工会应当按照相关规定将原账的“应付上级经费”科目余额中的工会建会筹备金转入新账的“其他应付款”科目，将原账的“应付上级经费”科目余额减去建会筹备金后的差额转入新账的“应付上级经费”科目。

3.“应付下级经费”科目

新制度设置了“应付下级经费”科目，该科目的核算内容包括工会应付下级工会的各项补助及应转拨下级工会的工会拨缴经费。转账时，工会应当按照相关规定将原账的“应付下级经费”科目余额中的工会建会筹备金转入新账的“其他应付款”科目，将原账的“应付下级经费”科目余额减去建会筹备金后的差额转入新账的“应付下级经费”科目。

4.“借入款”科目

新制度未设置“借入款”科目，但设置了“其他应付款”科目。转账时，工会应当将原账的“借入款”科目余额，转入新账的“其他应付款”科目。

5.“其他应付款”科目

新制度设置了“其他应付款”科目，该科目的核算内容包括原账“其他应付款”科目的核算内容。转账时，工会应当将原账的“其他应付款”科目余额，转入新账的“其他应付款”科目。

6.“代管经费”科目

新制度设置了“代管经费”科目。转账时，工会应当将原账的“代管经费”科目余额，转入新账的“代管经费”科目。

（三）净资产类

1.“固定基金”“在建工程占用资金”“投资基金”科目

新制度设置了“资产基金”科目，该科目的核算内容包含了原账“固定基金”“在建工程占用资金”“投资基金”科目的核算内容。转账时，工会应当将“固定基金”“在建工程占用资金”“投资基金”科目余额对应转入新账的“资产基金”相关明细科目：

（1）工会应当对原账“固定基金”科目余额进行分析，将原账在“固定资产”科目核算的不再符合新制度固定资产确认标准的库存物品对应余额转入新账的“资产基金——库存物品”科目；将原账在“固定资产”科目核算的无形资产对应余额转入新账的“资产基金——无形资产”科目；将原账“固定基金”科目余额减去转入新账“资产基金——库存物品”和“资产基金——无形资产”科目金额后的余额转入新账的“资产基金——固定资产”科目。

（2）工会应当将原账的“投资基金”科目余额转入新账的“资产基金——投资”科目。

（3）工会应当将原账的“在建工程占用资金”科目余额转入新账的“资产基金——在建工程”科目。

2.“专用基金”科目

新制度设置了“专用基金”科目，该科目的核算内容不再包括增收留成基金和财务专用基金，新制度下不再设置“增收留成基金”“财务专用基金”明细科目。转账时，工会应当将原账的“专用基金——权益保障金”科目余额转入新账的“专用基金”科目，将原账的“专用基金——增收留成基金、财务专用基金”科目余额转入新账的“工会资金结余”科目。

3.“后备金”科目

新制度未设置“后备金”科目。转账时，工会应当将原账的“后备金”科目余额转入新账的“工会资金结余”科目。

4.“结余”科目

新制度未设置“结余”科目，但设置了“工会资金结转”“工会资金结余”“财政拨款结转”“财政拨款结余”科目。转账时，工会应当结合预算编制与执行情况进行分析，将原账的“结余”科目余额（扣除转入新账中“资产基金——库存物品”科目金额）转入新账相关会计科目：

（1）基层工会应当根据分析结果，将符合结转性质的资金余额转入新账的“工会资金结转”科目；将剩余的资金余额转入“工会资金结余”科目。

（2）县级以上工会应当根据分析结果，将符合财政拨款结转性质的资金余额转入“财政拨款结转”科目；将符合财政拨款结余性质的资金余额转入“财政拨款结余”科目；将符合工会资金结转性质的资金余额转入“工会资金结转”科目；将剩余的资金余额转入“工会资金结余”科目。

（四）收入类、支出类

由于原账中收入类、支出类科目年末无余额，无需进行转账处理。自2022年1月1日起，应当按照新制度设置收入类、支出类科目并进行账务处理。

（五）其他要求

工会存在其他本规定未列举的原账科目余额的，应当比照本规定转入新账的相应科目。新账的科目设有明细科目的，应将原账中对应科目的余额加以分析，分别转入新账中相应科目的相关明细科目。

工会在进行新旧衔接的转账时，应当编制转账工作底稿，并将转入新账的对应原科目余额及分拆原科目余额的依据作为原始凭证。

二、将原未入账事项登记新账

（一）资产类

1. 无形资产

工会在新旧制度转换时，应当将2021年12月31日前未入账的无形资产按照新制度规定记入新账。登记新账时，按照确定的无形资产成本，借记“无形资产”科目，贷记“资产基金——无形资产”科目。

2. 其他资产

工会在新旧制度转换时，应当将2021年12月31日前未入账的其他资产按照新制度规定记入新账。登记新账时，按照确定的资产及其成本，分别借记相关资产科目，贷记相关净资产科目。

（二）负债类

工会在新旧制度转换时，应当将2021年12月31日前未入账的负债按照新制度规定记入新账。登记新账时，按照确定的负债金额，借记“工会资金结余”科目，贷记相关负债科目。

（三）其他事项

工会存在2021年12月31日前未入账的其他事项的，应当比照本规定登记新账的相应科目。

工会对新账的会计科目补记未入账事项时，应当编制记账凭证，并将补充登记事项的确认依据作为原始凭证。

三、对新账的相关会计科目余额进行调整

（一）转销已领用出库的库存物品对应余额

工会应当对在原账“固定资产”科目核算的不符合新制度固定资产确认标准的库存物品进行分析，对于已领用出库的库存物品，应当将其成本一次性转销，按照确定的成本，借记“资产基金——库存物品”科目，贷记“库存物品”科目，同时做好相关实物资产的登记管理工作。

（二）补提折旧

新制度设置了“累计折旧”科目，核算工会对固定资产计提的累计折旧。工会应当全面核查截至2021年12月31日符合新制度固定资产确认标准的固定资产的预计使用年限、已使用年限、尚可使用年限等，并于2022年1

月1日对前期未计提折旧的固定资产补提折旧，按照应计提的折旧金额，借记“资产基金——固定资产”科目，贷记“累计折旧”科目。

（三）补提摊销

新制度设置了“累计摊销”科目，核算工会对无形资产计提的累计摊销。工会应当全面核查截至2021年12月31日无形资产的预计使用年限、已使用年限、尚可使用年限等，并于2022年1月1日对前期未计提摊销的无形资产补提摊销，按照应计提的摊销金额，借记“资产基金——无形资产”科目，贷记“累计摊销”科目。

（四）转销不符合新制度规定的代管经费对应余额

新制度“代管经费”科目的核算内容与原制度相比有所调整，对于不符合新制度规定的代管经费，工会应当对相应余额予以转销，按照确定的金额，借记“代管经费”科目，贷记“库存现金”“银行存款”科目。

工会对新账的期初余额进行调整时，应当编制记账凭证，并将调整事项的确认依据作为原始凭证。

四、将基建账套相关数据并入新账

新制度执行后，工会的基本建设工程项目均通过新账的“在建工程”科目核算，不再执行《国有建设单位会计制度》（财会字〔1995〕45号）。新旧制度转换时，工会应当将基建账相关数据并入新账。工会将2021年12月31日原基建账中相关科目余额并入新账时：

按照基建账中“建筑安装工程投资”“设备投资”“待摊投资”“预付工程款”等科目余额，借记新账中“在建工程”科目相关明细科目；按照基建账中“交付使用资产”等科目余额，借记新账中“固定资产”等科目；按照基建账中“现金”“银行存款”“零余额账户用款额度”“财政应返还额度”“其他应收款”等科目余额，分别借记新账中“库存现金”“银行存款”“零余额账户用款额度”“财政应返还额度”“其他应收款”等科目；按照基建账中“基建投资借款”“应付工程款”“其他应付款”等科目余额，贷记新账中“其他应付款”科目；对基建账中“基建拨款”科目余额进行分析：按照归属于财政拨款结转结余的部分，贷记新账中“财政拨款结转”“财政拨款结余”科目，按照归属于工会资金结转的部分，贷记新账中“工会资金结转”科目；按照基建账中“建筑安装工程投资”“设备投资”“待摊投资”“预付工程款”“交付使用资产”等科目余额，贷记新账中“资产基金”科目相关明细科目；按照基建账中其他科目余额，分析调整新账中相应科目；按照上述借贷方差额，贷记或借记新账中“工会资金结余”科目。

基建并账后，工会可以通过在新账有关会计科目下设置与基本建设项目相关的明细科目或增加标记，或设置基建项目辅助账等方式，满足基本建设项目竣工决算报表编制的需要。

工会将基建账并入新账时，应当编制记账凭证，将基建账各科目余额转入新账相关科目的依据作为原始凭证。

五、新旧会计科目对照

为了便于各级工会顺利进行会计科目的结转，表9–4提供了新旧制度会计科目对照情况。

表9–4　　新旧制度会计科目对照表

序号	新制度会计科目		原制度会计科目	
	编号	名称	编号	名称
一、资产类科目				
1	101	库存现金	101	库存现金
2	102	银行存款	102	银行存款
3	111	零余额账户用款额度	111	零余额账户用款额度
4	121	财政应返还额度	112	财政应返还额度
5	131	应收上级经费	131	应收上级经费

续表

序号	新制度会计科目		原制度会计科目	
	编号	名称	编号	名称
6	132	应收下级经费	132	应收下级经费
7	135	其他应收款	121	借出款
8			135	其他应收款
9	141	库存物品	141	库存物品
10	151	投 资	151	投 资
11	161	在建工程	161	在建工程
12	162	固定资产	162	固定资产
13	163	累计折旧		
14	171	无形资产		
15	172	累计摊销		
16	181	长期待摊费用		
17	182	待处理财产损溢		
二、负债类科目				
18	201	应付职工薪酬	201	应付工资（离退休费）
19			202	应付地方（部门）津贴补贴
20			203	应付其他个人收入
21	211	应付上级经费	221	应付上级经费
22	212	应付下级经费	222	应付下级经费
23	215	其他应付款	211	借入款
24			225	其他应付款
25	221	代管经费	231	代管经费
三、净资产类科目				
26	301	资产基金	301	固定基金
27			302	在建工程占用资金
28			311	投资基金

续表

序号	新制度会计科目		原制度会计科目	
	编号	名称	编号	名称
29	311	专用基金	321	专用基金
30	322	工会资金结余	322	后备金
31	321	工会资金结转	331	结余
32	331	财政拨款结转		
33	332	财政拨款结余		
34	341	预算稳定调节基金		
四、收入类科目				
35	401	会费收入	401	会费收入
36	402	拨缴经费收入	402	拨缴经费收入
37	403	上级补助收入	403	上级补助收入
38	404	政府补助收入	404	政府补助收入
39	405	行政补助收入	405	行政补助收入
40	406	附属单位上缴收入	406	事业收入
41	407	投资收益	407	投资收益
42	408	其他收入	408	其他收入
43	411	动用预算稳定调节基金		
五、支出类科目				
44	501	职工活动支出	501	职工活动支出
45	502	职工活动组织支出		
46	503	职工服务支出	503	业务支出
47	505	业务支出		
48	504	维权支出	502	维权支出
49	506	行政支出	504	行政支出
50	507	资本性支出	505	资本性支出
51	508	补助下级支出	506	补助下级支出
52	509	对附属单位的支出	507	事业支出
53	510	其他支出	508	其他支出
54	521	安排预算稳定调节基金		

第三节　财务报表的新旧衔接

财务报表的新旧衔接，主要包括三个方面的内容：一是编制2022年1月1日新账的会计科目余额表，这是编制新账财务报表的基础；二是编制2022年1月1日资产负债表和国有资产情况表；三是按照新制度编制2022年财务报表。

一、编制2022年1月1日新账的会计科目余额表

在将原账会计科目余额转入新账会计科目、原未入账事项登记新账会计科目、对新账的相关会计科目余额按照新制度规定进行调整，以及将基建账套相关数据并入新账后，按照登记及调整后新账的各会计科目余额，可以编制2022年1月1日的会计科目余额表，这是编制新账财务报表的基础。为便于区分基层工会和县级以上工会，本书对这两种不同类型的工会组织会计科目余额表进行了分别列示，见表9-5和表9-6。

表9-5　　2022年1月1日新账会计科目余额表（基层工会）

序号	科目编号	科目名称	期初余额	序号	科目编号	科目名称	期初余额
一、资产类				二、负债类			
1	101	库存现金		9	211	应付上级经费	
2	102	银行存款		10	215	其他应付款	
3	131	应收上级经费		负债合计			
	13101	应收上级补助		三、净资产类			
	13102	应收上级转拨经费		11	301	资产基金	
4	135	其他应收款			30101	库存物品	
5	141	库存物品			30104	固定资产	
6	162	固定资产		12	321	工会资金结转	
7	163	累计折旧		13	322	工会资金结余	
8	182	待处理财产损溢		净资产合计			
资产合计				负债及净资产合计			

表9-6　　2022年1月1日新账会计科目余额表（县级以上工会）

序号	科目编号	科目名称	期初余额	序号	科目编号	科目名称	期初余额
		一、资产类				二、负债类	
1	101	库存现金		17	201	应付职工薪酬	
2	102	银行存款		18	211	应付上级经费	
3	111	零余额账户用款额度		19	212	应付下级经费	
4	121	财政应返还额度			21201	应付下级补助	
	12101	财政直接支付			21202	应付下级转拨经费	
	12102	财政授权支付		20	215	其他应付款	
5	131	应收上级经费		21	221	代管经费	
	13101	应收上级补助				负债合计	
	13102	应收上级转拨经费				三、净资产	
6	132	应收下级经费		22	301	资产基金	
7	135	其他应收款			30101	库存物品	
8	141	库存物品			30102	投资	
9	151	投资			30103	在建工程	
10	161	在建工程			30104	固定资产	
11	162	固定资产			30105	无形资产	
12	163	累计折旧			30106	长期待摊费用	
13	171	无形资产		23	311	专用基金	
14	172	累计摊销		24	321	工会资金结转	
15	181	长期待摊费用		25	322	工会资金结余	
16	182	待处理财产损溢		26	331	财政拨款结转	
				27	332	财政拨款结余	
				28	341	预算稳定调节基金	
						净资产合计	
		资产合计				负债及净资产合计	

二、编制2022年1月1日资产负债表和国有资产情况表

工会应当根据2022年1月1日新账的会计科目余额，按照新制度编制2022年1月1日资产负债表和国有资产情况表（仅要求填列各项目“年初余额”）。

三、编制2022年度财务报表

工会应当按照新制度编制2022年财务报表。在编制2022年度收入支出表、成本费用表时，不要求填列上年比较数。

工会应当根据2022年1月1日新账会计科目余额，填列2022年收入支出表的“年初资金结转结余”项目和财政拨款收入支出表的“年初财政拨款结转结余”项目。

四、新旧财务报表体系对照

新制度财务报表工会财务报表分为主表和附表。主表包括资产负债表和工会经费收入支出表。附表包括财政拨款收入支出表、国有资产情况表和成本费用表。旧制度财务报表也分为主表和附表，主表包括资产负债表、收入支出表。附表包括往来款项明细表、经费收缴情况表。

新旧制度财务报表体系对照情况见表9–7。

表9–7 工会新旧制度财务报表体系对照

序号	新制度报表			原制度报表			对照说明
	编号	名称	编制期	编号	名称	编制期	
1	工会01表	资产负债表	月度、年度	工会01表	资产负债表	月报、年报	基本相同，对应新制度科目要求有调整
2	工会02表	收入支出表	月度、年度	工会02表	收入支出表	月报、年报	基本相同，对应新制度科目要求有调整
3	工会附01表	财政拨款收入支出表	年度				新增
4	工会附02表	国有资产情况表	年度				新增
5	工会附03表	成本费用表	月度、年度				新增

续表

序号	新制度报表			原制度报表			对照说明
	编号	名称	编制期	编号	名称	编制期	
				工会01表附表1	往来款项明细表	年报	删除
				工会02表附表1	经费收缴情况表	季报、年报	删除

第四节　新旧会计制度衔接举例

由于本次工会会计制度修订变动幅度较大，为帮助各级工会顺利完成新旧制度衔接工作，本书做如下实务举例。

【例9-1】××市级总工会将于2022年1月1日起开始执行新《工会会计制度》，该工会于2021年8月开始制定工会会计制度新旧衔接工作方案。工作方案主要内容包括：资产全面清查及问题整改，编制2021年12月31日资产负债表，分析资产负债情况，编制新旧衔接报表。

根据工作方案要求，该工会开始组织实施新旧制度衔接工作，相关资料如下：

1. 2021年8月，工会开始组织资产、负债的全面清查和盘点、核实工作（盘点表略）。在本次清查中，发现如下经济业务事项：

（1）固定资产盘点时，盘盈全新台式电脑2台，系接受外部捐赠时未入账所致，经查，捐赠人未提供有关合同及有关凭据，每台电脑市场购买价值为8 000元。

（2）发现2020年1月接受无偿调入××管理软件一套未入账，经查，该套无形资产价值10万元（按5年期限摊销），未进行相应账务处理。

（3）经核查，一套经费收缴信息化管理系统价值20万元，在固定资产科目核算。

（4）开展全市工会活动零星剩余的各种奖品、纪念品若干，具体包括运动水杯50个，文化衫100件，电子计步器50个，其他库存物品为办公纸张、硒鼓等，在库存物品中核算，价值3 000元。

（5）该市总工会的办公楼分为主楼和配楼两个部分组成，其中：主楼为当年建立工会时当地政府提供使用，产权不在工会，原价值300万元，2016年市总工会对该楼进行了装修改造，装修审定价格500万元，计划使用20年；配楼为经一定程序申报立项后，由市总工会使用工会经费建造完成，于2018年投入使用，建筑面积600平米，审定价格1 500万元。300万元由产权所在单位核算，工会未核算，2 000万元装修开支均在固定资产中核算。

（6）2010年，为改善当地职工文化生活，当地政府划拨给工会组织文化宫一座，建筑面积1 000平米，划拨价格600万元。按照规定需要工会管理，但是产权登记为国有资产，目前600万元在固定资产中核算。

（7）盘亏笔记本电脑1台，账面单价1万元，购置日期为2006年，规格型号为IBM，已经按照相关程序核销。

（8）投资额2 000万元，1 800万元为投入给会办企事业单位注册资金，200万元为购买的国债。

（9）代管经费科目除了代管的职工兴趣小组的活动经费外，还代管了党费和团费。代管经费科目余额30 000元，党费金额20 000元，均存入基本账户管理。本地区行政单位允许单独开立党费账户。

补充信息：

（1）盘盈的资产按照估计价格入账，在2021年度处理完毕。

（2）盘亏的资产按照规定程序核销，在2021年处理完毕。

（3）根据新会计制度规定的固定资产折旧年限表，对所有资产追溯调整，采用直线法计提折旧，累计折旧金额30 000 000元。

（4）原账有10项固定资产不满足新制度的固定资产入账标准，账面原值合计7 000元。

（5）无形资产总摊销金额60 000元，包含新登记入账的无形资产。

（6）“结余”科目经过梳理和分析发现，来源为财政拨款的项目支出年终尚未执行完毕，需要结转下年按原用途继续使用专项资金50 000元；来源为工会资金的项目支出年终因故未执行，需要结转下年按原用途继续使用的专项工会资金10 000 000元。

2. 该工会2021年12月31日的科目余额表如表9–8所示：

表9–8　科目余额表

2021年12月31日　金额单位：元

科目代码	科目名称	期末余额（借方）	期末余额（贷方）
101	库存现金	800	
102	银行存款	383 240 000	
111	零余额账户用款额度	0	
112	财政应返还额度	50 000	
131	应收上级经费	0	
132	应收下级经费	21 190 000	
121	借出款	0	
135	其他应收款	2 800 000	
141	库存物品	3 000	
151	投资	20 000 000	
161	在建工程	86 540 000	
16101	项目一	20 000 000	
16102	项目二	65 000 000	
16103	项目三	1 540 000	
162	固定资产	69 750 000	
16201	房屋及构筑物	66 000 000	
16202	交通运输设备	1 400 000	
16203	计算机及相关设备	600 000	
16204	办公家俱及用俱	550 000	
16205	通用设备	700 000	
16206	专用设备	500 000	

续表

科目代码	科目名称	期末余额（借方）	期末余额（贷方）
资产类合计		583 573 800	
201	应付工资（离退休费）		0
202	应付地方（部门）津贴补贴		0
203	应付其他个人收入		0
221	应付上级经费		50 000 000
222	应付下级经费		17 800 000
22201	应付下级补助		3 800 000
22202	应付下级转拨经费		10 000 000
22203	应付下级建会筹备金		4 000 000
225	其他应付款		25 000 000
211	借入款		0
231	代管经费		30 000
负债类合计			92 830 000
301	固定基金		69 750 000
302	在建工程占用资金		86 540 000
311	投资基金		20 000 000
321	专用基金－权益保障金		600 000
322	后备金		5 000 000
331	结余		308 853 800
净资产类合计			490 743 800
合计		583 573 800	583 573 800

根据该工会上述资料，按照工作底稿法，将原账中各会计科目2021年12月31日的余额转入新账并按《衔接规定》进行调整，编制2022年1月1日期初资产负债表。具体步骤如下：

第一步，将资产清查发现盘盈盘亏的固定资产和无形资产按照旧制度在2021年登记入账。因为已经在2021年调整完毕，因此表9–8所列示的科目余额数据为包含此项调整之后的数据。本书为方便读者理解资产清查相关业务的处理过程，将相关分录一并作为案例进行讲解。2021年处理业务时执行旧制度，参考分录如下：

业务（1），盘盈台式电脑：

借：固定资产　　16 000
　　贷：固定基金　　16 000

业务（8），盘亏笔记本电脑：

借：固定基金　　10 000
　　贷：固定资产　　10 000

第二步，将2021年12月31日科目余额表中的期末余额过入工作底稿的期初数栏。

第三步，对2021年12月31日科目余额进行分析并编制调整分录。

本书为了让广大读者更好地理解科目拆分的过程，特别将各个数据进行了细分，并按照大家熟悉的会计分录形式进行讲解。如果基层工会组织业务较为简单，也可以直接采用编制新旧账过账科目衔接表的方式进行直接拆分，不编制新旧账过账结转分录。直接进行拆分的过程中最主要的要注意旧制度的“结余”科目与新制度的“工会资金结余”科目数据之间的逻辑关系，不应为直接倒挤数据，应为各个业务拆分之后的加减汇总数据。

1.分析调整“银行存款”和“代管经费”科目

（1）借：代管经费——党费　　20 000
　　　　贷：银行存款　　20 000

2.分析调整“应付下级经费”科目

（2）借：应付下级经费——建会筹备金　　4 000 000
　　　　贷：其他应付款——建会筹备金　　4 000 000

3.分析调整“固定资产”科目

对于达不到新制度中固定资产确认标准的：

（3）借：库存物品　　7 000
　　　　贷：固定资产　　7 000

借：固定基金　　7 000
　　贷：资产基金——库存物品　　7 000

根据新旧衔接规定，工会应当对在原账“固定资产”科目核算的不符合新制度固定资产确认标准的库存物品进行分析，对于已领用出库的库存物品，应当将其成本一次性转销。本例中，上述资产都属于在使用状态，因此需要进行这一调整，具体分录如下：

借：资产基金——库存物品　　7 000
　　贷：库存物品　　7 000

对于原在“固定资产”科目核算的无形资产：

（4）借：无形资产　　200 000
　　贷：固定资产　　200 000
借：固定基金　　200 000
　　贷：资产基金——无形资产　　200 000

将业务（5）中没有产权的装修开支500万元调整到“长期待摊费用”科目，自2016年起摊销，摊销年限20年。

（5）借：长期待摊费用　　5 000 000
　　贷：固定资产　　5 000 000
借：固定基金　　5 000 000
　　贷：资产基金——长期待摊费用　　5 000 000
借：资产基金——长期待摊费用　　1 500 000
　　贷：长期待摊费用　　1 500 000

4.分析调整“结余”科目

此时，“结余”科目的余额=旧制度的年末余额308 853 800（元）。

将旧制度“结余”科目中的应为结转科目的分别转入“工会资金结转”和“财政资金结转”，其余全部转入“工会资金结余”。

新制度“工会资金结余”科目余额=旧制度“结余”科目余额308 853 800–

50 000（分解到“财政拨款结转”科目）-10 000 000（分解到“工会资金结转”科目）=298 803 800（元）

（6）借：结余　　308 853 800
　　贷：财政拨款结转　　50 000
　　　　工会资金结转　　10 000 000
　　　　工会资金结余　　298 803 800

5. 调整库存物品对工会资金结余的影响

新制度中库存物品的核算发生变化，调整其对工会资金结余的影响，具体分录如下：

（7）借：工会资金结余　　3 000
　　贷：资产基金——库存物品　　3 000

6. 调整后备金对工会资金结余的影响

新制度不再设置“后备金”科目，根据《衔接规定》，原制度的“后备金”科目余额直接转入“工会结余资金”科目，具体分录如下：

（8）借：后备金　　5 000 000
　　贷：工会结余资金　　5 000 000

第四步：将原未入账事项登记新账会计科目。

业务（2），对尚未入账的无偿调入 × × 管理软件登记入账。

（9）借：无形资产　　100 000
　　贷：资产基金——无形资产　　100 000

第五步：对新账的相关会计科目余额按照新制度规定进行调整。

1. 根据表9-9计算结果，补提固定资产折旧

（10）借：资产基金——固定资产　　30 000 000
　　贷：累计折旧　　30 000 000

2. 根据表9-10计算结果，补提无形资产摊销

（11）借：资产基金——无形资产 60 000

贷：累计摊销 60 000

表9-9　××工会固定资产核查明细表

编制单位：××工会　　核查截止日：2021年12月31日　　单位：元

资产编号	资产类别和名称	购置日期	资产原价			折旧月数			计提折旧		
			合计	国有资产	工会资产	合计	已使用月数	尚可使用月数	合计	国有资产	工会资产
1	房屋及构筑物	—	61 000 000	6 000 000	56 500 000	360			27 870 000	2 000 000	25 870 000
2	通用设备	—	2 493 000		2 393 000	60–120			1 480 000		1 480 000
3	专用设备	—	500 000		500 000	120			200 000		200 000
4	文物和陈列品	—	0						—		
5	图书、档案	—	60 000		60 000	60			50 000		50 000
6	家具、用具装具动植物	—	490 000		490 000	300			400 000		400 000
总计			64 543 000	6 000 000	59 943 000	-	-	-	30 000 000	2 000 000	28 000 000

注：按照新会计制度对固定资产进行重分类。为简化处理，本表未列示至每一项资产。

表9-10　××工会无形资产核查明细表

编制单位：××工会　　核查截止日：2021年12月31日　　单位：元

序号	资产类别和名称	资产编号	入账日期	资产原价			摊销月数			计提摊销		
				合计	国有资产	工会资产	合计	已摊销年限	未摊销年限	合计	国有资产	工会资产
1	××管理软件	101	2021.1	100 000		100 000	60	12	48	20 000		20 000
2	经费代收软件	102	2019.2	200 000		200 000	60	12	48	40 000		40 000
	小计			150 000	100 000	300 000				60 000		60 000

第六步：将调整分录过入新旧衔接工作底稿的相应部分，见表9-11。

表9-11 新旧工会会计制度衔接工作底稿

编制单位：××工会　　2022年1月1日　　单位：元

旧工会会计制度			根据衔接规定调整数据		新工会会计制度（含基建账）			
科目代码	科目名称	期末余额	调增	调减	科目代码	科目名称	借/贷	期末余额
101	库存现金	800			101	库存现金	借	800
102	银行存款	383 240 000		20 000[(1)]	102	银行存款	借	383 220 000
111	零余额账户用款额度	0			111	零余额账户用款额度	借	0
112	财政应返还额度	50 000			112	财政应返还额度	借	50 000
131	应收上级经费	0			131	应收上级经费	借	0
132	应收下级经费	21 190 000			132	应收下级经费	借	21 190 000
121	借出款	0			135	其他应收款	借	2 800 000
135	其他应收款	2 800 000						
141	库存物品	3 000	7 000[(3)]	7 000[(3)]	141	库存物品	借	3 000
151	投资	20 000 000			151	投资	借	20 000 000
161	在建工程	86 540 000			161	在建工程	借	86 540 000
16101	项目一	20 000 000			16101	项目一		20 000 000
16102	项目二	65 000 000			16102	项目二		65 000 000
16103	项目三	1 540 000			16103	项目三		1 540 000
162	固定资产	69 750 000		200 000[(4)] 7 000[(3)] 5 000 000[(5)]	162	固定资产	借	64 543 000

续表

旧工会会计制度			根据衔接规定调整数据		新工会会计制度（含基建账）			
科目代码	科目名称	期末余额	调增	调减	科目代码	科目名称	借/贷	期末余额
16201	房屋及构筑物	66 000 000			16201	房屋及构筑物	借	61 000 000
16202	交通运输设备	1 400 000			16202	通用设备	借	2 493 000
16203	计算机及相关设备	600 000			16203	专用设备	借	500 000
16204	办公家俱及用俱	550 000			16204	文物和陈列品	借	0
16205	通用设备	700 000			16205	图书、档案	借	60 000
16206	专用设备	500 000			16206	家具、用具装具动植物	借	490 000
	新制度科目		30 000 000 (10)		163	累计折旧	贷	30 000 000
	新制度科目		200 000 (4) 100 000 (9)		171	无形资产	借	300 000
	新制度科目		60 000 (11)		172	累计摊销	贷	60 000
	新制度科目		5 000 000 (5)	1 500 000 (5)	181	长期待摊费用	借	3 500 000
					182	待处理财产损溢	借	0
资产类合计		583 573 800		0	资产类合计			552 086 800
201	应付工资（离退休费）	0			201	应付职工薪酬	平	0
202	应付地方（部门）津贴补贴	0						
203	应付其他个人收入	0						
221	应付上级经费	50 000 000			221	应付上级经费	贷	50 000 000

续表

旧工会会计制度			根据衔接规定调整数据		新工会会计制度（含基建账）			
科目代码	科目名称	期末余额	调增	调减	科目代码	科目名称	借/贷	期末余额
222	应付下级经费	17 800 000		4 000 000 (2)	222	应付下级经费	贷	13 800 000
22201	应付下级补助	3 800 000			22201	应付下级补助	贷	3 800 000
22202	应付下级转拨经费	10 000 000			22202	应付下级转拨经费	贷	10 000 000
22203	应付下级建会筹备金	4 000 000		4 000 000 (2)	取　消			0
225	其他应付款	25 000 000	4 000 000 (2)		225	其他应付款	贷	29 000 000
211	借入款	0			22599	其中：应付下级建会筹备金	贷	4 000 000
231	代管经费	30 000		20 000 (1)	231	代管经费	平	10 000
负债类合计		92 830 000			**负债类合计**			92 810 000
	新制度科目				301	资产基金	贷	144 826 000
	新制度科目		7 000 (3) 3 000 (7)	7 000 (3)	30101	库存物品		3 000
	新制度科目		200 000 (4) 100 000 (9)	60 000 (11)	30102	无形资产		240 000
	新制度科目		5 000 000 (5)	1 500 000 (5)		长期待摊费用		3 500 000
302	在建工程占用资金	86 540 000			30103	在建工程	贷	86 540 000

续表

旧工会会计制度			根据衔接规定调整数据		新工会会计制度（含基建账）			
科目代码	科目名称	期末余额	调增	调减	科目代码	科目名称	借/贷	期末余额
301	固定基金	69 750 000		7 000 (3) 200 000 (4) 5 000 000 (5) 30 000 000 (10)	30104	固定资产	贷	34 543 000
311	投资基金	20 000 000			30105	投　资	贷	20 000 000
321	专用基金－权益保障金	600 000			311	专用基金	贷	600 000
331	结余	308 853 800	10 000 000 (6)		321	工会资金结转	贷	10 000 000
			298 803 800 (6) 5 000 000 (8)	308 853 800 (6) 3 000 (7)	322	工会资金结余	贷	303 800 800
			50 000 (6)		331	财政拨款结转	贷	50 000
					332	财政拨款结余	贷	0
322	后备金	5 000 000		5 000 000 (8)				
	新制度科目				341	预算稳定调节基金	贷	0
净资产类合计		490 743 800			**净资产类合计**			459 276 800

第七步：根据新旧衔接工作底稿编制2022年1月1日新账科目期初余额表，见表9-12。

表9-12 2022年1月1日新账会计科目余额表

单位：元

科目代码	科目名称	期初余额（借方）	期初余额（贷方）
101	库存现金	800	
102	银行存款	383 220 000	
111	零余额账户用款额度		
112	财政应返还额度	50 000	
131	应收上级经费		
132	应收下级经费	21 190 000	
135	其他应收款	2 800 000	
141	库存物品	3 000	
151	投　资	20 000 000	
161	在建工程	86 540 000	
16101	项目一	20 000 000	
16102	项目二	65 000 000	
16103	项目三	1 540 000	
162	固定资产	64 543 000	
16201	房屋及构筑物	61 000 000	
16202	通用设备	2 493 000	
16203	专用设备	500 000	
16204	文物和陈列品	0	
16205	图书、档案	60 000	
16206	家具、用具装具动植物	490 000	
163	累计折旧	30 000 000	
171	无形资产	300 000	
172	累计摊销	60 000	
181	长期待摊费用	3 500 000	

续表

科目代码	科目名称	期初余额（借方）	期初余额（贷方）
182	待处理财产损溢		
	资产类合计	552 086 800	
201	应付职工薪酬		—
221	应付上级经费		50 000 000
222	应付下级经费		13 800 000
22201	应付下级补助		3 800 000
22202	应付下级转拨经费		10 000 000
225	其他应付款		29 000 000
22599	其中：应付下级建会筹备金		4 000 000
231	代管经费		10 000
	负债类合计		92 810 000
301	资产基金		144 826 000
30101	库存物品		3 000
30102	无形资产		240 000
30103	在建工程		86 540 000
30104	固定资产		34 543 000
30105	长期待摊费用		3 500 000
30106	投　资		20 000 000
311	专用基金		600 000
322	工会资金结转		10 000 000
321	工会资金结余		303 800 800
331	财政拨款结转		50 000
332	财政拨款结余		0
341	预算稳定调节基金		0
	净资产类合计		459 276 800
	合计	552 086 800	552 086 800

第八步：根据新账科目期初余额表，按照新制度编制2022年1月1日期初资产负债表和国有资产情况表（仅要求填列各项目"年初余额"），见表9–13和表9–14。

表9–13 资产负债表

编制单位：××工会 2022年1月1日 单位：元

资产	年初余额	期末余额	负债与净资产	年初余额	期末余额
一、资产			**二、负债**		
库存现金	800		应付职工薪酬		
银行存款	383 220 000		应付上级经费	50 000 000	
零余额账户用款额度			应付下级经费	13 800 000	
财政应返还额度	50 000		其他应付款	29 000 000	
应收上级经费			代管经费	10 000	
应收下级经费	21 190 000		**负债合计**	92 810 000	
其他应收款	2 800 000				
库存物品	3 000		**三、净资产**		
投 资	20 000 000		资产基金	144 826 000	
在建工程	86 540 000		专用基金	600 000	
固定资产原值	64 543 000		工会资金结转	10 000 000	
减：累计折旧	30 000 000		工会资金结余	303 800 800	
固定资产净值	34 543 000		财政拨款结转	50 000	
无形资产原值	300 000		财政拨款结余		
减：累计摊销	60 000		预算稳定调节基金		
无形资产净值	240 000		**净资产合计**	459 276 800	
长期待摊费用	3 500 000				
待处理财产损溢					
资产总计	552 086 800		**负债与净资产总计**	552 086 800	

表9–14　　国有资产情况表

工会附 02 表

编制单位：× × 工会　　2022年1月1日　　单位：元

项 目	年初余额	年末余额
流动资产：		
库存现金		
银行存款		
财政应返还额度	50 000	
库存物品		
非流动资产：		
在建工程		
固定资产原值	6 000 000	
减：累计折旧	2 000 000	
固定资产净值	4 000 000	
无形资产原值		
减：累计折旧		
无形资产净值		
长期待摊费用		
资产合计	4 050 000	

附录1　工会会计制度

工会会计制度

（2021年4月14日印发，2022年1月1日起施行）

目　录

第一章 总 则

第一条 为了规范工会会计行为，保证会计信息质量，根据《中华人民共和国会计法》（以下简称会计法）、《中华人民共和国工会法》（以下简称工会法）等法律法规，制定本制度。

第二条 本制度适用于各级工会，包括基层工会及县级以上（含县级，下同）工会。工会所属事业单位、工会所属企业及挂靠工会管理的社会团体，不适用本制度。

第三条 工会会计是核算、反映、监督工会预算执行和经济活动的专业会计。工会依法建立独立的会计核算管理体系，与工会预算管理体制相适应。

第四条 工会应当对其自身发生的经济业务或者事项进行会计处理和报告。

第五条 工会会计处理应当以工会的持续运行为前提。

第六条 工会会计处理应当划分会计期间，分期结算账目和编制会计报表。

会计期间至少分为年度和月度。会计年度、月度等会计期间的起讫日期采用公历日期。

第七条 工会会计处理应当以货币计量，以人民币作为记账本位币。

第八条 工会会计处理一般采用收付实现制，部分经济业务或者事项应当按照本制度的规定采用权责发生制。

第九条 工会会计要素包括：资产、负债、净资产、收入和支出。其平衡公式为：资产=负债+净资产。

第十条 工会会计处理应当采用借贷记账法记账。

第十一条 工会会计记录的文字应当使用中文。在民族自治地方，会计记录可以同时使用当地通用的一种民族文字。

第十二条 县级以上工会应当设置会计机构，配备专职会计人员。基层工会应当根据会计业务的需要设置会计机构或者在有关机构中设置会计人员并指定会计主管人员；不具备设置条件的，应当委托经批准设立从事代理记账业务的中介机构代理记账。

第十三条　各级工会的法定代表人应当对本级工会的会计工作以及会计资料的真实性、完整性负责。

第十四条　各级工会应当建立健全内部控制制度，并确保内部控制有效施行。县级以上工会应当组织指导和检查下级工会会计工作，负责制定有关实施细则；组织工会会计人员培训，不断提高政策、业务水平。

第十五条　工会应当重视并不断推进会计信息化的应用。工会开展会计信息化工作，应当符合财政部制定的相关会计信息化工作规范和标准，确保利用现代信息技术手段进行会计处理及生成的会计信息符合会计法和本制度的规定。

第二章　一般原则

第十六条　工会提供的会计信息应当符合工会管理工作的要求，满足会计信息使用者的需要，满足本级工会加强财务管理的需要。

第十七条　工会应当以实际发生的经济业务或者事项为依据进行会计处理，如实反映工会财务状况和收支情况等信息，保证会计信息真实可靠、内容完整。

第十八条　工会提供的会计信息应当清晰明了，便于理解和使用。

第十九条　工会会计处理应当采用规定的会计政策，前后各期一致，不得随意变更，以确保会计信息口径一致，相互可比。

第二十条　工会会计处理应当遵循重要性原则。对于重要的经济业务或者事项，应当单独反映。

第二十一条　工会应当对已经发生的经济业务或者事项及时进行会计处理和报告，不得提前或者延后。

第二十二条　工会应当对指定用途的资金按规定的用途专款专用，并单独反映。

第二十三条 工会在发生会计政策变更、会计估计变更和会计差错更正时，除本制度另有规定外，一般采用未来适用法进行会计处理。

会计政策，是指工会在会计核算时所遵循的特定原则、基础以及所采用的具体会计处理方法。会计估计，是指工会对结果不确定的经济业务或者事项以最近可利用的信息为基础所作的判断，如固定资产、无形资产的预计使用年限等。会计差错，是指工会在会计核算时，在确认、计量、记录、报告等方面出现的错误，通常包括计算或记录错误、应用会计政策错误、疏忽或曲解事实产生的错误、财务舞弊等。未来适用法，是指将变更后的会计政策应用于变更当期及以后各期发生的经济业务或者事项，或者在会计估计变更当期和未来期间确认会计估计变更的影响的方法。

第三章 资 产

第二十四条 资产是工会过去的经济业务或者事项形成的，由工会控制的，预期能够产生服务潜力或者带来经济利益流入的经济资源。

服务潜力是指工会利用资产提供公共产品和服务以履行工会职能的潜在能力。

经济利益流入表现为现金及现金等价物的流入，或者现金及现金等价物流出的减少。

工会的资产包括流动资产、在建工程、固定资产、无形资产、投资和长期待摊费用等。

第二十五条 工会对符合本制度第二十四条规定的资产定义的经济资源，在同时满足以下条件时，应当确认为资产：

（一）与该经济资源相关的服务潜力很可能实现或者经济利益很可能流入工会；

（二）该经济资源的成本或者价值能够可靠地计量。

符合资产定义并确认的资产项目，应当列入资产负债表。

第二十六条　工会的资产按照国家有关规定依法确认为国有资产的，应当作为国有资产登记入账；依法确认为工会资产的，应当作为工会资产登记入账。

第二十七条　工会的资产在取得时应当按照实际成本计量。除国家另有规定外，工会不得自行调整其账面价值。

对于工会接受捐赠的现金资产，应当按照实际收到的金额入账。对于工会接受捐赠、无偿调入的非现金资产，其成本按照有关凭据注明的金额加上相关税费、运输费等确定；没有相关凭据、但按照规定经过资产评估的，其成本按照评估价值加上相关税费、运输费等确定；没有相关凭据、也未经过评估的，其成本比照同类或类似资产的价格加上相关税费、运输费等确定。如无法采用上述方法确定资产成本的，按照名义金额（人民币1元）入账，相关税费、运输费等计入当期支出。

工会盘盈的资产，其成本比照本条第二款确定。

第一节　流动资产

第二十八条　流动资产是指预计在一年内（含一年）变现或者耗用的资产。主要包括货币资金、应收款项和库存物品等。

第二十九条　货币资金包括库存现金、银行存款等。

货币资金应当按照实际发生额入账。工会应当设置库存现金和银行存款日记账，按照业务发生顺序逐日逐笔登记。库存现金应当做到日清月结，其账面余额应当与库存数相符；银行存款的账面余额应当与银行对账单定期核对，如有不符，应当编制银行存款余额调节表调节相符。

工会发生外币业务的，应当按照业务发生当日的即期汇率，将外币金额折算为人民币金额记账，并登记外币金额和汇率。期末，各种外币账户的期末余额，应当按照期末的即期汇率折算为人民币，作为外币账户期末人民币余额。调整后的各种外币账户人民币余额与原账面余额的差额，作为汇兑损益计入当期支出。

第三十条 应收款项包括应收上级经费、应收下级经费和其他应收款等。

应收上级经费是本级工会应收未收的上级工会应拨付（或转拨）的工会拨缴经费和补助。

应收下级经费是县级以上工会应收未收的下级工会应上缴的工会拨缴经费。

其他应收款是工会除应收上下级经费和补助以外的其他应收及暂付款项。

应收款项应当按照实际发生额入账。年末，工会应当分析各项应收款项的可收回性，对于确实不能收回的应收款项应报经批准认定后及时予以核销。

第三十一条 库存物品指工会取得的将在日常活动中耗用的材料、物品及达不到固定资产标准的工具、器具等。

库存物品在取得时应当按照其实际成本入账。工会购入、有偿调入的库存物品以实际支付的价款记账。工会接受捐赠、无偿调入的库存物品按照本制度第二十七条规定所确定的成本入账。

库存物品在发出（领用或出售等）时，工会应当根据实际情况在先进先出法、加权平均法、个别计价法中选择一种方法确定发出库存物品的实际成本。库存物品发出方法一经选定，不得随意变更。

工会应当定期对库存物品进行清查盘点，每年至少全面盘点一次。对于盘盈、盘亏或报废、毁损的库存物品，应当及时查明原因，报经批准认定后及时进行会计处理。

工会盘盈的库存物品应当按照确定的成本入账，报经批准后相应增加资产基金；盘亏的库存物品，应当冲减其账面余额，报经批准后相应减少资产基金。对于报废、毁损的库存物品，工会应当冲减其账面余额，报经批准后相应减少资产基金，清理中取得的变价收入扣除清理费用后的净收入（或损失）计入当期收入（或支出），按规定应当上缴财政的计入其他应付款。

第二节 固定资产

第三十二条 固定资产是指工会使用年限超过1年（不含1年），单位价值在规定标准以上，并在使用过程中基本保持原有物质形态的资产，一般包括：房屋及构筑物；专用设备；通用设备；文物和陈列品；图书、档案；家具、用具、装具及动植物。

通用设备单位价值在1 000元以上，专用设备单位价值在1 500元以上的，应当确认为固定资产。单位价值虽未达到规定标准，但是使用时间超过1年（不含1年）的大批同类物资，应当按照固定资产进行核算和管理。

第三十三条 固定资产在取得时应当按照其实际成本入账。

工会购入、有偿调入的固定资产，其成本包括实际支付的买价、运输费、保险费、安装费、装卸费及相关税费等。

工会自行建造的固定资产，其成本包括该项资产至交付使用前所发生的全部必要支出。

工会接受捐赠、无偿调入的固定资产，按照本制度第二十七条规定所确定的成本入账。

工会在原有固定资产基础上进行改建、扩建、大型修缮后的固定资产，其成本按照原固定资产账面价值加上改建、扩建、大型修缮发生的支出，再扣除固定资产被替换部分的账面价值后的金额确定。

已交付使用但尚未办理竣工决算手续的固定资产，工会应当按照估计价值入账，待办理竣工决算后再按照实际成本调整原来的暂估价值。

第三十四条 在建工程是工会已经发生必要支出，但尚未交付使用的建设项目工程。工会作为建设单位的基本建设项目应当按照本制度规定统一进行会计核算。

工会对在建工程应当按照实际发生的支出确定其工程成本，并单独核算。在建工程的工程成本应当根据以下具体情况分别确定：

（一）对于自营工程，按照直接材料、直接人工、直接机械施工费等确定其成本；

（二）对于出包工程，按照应支付的工程价款等确定其成本；

（三）对于设备安装工程，按照所安装设备的价值、工程安装费用、工程试运转等所发生的支出等确定工程成本。

建设项目完工交付使用时，工会应当将在建工程成本转入固定资产等进行核算。

第三十五条 工会应当对固定资产计提折旧，但文物和陈列品，动植物，图书、档案，单独计价入账的土地和以名义金额计量的固定资产除外。

工会应当根据相关规定以及固定资产的性质和使用情况，合理确定固定资产的使用年限。固定资产的使用年限一经确定，不得随意变更。

工会一般应当采用年限平均法或者工作量法计提固定资产折旧，计提折旧时不考虑预计净残值。在确定固定资产折旧方法时，应当考虑与固定资产相关的服务潜力或经济利益的预期实现方式。固定资产的折旧方法一经确定，不得随意变更。

工会应当按月对固定资产计提折旧。当月增加的固定资产，当月计提折旧；当月减少的固定资产，当月不再计提折旧。固定资产提足折旧后，无论是否继续使用，均不再计提折旧；提前报废的固定资产，也不再补提折旧。

固定资产因改建、扩建或大型修缮等原因而延长其使用年限的，工会应当按照重新确定的固定资产成本以及重新确定的折旧年限，重新计算折旧额。

工会应当对暂估入账的固定资产计提折旧，实际成本确定后不需调整原已计提的折旧额。

第三十六条 工会处置（出售）固定资产时，应当冲减其账面价值并相应减少资产基金，处置中取得的变价收入扣除处置费用后的净收入（或损失）计入当期收入（或支出），按规定应当上缴财政的计入其他应付款。

第三十七条　工会应当定期对固定资产进行清查盘点，每年至少全面盘点一次。对于盘盈、盘亏或报废、毁损的固定资产，工会应当及时查明原因，报经批准认定后及时进行会计处理。

工会盘盈的固定资产，应当按照确定的成本入账，报经批准后相应增加资产基金；盘亏的固定资产，应当冲减其账面余额，报经批准后相应减少资产基金。对于报废、毁损的固定资产，工会应当冲减其账面余额，报经批准后相应减少资产基金，清理中取得的变价收入扣除清理费用后的净收入（或损失）计入当期收入（或支出），按规定应当上缴财政的计入其他应付款。

第三节　无形资产

第三十八条　无形资产是指工会控制的没有实物形态的可辨认非货币性资产，包括专利权、商标权、著作权、土地使用权、非专利技术等。工会购入的不构成相关硬件不可缺少组成部分的应用软件，应当确认为无形资产。

第三十九条　无形资产在取得时应当按照其实际成本入账。

工会外购的无形资产，其成本包括购买价款、相关税费以及可归属于该项资产达到预定用途前所发生的其他支出。工会委托软件公司开发的软件，视同外购无形资产确定其成本。

工会接受捐赠、无偿调入的无形资产，按照本制度第二十七条规定所确定的成本入账。

对于非大批量购入、单价小于1 000元的无形资产，工会可以于购买的当期将其成本直接计入支出。

第四十条　工会应当按月对无形资产进行摊销，使用年限不确定的、以名义金额计量的无形资产除外。

工会应当按照以下原则确定无形资产的摊销年限：法律规定了有效年限的，按照法律规定的有效年限作为摊销年限；法律没有规定有效年限的，按照相关合同中的受益年限作为摊销年限；上述两种方法无法确定有效年限的，应当根据无形资产为工会带来服务潜力或者经济利益的实际情况，预计其使用年限。

工会应当采用年限平均法或工作量法对无形资产进行摊销，应摊销金额为其成本，不考虑预计净残值。

工会应当按月进行摊销。当月增加的无形资产，当月进行摊销；当月减少的无形资产，当月不再进行摊销。无形资产提足摊销后，无论是否继续使用，均不再进行摊销；核销的无形资产，也不再补提摊销。

因发生后续支出而增加无形资产成本的，对于使用年限有限的无形资产，工会应当按照重新确定的无形资产成本以及重新确定的摊销年限计算摊销额。

第四十一条 工会处置（出售）无形资产时，应当冲减其账面价值并相应减少资产基金，处置中取得的变价收入扣除处置费用后的净收入（或损失）计入当期收入（或支出），按规定应当上缴财政的计入其他应付款。

第四十二条 工会应当定期对无形资产进行清查盘点，每年至少全面盘点一次。工会在资产清查盘点过程中发现的无形资产盘盈、盘亏等，参照本制度固定资产相关规定进行处理。

第四节 其他资产

第四十三条 投资是指工会按照国家有关法律、行政法规和工会的相关规定，以货币资金、实物资产等方式向其他单位的投资。投资按其流动性分为短期投资和长期投资；按其性质分为股权投资和债权投资。

投资在取得时应当按照其实际成本入账。工会以货币资金方式对外投资的，以实际支付的款项（包括购买价款以及税金、手续费等相关税费）作为投资成本记账。工会以实物资产和无形资产方式对外投资的，以评估确认或合同、协议确定的价值记账。

对于投资期内取得的利息、利润、红利等各项投资收益，工会应当计入当期投资收益。

工会处置（出售）投资时，实际取得价款与投资账面余额的差额，应当计入当期投资收益。

对于因被投资单位破产、被撤销、注销、吊销营业执照或者被政府责令关闭等情况造成难以收回的未处置不良投资，工会应当在报经批准后及时核销。

第四十四条　长期待摊费用是工会已经支出，但应由本期和以后各期负担的分摊期限在1年以上（不含1年）的各项支出，如对以经营租赁方式租入的固定资产发生的改良支出等。

长期待摊费用应当在对应资产的受益年限内平均摊销。如果某项长期待摊费用已经不能使工会受益，应当将其摊余金额一次性转销。

第四章　负 债

第四十五条　负债是指工会过去的经济业务或者事项形成的，预期会导致经济资源流出的现时义务。

现时义务是指工会在现行条件下已承担的义务。未来发生的经济业务或者事项形成的义务不属于现时义务，不应当确认为负债。

工会的负债包括应付职工薪酬、应付款项等。

第四十六条　工会对于符合本制度第四十五条规定的现时义务，在同时满足以下条件时，应当确认为负债：

（一）履行该义务很可能导致含有服务潜力或者经济利益的经济资源流出工会；

（二）该义务的金额能够可靠计量。

符合负债定义并确认的负债项目，应当列入资产负债表。

第四十七条　应付职工薪酬是工会按照国家有关规定应付给本单位职工

及为职工支付的各种薪酬，包括基本工资、国家统一规定的津贴补贴、规范津贴补贴（绩效工资）、改革性补贴、社会保险费（如职工基本养老保险费、职业年金、基本医疗保险费等）和住房公积金等。

第四十八条 应付款项包括应付上级经费、应付下级经费和其他应付款。

应付上级经费指本级工会按规定应上缴上级工会的工会拨缴经费。

应付下级经费指本级工会应付下级工会的各项补助以及应转拨下级工会的工会拨缴经费。

其他应付款指除应付上下级经费之外的其他应付及暂存款项，包括工会按规定收取的下级工会筹建单位交来的建会筹备金等。

第四十九条 工会的各项负债应当按照实际发生额入账。

第五章 净资产

第五十条 净资产是指工会的资产减去负债后的余额，包括资产基金、专用基金、工会资金结转、工会资金结余、财政拨款结转、财政拨款结余和预算稳定调节基金。

第五十一条 资产基金指工会库存物品、固定资产、无形资产、在建工程、投资和长期待摊费用等非货币性资产在净资产中占用的金额。

资产基金应当在取得库存物品、固定资产、在建工程、无形资产、投资及发生长期待摊费用时确认。资产基金应当按照实际发生额入账。

第五十二条 专用基金指县级以上工会按规定依法提取和使用的有专门用途的基金。

工会提取专用基金时，应当按照实际提取金额计入当期支出；使用专用基金时，应当按照实际支出金额冲减专用基金余额；专用基金未使用的余额，可以滚存下一年度使用。

第五十三条 工会资金结转是指工会预算安排项目的支出年终尚未执行

完毕或者因故未执行，且下年需要按原用途继续使用的工会资金。

工会资金结余是指工会年度预算执行终了，预算收入实际完成数扣除预算支出和工会结转资金后剩余的工会资金。

第五十四条　财政拨款结转是指县级以上工会预算安排项目的支出年终尚未执行完毕或者因故未执行，且下年需要按原用途继续使用的财政拨款资金。

财政拨款结余是指县级以上工会年度预算执行终了，预算收入实际完成数扣除预算支出和财政拨款结转资金后剩余的财政拨款资金。

第五十五条　预算稳定调节基金是县级以上工会为平衡年度预算按规定设置的储备性资金。

第六章　收 入

第五十六条　收入是指工会根据工会法以及有关政策规定开展业务活动所取得的非偿还性资金。收入按照来源分为会费收入、拨缴经费收入、上级补助收入、政府补助收入、行政补助收入、附属单位上缴收入、投资收益和其他收入。

会费收入指工会会员依照规定向基层工会缴纳的会费。

拨缴经费收入指基层单位行政拨缴、下级工会按规定上缴及上级工会按规定转拨的工会拨缴经费中归属于本级工会的经费。

上级补助收入指本级工会收到的上级工会补助的款项，包括一般性转移支付补助和专项转移支付补助。

政府补助收入指各级人民政府按照工会法和国家有关规定给予县级以上工会的补助款项。

行政补助收入指基层工会取得的所在单位行政方面按照工会法和国家有关规定给予工会的补助款项。

附属单位上缴收入指工会所属的企事业单位按规定上缴的收入。

投资收益指工会对外投资发生的损益。

其他收入指工会除会费收入、拨缴经费收入、上级补助收入、政府补助收入、行政补助收入、附属单位上缴收入和投资收益之外的各项收入。

第五十七条 工会各项收入应当按照实际发生额入账。

第七章 支 出

第五十八条 支出是指工会为开展各项工作和活动所发生的各项资金耗费和损失。支出按照功能分为职工活动支出、职工活动组织支出、职工服务支出、维权支出、业务支出、行政支出、资本性支出、补助下级支出、对附属单位的支出和其他支出。

职工活动支出指基层工会开展职工教育活动、文体活动、宣传活动、劳模疗休养活动、会员活动等发生的支出。

职工活动组织支出指县级以上工会组织开展职工教育活动、文体活动、宣传活动和劳模疗休养活动等发生的支出。

职工服务支出指工会开展职工劳动和技能竞赛活动、职工创新活动、建家活动、职工书屋、职工互助保障、心理咨询等工作发生的支出。

维权支出指工会用于维护职工权益的支出，包括劳动关系协调、劳动保护、法律援助、困难职工帮扶、送温暖和其他维权支出。

业务支出指工会培训工会干部、加强自身建设及开展业务工作发生的各项支出。

行政支出指县级以上工会为行政管理、后勤保障等发生的各项日常支出。

资本性支出指工会从事建设工程、设备工具购置、大型修缮和信息网络购建等而发生的实际支出。

补助下级支出指县级以上工会为解决下级工会经费不足或根据有关规定给予下级工会的各类补助款项。

对附属单位的支出指工会按规定对所属企事业单位的补助。

其他支出指工会除职工活动支出、职工活动组织支出、职工服务支出、维权支出、业务支出、行政支出、资本性支出、补助下级支出和对附属单位的支出以外的各项支出。

第五十九条 工会各项支出应当按照实际发生额入账。

第八章 财务报表

第六十条 工会财务报表是反映各级工会财务状况、业务活动和预算执行结果的书面文件。工会财务报表是各级工会领导、上级工会及其他会计报表使用者了解情况、掌握政策、指导工作的重要资料。

第六十一条 工会财务报表包括会计报表和附注。会计报表分为主表和附表，主表包括资产负债表和收入支出表，附表包括财政拨款收入支出表、国有资产情况表和成本费用表。

资产负债表，是反映工会某一会计期末全部资产、负债和净资产情况的报表。

收入支出表，是反映工会某一会计期间全部收入、支出及结转结余情况的报表。

财政拨款收入支出表，是反映县级以上工会某一会计期间从同级政府财政部门取得的财政拨款收入、支出及结转结余情况的报表。

国有资产情况表，是反映县级以上工会某一会计期间持有的国有资产情况的报表。

成本费用表，是反映县级以上工会某一会计期间成本费用情况的报表。

附注是对在资产负债表、收入支出表等报表中列示项目所作的进一步说明，以及未能在这些报表中列示项目的说明。

第六十二条 工会财务报表分为年度财务报表和中期财务报表。以短于一个完整的会计年度的期间（如半年度、季度和月度）编制的财务报表称为中期财务报表。年度财务报表是以整个会计年度为基础编制的财务报表。

第六十三条　工会要负责对所属单位财务报表和下级工会报送的年度财务报表进行审核、核批和汇总工作，定期向本级工会领导和上级工会报告本级工会预算执行情况。

第六十四条　工会财务报表要根据登记完整、核对无误的账簿记录和其他有关资料编制，做到数字准确、内容完整、报送及时。工会财务报表应当由各级工会的法定代表人和主管会计工作的负责人、会计机构负责人（会计主管人员）签名并盖章。

第九章　附 则

第六十五条　工会填制会计凭证、登记会计账簿、管理会计档案等，应当按照《会计基础工作规范》、《会计档案管理办法》等规定执行。

第六十六条　本制度从2022年1月1日起实施。2009年5月31日财政部印发的《工会会计制度》（财会〔2009〕7号）同时废止。

附录1-1　工会会计科目和财务报表

目 录

第一部分 总说明

一、本制度统一规定工会会计科目的名称和编号，以便于编制会计凭证，登记账簿，查阅账目，实行会计信息化管理。本制度已规定的一级科目，不得减并、自行增设；本制度已规定的明细科目，不得减并，不得擅自更改科目名称，不需要的科目可以不用。各省级工会可以根据需要自行增设未规定的明细科目，或将相应权限授权给所属下级工会。

二、对于本制度中规定的各支出类会计科目，除“安排预算稳定调节基金”科目外，工会应当分别按照“基本支出”和“项目支出”进行明细核算，在“项目支出”下按照具体项目进行明细核算；同时，按照《政府收支分类科目》中“部门预算支出经济分类科目”的款级科目进行明细核算。

从同级政府财政部门取得财政拨款的县级以上工会，除“安排预算稳定调节基金”科目外，还应当在其他各支出类科目下根据资金来源按照“财政拨款”“工会资金”进行明细核算；同时，在“财政拨款”明细科目下按照《政府收支分类科目》中“支出功能分类科目”的项级科目进行明细核算。

三、县级以上工会的部分资产依法确认为国有资产的，应当根据实际情况在资产类科目、“资产基金”科目下设置“国有资产”“工会资产”明细科目，分别核算工会持有的国有资产和工会资产。对于同时使用财政拨款和工会资金购建的资产，县级以上工会应当设置备查簿登记资金来源及其金额和比例。

四、工会在填制会计凭证、登记会计账簿时，应当填列会计科目的名称，或者同时填列会计科目的名称和编号，不得只填列科目编号、不填列科目名称。

五、工会应当根据本制度有关会计报表的编制基础、编制依据、编制原则和方法的要求，提供真实、完整的会计报表。工会不得违反规定，随意改变会计报表的编制基础、编制依据、编制原则和方法，不得随意改变本制度规定的会计报表有关数据的会计口径。

第二部分　会计科目名称和编号

基层工会主要会计科目名称及编号

序号	科目编号	科目名称
一、资产类		
1	101	库存现金
2	102	银行存款
3	131	应收上级经费
4	135	其他应收款
5	141	库存物品
6	162	固定资产
7	163	累计折旧
8	182	待处理财产损溢
二、负债类		
9	211	应付上级经费
10	215	其他应付款
三、净资产类		
11	301	资产基金
12	321	工会资金结转
13	322	工会资金结余
四、收入类		
14	401	会费收入
15	402	拨缴经费收入
16	403	上级补助收入
17	405	行政补助收入
18	408	其他收入

续表

序号	科目编号	科目名称
五、支出类		
19	501	职工活动支出
20	503	职工服务支出
21	504	维权支出
22	505	业务支出
23	507	资本性支出
24	510	其他支出

注：对于本表未列出的会计科目，基层工会可以根据实际需要按照县级以上工会的会计科目进行账务处理。

县级以上工会会计科目名称和编号

序号	科目编号	科目名称
一、资产类		
1	101	库存现金
2	102	银行存款
3	111	零余额账户用款额度
4	121	财政应返还额度
5	131	应收上级经费
6	132	应收下级经费
7	135	其他应收款
8	141	库存物品
9	151	投资
10	161	在建工程
11	162	固定资产

续表

序号	科目编号	科目名称
12	163	累计折旧
13	171	无形资产
14	172	累计摊销
15	181	长期待摊费用
16	182	待处理财产损溢
二、负债类		
17	201	应付职工薪酬
18	211	应付上级经费
19	212	应付下级经费
20	215	其他应付款
21	221	代管经费
三、净资产类		
22	301	资产基金
	30101	库存物品
	30102	投资
	30103	在建工程
	30104	固定资产
	30105	无形资产
	30106	长期待摊费用
23	311	专用基金
24	321	工会资金结转
25	322	工会资金结余
26	331	财政拨款结转
27	332	财政拨款结余
28	341	预算稳定调节基金

续表

序号	科目编号	科目名称
四、收入类		
29	402	拨缴经费收入
30	403	上级补助收入
31	404	政府补助收入
32	406	附属单位上缴收入
33	407	投资收益
34	408	其他收入
35	411	动用预算稳定调节基金
五、支出类		
36	502	职工活动组织支出
37	503	职工服务支出
38	504	维权支出
39	505	业务支出
40	506	行政支出
41	507	资本性支出
42	508	补助下级支出
43	509	对附属单位的支出
44	510	其他支出
45	521	安排预算稳定调节基金

第三部分　会计科目使用说明

一、资产类科目

第101号科目　库存现金

一、本科目核算工会的库存现金。

二、各级工会应当严格按照国家有关现金管理的规定收支现金，并按照本制度规定核算现金的各项收支业务。

工会有受托代管资金业务的，应当在本科目下设置“代管经费”明细科目，核算工会受托代管的现金。

三、库存现金的主要账务处理如下：

（一）从银行等金融机构提取现金，按照实际提取的金额，借记本科目，贷记“银行存款”科目；将现金存入银行等金融机构，按照实际存入的金额，借记“银行存款”科目，贷记本科目。

（二）因支付内部职工出差等原因所需的现金，按照实际借出的金额，借记“其他应收款”科目，贷记本科目；收到出差人员交回的差旅费剩余款并结算时，按实际收回的现金，借记本科目，按应报销的金额，借记“行政支出”等有关科目，按实际借出的现金，贷记“其他应收款”科目。

（三）因其他业务收到现金，按照实际收到的金额，借记本科目，贷记有关科目；支出现金，按照实际支出的金额，借记有关科目，贷记本科目。

（四）收到受托代管的现金时，按照实际收到的金额，借记本科目（代管经费），贷记“代管经费”科目；支付受托代管的现金时，按照实际支付的金额，借记“代管经费”科目，贷记本科目（代管经费）。

四、本科目应设置“现金日记账”，由出纳人员根据收付款凭证，按照业务发生顺序，逐笔登记，每日终了，应计算当日的现金收入合计数、支出合计数和结余数，并将结余数与实际库存数进行核对，做到账款相符。

每日账款核对中发现有待查明原因的现金短缺或溢余的，应当通过“待处理财产损溢”科目核算。属于现金短缺，应当按照实际短缺的金额，借记“待处理财产损溢”科目，贷记本科目；属于现金溢余，应当按照实际溢余的金额，借记本科目，贷记“待处理财产损溢”科目。待查明原因后及时进行账务处理，具体内容参见“待处理财产损溢”科目。

五、有外币现金的工会，按照折算后的人民币金额记账，并设立辅助账登记外币现金的币种、外币金额、即期汇率、折算后的人民币金额及来源简要说明等。有关外币现金业务的账务处理参见“银行存款”科目的相关规定。

六、本科目期末借方余额，反映工会实际持有的库存现金。

第102号科目 银行存款

一、本科目核算工会存入银行或其他金融机构的各种款项。包括活期存款、定期存款等。

二、工会应当严格按照国家有关支付结算办法的规定办理银行存款收支业务的结算，并按照本制度规定核算银行存款的各项收支业务。

工会可以根据实际情况在本科目下设置经费集中户等明细科目。设置经费集中户的工会，应当先在经费集中户中归集工会拨缴经费，再按规定将属于本级工会的经费转入本级工会基本户，属于上级或下级工会的经费上缴上级工会或转拨下级工会。

工会有受托代管资金业务的，应当在本科目下设置“代管经费”明细科目，核算工会受托代管的银行存款。

三、银行存款的主要账务处理如下：

（一）将现金存入银行等金融机构，按照实际存入的金额，借记本科目，贷记“库存现金”科目。从银行等金融机构提取现金，按照实际提取的金额，借记“库存现金”科目，贷记本科目。

（二）通过银行转账方式取得工会拨缴经费和其他相关收入，按照实际收到的金额，借记本科目，按照应确认收入的金额，贷记“拨缴经费收入”“上级补助收入”“政府补助收入”“行政补助收入”等科目，按照应付上下级工会的金额，贷记“应付上级经费”“应付下级经费”科目。

（三）通过银行转账方式支付各项支出，按照实际支出的金额，借记“职工活动支出”“维权支出”“业务支出”等科目，贷记本科目。

（四）收到银行存款利息，按照实际收到的金额，借记本科目，贷记“其他收入”科目。

（五）收到受托代管的银行存款时，按照实际收到的金额，借记本科目

（代管经费），贷记“代管经费”科目；支付受托代管的银行存款时，按照实际支付的金额，借记“代管经费”科目，贷记本科目（代管经费）。

四、工会发生外币业务的，主要账务处理如下：

（一）以外币购买物资、设备等，按照购入当日的即期汇率将支付的外币折算为人民币金额，借记“职工活动支出”“维权支出”等科目，贷记本科目的外币账户；同时，借记“库存物品”等科目，贷记“资产基金”科目。

（二）以外币收取相关款项等，按照收入确认当日的即期汇率将收取的外币折算为人民币金额，借记本科目的外币账户，贷记有关收入科目。

（三）期末，根据各外币银行存款账户按照期末汇率调整后的人民币余额与原账面人民币余额的差额，作为汇兑损益，借记或贷记本科目，贷记或借记“其他支出”科目。

五、各级工会应当按照开户银行、存款种类分别设置“银行存款日记账”，由出纳人员根据收付款凭证，按照业务的发生顺序逐笔登记，每日终了应结出余额。“银行存款日记账”应当定期与银行对账，至少每月核对一次，如有差额，应当编制“银行存款余额调节表”，调节相符。

六、本科目期末借方余额，反映工会实际存在银行或其他金融机构的款项。

第111号科目　零余额账户用款额度

一、本科目核算实行国库集中支付的县级以上工会根据财政部门批复的用款计划收到和支用的零余额账户用款额度。

二、零余额账户用款额度的主要账务处理如下：

（一）收到代理银行转来的“授权支付到账通知书”时，根据通知书所列金额，借记本科目，贷记“政府补助收入”科目。

（二）实际发生支出时，按照实际支出的金额，借记“维权支出”“行政支出”“资本性支出”等科目，贷记本科目。

（三）年末，根据代理银行提供的对账单作注销额度的相关账务处理，借记“财政应返还额度——财政授权支付”科目，贷记本科目。如果工会本年度财政授权支付预算指标数大于零余额账户用款额度下达数，根据未下达的用款额度，借记“财政应返还额度——财政授权支付”科目，贷记“政府补助收入”科目。

下年初，根据代理银行提供的额度恢复到账通知书作相关恢复额度的账务处理，借记本科目，贷记“财政应返还额度——财政授权支付”科目。工会收到财政部门批复的上年末下达零余额账户用款额度，借记本科目，贷记“财政应返还额度——财政授权支付”科目。

三、本科目期末借方余额，反映县级以上工会尚未支用的零余额账户用款额度。年度终了注销零余额账户用款额度后，本科目应无余额。

第121号科目　财政应返还额度

一、本科目核算实行国库集中支付的县级以上工会年终应收财政返还的资金额度。

二、本科目应当设置“12101 财政直接支付”“12102 财政授权支付”两个明细科目，进行明细核算。

三、财政应返还额度的主要账务处理如下：

（一）财政直接支付。

年末，根据本年度财政直接支付预算指标数大于当年财政直接支付实际支出数的差额，借记本科目（财政直接支付），贷记“政府补助收入”科目。

工会使用以前年度财政直接支付额度支付款项时，借记“维权支出”“行政支出”“资本性支出”等科目的相关明细科目，贷记本科目（财政直接支付）。

（二）财政授权支付。

年末，根据代理银行提供的对账单注销额度，具体账务处理参见“零余额账户用款额度”科目。下年初，根据代理银行提供的额度恢复到账通知书恢复额度，具体账务处理参见“零余额账户用款额度”科目。

四、本科目期末借方余额，反映县级以上工会应收财政返还的资金额度。

第131号科目　应收上级经费

一、本科目核算工会应收未收的上级工会应拨付（或转拨）的工会拨缴经费和补助。

二、工会可以根据需要在本科目下设置以下明细科目：

13101 应收上级补助：核算上级工会应拨付给本级工会的各项补助收入。

13102 应收上级转拨经费：核算上级工会采用税务代收、财政划拨形式收缴的工会经费中应划转给本级工会的部分。

三、应收上级经费的主要账务处理如下：

（一）年末，根据上级工会补助通知中的相关金额，借记本科目（应收上级补助），贷记“上级补助收入”科目。

收到上级工会拨来的补助时，按照实际收到的金额，借记“银行存款”科目，贷记本科目（应收上级补助）。

（二）年末，根据上级工会经费转拨通知中的相关金额，借记本科目（应收上级转拨经费），按规定属于本级工会的部分，贷记“拨缴经费收入”科目，按规定应转拨下级工会的部分，贷记“应付下级经费——应付下级转拨经费”科目。

收到上级工会转拨的工会经费时，按照实际收到的金额，借记“银行存款”科目，贷记本科目（应收上级转拨经费）。

四、本科目期末借方余额，反映工会年末应收未收的上级拨缴经费和补助。

第132号科目　应收下级经费

一、本科目核算县级以上工会应收未收的下级工会应上缴的工会拨缴经费。

二、应收下级经费的主要账务处理如下：

（一）年末，根据下级工会经费收缴报告表中的相关金额，借记本科目，按规定属于本级工会的部分，贷记“拨缴经费收入”科目，按规定应上缴上级工会的部分，贷记“应付上级经费”科目。

（二）收到下级工会的上缴经费时，借记“银行存款”科目，贷记本科目。

三、本科目期末借方余额，反映县级以上工会年末应收未收的下级工会应上缴的工会拨缴经费。

第135号科目　其他应收款

一、本科目核算工会除应收上下级经费和补助以外的其他应收及暂付款项。

二、本科目应当按照其他应收款的类别以及债务单位（或个人）设置明细账，进行明细核算。

三、其他应收款的主要账务处理如下：

（一）发生其他应收及暂付款项，借记本科目，贷记“库存现金”“银行存款”等科目。

结算收回或核销转列支出时，按收回的金额，借记“库存现金”“银行存款”等科目，按列入支出的金额，借记有关支出科目，按结算总额，贷记本科目。

（二）逾期三年以上、因债务人原因尚未收回的其他应收款，报经批准认定确实无法收回的应予以核销。

转入待处理资产时，按照待核销的其他应收款金额，借记“待处理财产损溢”科目，贷记本科目。

报经批准予以核销时，借记“其他支出”科目，贷记“待处理财产损溢”科目。

核销的呆账，应在备查簿中保留登记。

已核销呆账重新收回的，按照实际收到的款项，借记“银行存款”等科目，贷记“其他收入”科目。

四、各级工会应对其他应收及暂付款项严格控制，健全手续，及时清理，不得长期挂账。

五、本科目期末借方余额，反映工会尚未收回的其他应收及暂付款项。

第141号科目　库存物品

一、本科目核算工会取得的将在日常活动中耗用的材料、物品及达不到固定资产标准的工具、器具等。

工会随买随用的物品，可以在购入时直接计入支出，不通过本科目核算。

二、本科目应当按照库存物品的类别、品名设置明细账，并根据出入库单逐笔核算。

三、库存物品的主要账务处理如下：

（一）取得库存物品时。

1.购入物品验收入库，按照确定的成本，借记本科目，贷记“资产基金——库存物品”科目；同时，按照实际支付的金额，借记“职工活动支出”“维权支出”“行政支出”等科目，贷记“银行存款”“零余额账户用款额度”“政府补助收入”等科目。

2.接受捐赠、无偿调入的库存物品，按照确定的成本，借记本科目，贷记“资产基金——库存物品”科目；同时，按照实际支付的相关税费、运输费等金额，借记“其他支出”科目，贷记“银行存款”“零余额账户用款额度”“政府补助收入”等科目。

（二）发出库存物品时。

1.开展业务活动等领用、发出库存物品时，按照领用、发出库存物品的实际成本，借记“资产基金——库存物品”科目，贷记本科目。

2.经批准对外出售库存物品时，按照出售库存物品的实际成本，借记“资产基金——库存物品”科目，贷记本科目。按照出售过程中取得的价款，借记“银行存款”等科目，贷记“其他收入”科目，按规定应上缴同级财政的，贷记“其他应付款”科目。出售过程中工会发生的税费等支出，借记“其他支出”科目，贷记“银行存款”等科目。

3.经批准对外捐赠、无偿调出库存物品时，按照对外捐赠、无偿调出库存物品的实际成本，借记“资产基金——库存物品”科目，贷记本科目。对外捐赠、无偿调出库存物品发生的由工会承担的运输费等支出，借记“职工活动支出”“维权支出”“行政支出”等科目，贷记“银行存款”“零余额账户用款额度”等科目。

4.经批准以库存物品对外进行股权投资时，按照投出库存物品的实际成本，借记“资产基金——库存物品”科目，贷记本科目；同时，按照确定的投资成本，借记“投资”科目，贷记“资产基金——投资”科目。按照发生的相关税费，借记“其他支出”科目，贷记“银行存款”等科目。

四、库存物品每年至少盘点一次，盘盈、盘亏或报废、毁损应查明原因，按规定程序批准后及时处理。

（一）盘盈的库存物品，按照确定的成本，借记本科目，贷记“待处理财产损溢”科目。

（二）盘亏或者报废、毁损的库存物品，按照账面余额，借记“待处理财产损溢”科目，贷记本科目。

五、本科目期末借方余额，反映工会尚未使用的库存物品的实际成本。

第151号科目　投　资

一、本科目核算工会按照国家有关法律、行政法规和工会的相关规定，以货币资金、实物资产等方式向其他单位的投资。

二、本科目应当按照投资类别、投资单位等设置明细账，进行明细核算。

三、投资的主要账务处理如下：

（一）债券投资。

1.购入国债等债券，按照确定的成本，借记本科目，贷记“资产基金——投资”科目；同时，按照投资成本金额，借记“工会资金结余——累计结余”科目，贷记“银行存款”等科目。

2.债券投资持有期间收到利息时，按照实际收到的金额，借记“银行存款”等科目，贷记“投资收益”科目。

3.对外转让或到期收回债券投资本息，按照收回投资的账面余额，借记“资产基金——投资”科目，贷记本科目；同时，按照实际收到的金额，借记“银行存款”科目，按照收回投资的账面余额，贷记“工会资金结余——累计结余”科目，按照其差额，贷记或借记“投资收益”科目。

（二）股权投资。

1.以货币资金对外进行股权投资，按照确定的成本，借记本科目，贷记“资产基金——投资”科目；同时，按照投资成本金额，借记“工会资金结余——累计结余”科目，贷记“银行存款”等科目。

以库存物品、固定资产、无形资产对外进行股权投资，按照确定的成本，借记本科目，贷记“资产基金——投资”科目；按照发生的相关税费，借记“其他支出”科目，贷记“银行存款”等科目；同时，按照投出资产的账面价值，借记“资产基金”科目，按照已经计提的折旧、摊销金额，借记“累计折旧”“累计摊销”科目，按照投出资产的账面余额，贷记“库存物品”“固定资产”“无形资产”科目。

2.投资持有期间实际收到股利等投资收益时，按照实际收到的金额，借记“银行存款”等科目，贷记“投资收益”科目。

3.转让股权投资时，按照转让股权投资的账面余额，借记“资产基金——投资”科目，贷记本科目。按照实际取得的价款，借记“银行存款”等科目，按照投资的账面价值，贷记“工会资金结余——累计结余”科目，按照其差额，贷记或借记“投资收益”科目。

4.因被投资单位破产清算等原因，有确凿证据表明股权投资发生损失，按规定报经批准后予以核销。按照待核销的股权投资账面余额，借记“待处理财产损溢”科目，贷记本科目。

报经批准予以核销时，按照已核销的股权投资账面余额，借记“资产基金——投资”科目，贷记“待处理财产损溢”科目。

已经核销的投资呆账，保留备查账簿。

已经核销的投资呆账，重新收回的，借记“银行存款”等科目，贷记“其他收入”科目。收回实物的，需重新进行评估，按照评估价值入账。

四、本科目期末借方余额，反映工会持有投资的金额。

第161号科目　在建工程

一、本科目核算工会在建的建设项目工程的实际成本。工会在建的信息系统项目工程，也通过本科目核算。

二、本科目应当设置“建筑安装工程投资”“设备投资”“待摊投资”“其他投资”“待核销基建支出”“基建转出投资”“预付工程款”等明细科目，并按照具体项目进行明细核算。

（一）“建筑安装工程投资”明细科目，核算工会发生的构成建设项目实际支出的建筑工程和安装工程的实际成本，不包括被安装设备本身的价值以及按照合同规定支付给施工单位的预付备料款和预付工程款。本明细科目应当设置“建筑工程”和“安装工程”两个明细科目进行明细核算。

（二）“设备投资”明细科目，核算工会发生的构成建设项目实际支出的各种设备的实际成本。

（三）“待摊投资”明细科目，核算工会发生的构成建设项目实际支出的、按照规定应当分摊计入有关工程成本和设备成本的各项间接费用和税费支出。本明细科目应当按照具体费用项目进行明细核算。

（四）“其他投资”明细科目，核算工会发生的构成建设项目实际支出的房屋购置支出，基本畜禽、林木等购置、饲养、培育支出，办公生活用家具、器具购置支出，软件研发和不能计入设备投资的软件购置等支出。工会为进行可行性研究而购置的固定资产，以及取得土地使用权支付的土地出让金，也通过本明细科目核算。本明细科目应当设置“房屋购置”“基本畜禽支出”“林木支出”“办公生活用家具、器具购置”“可行性研究固定资产购置”“无形资产”等明细科目。

（五）“待核销基建支出”明细科目，核算建设项目发生的江河清障、航道清淤、飞播造林、补助群众造林、水土保持、城市绿化、取消项目的可行性研究费以及项目整体报废等不能形成资产部分的基建投资支出。本明细科目应当按照待核销基建支出的类别进行明细核算。

（六）“基建转出投资”明细科目，核算为建设项目配套而建成的、产权不归属本工会的专用设施的实际成本。本明细科目应当按照转出投资的类别进行明细核算。

（七）“预付工程款”明细科目，核算工会预付给施工企业或代建单位的工程款。本明细科目应当按照收取预付款的单位进行明细核算。

三、在建工程的主要账务处理如下：

（一）建筑安装工程投资。

1.将固定资产转入改建、扩建等时，按照固定资产的账面价值，借记本科目（建筑安装工程投资），贷记“资产基金——在建工程”科目；同时，按照固定资产的账面价值，借记“资产基金——固定资产”科目，按照已计提的折旧金额，借记“累计折旧”科目，按照固定资产的账面余额，贷记“固定资产”科目。

固定资产改建、扩建过程中涉及到替换（或拆除）原资产的某些组成部分的，按照被替换（或拆除）部分的账面价值，借记“待处理财产损溢”科目，贷记本科目（建筑安装工程投资）。

2.对于发包建筑安装工程，预付工程款时，根据实际支付的金额，借记本科目（预付工程款），贷记“资产基金——在建工程”科目；同时，借记“资本性支出”科目，贷记“银行存款”“零余额账户用款额度”“政府补助收入”等科目。根据建筑安装工程价款结算账单与施工企业结算工程价款时，按照应承付的工程价款，借记本科目（建筑安装工程投资），贷记本科目（预付工程款）。涉及补付价款的，借记本科目（建筑安装工程投资），贷记“资产基金——在建工程”科目；同时，借记“资本性支出”科目，贷记“银行存款”“零余额账户用款额度”“政府补助收入”等科目。

3.对于自行施工的小型建筑安装工程，按照发生的各项支出金额，借记本科目（建筑安装工程投资），贷记“资产基金——在建工程”科目；同时，借记“资本性支出”科目，贷记“银行存款”“零余额账户用款额度”“政府补助收入”“应付职工薪酬”等科目。

4.工程竣工，办妥竣工验收交接手续并交付使用时，按照建筑安装工程成本（含应分摊的待摊投资），借记“资产基金——在建工程”科目，贷记本科目（建筑安装工程投资）；同时，借记“固定资产”等科目，贷记“资产基金——固定资产”等科目。

（二）设备投资。

1.购入设备时，按照购入成本，借记本科目（设备投资），贷记“资产基金——在建工程”科目；同时，借记“资本性支出”科目，贷记“银行存款”“零余额账户用款额度”“政府补助收入”等科目。采用预付款方式购入设备的，有关预付款的账务处理参照本科目有关“建筑安装工程投资”明细科目的规定。

2.设备安装完毕，办妥竣工验收交接手续并交付使用时，按照设备投资成本（含设备安装工程成本和分摊的待摊投资），借记“资产基金——在建工程”科目，贷记本科目（设备投资、建筑安装工程投资——安装工程）；同时，借记“固定资产”科目，贷记“资产基金——固定资产”科目。

将不需要安装的设备和达不到固定资产标准的工具、器具交付使用时，按照相关设备、工具、器具的实际成本，借记“资产基金——在建工程”科目，贷记本科目（设备投资）；同时，借记“固定资产”“库存物品”科目，贷记“资产基金——固定资产”“资产基金——库存物品”科目。

（三）待摊投资。

建设工程发生的构成建设项目实际支出的，按照规定应当分摊计入有关工程成本和设备成本的各项间接费用和税费支出，先在本明细科目中归集；建设工程办妥竣工验收手续并交付使用时，按照合理的分配方法，摊入相关工程成本、在安装设备成本等。

1.工会发生的构成待摊投资的各类费用，按照实际发生金额，借记本科目（待摊投资），贷记“资产基金——在建工程”科目；同时，借记“资本性支出”“资产基金”科目，贷记“银行存款”“零余额账户用款额度”“政府补助收入”“累计折旧”“累计摊销”等科目。

2.对于建设过程中试生产、设备调试等产生的收入，按照依据有关规定应当冲减建设工程成本的部分，借记“资产基金——在建工程”科目，贷记本科目（待摊投资）；同时，按照取得的收入金额，借记“银行存款”等科目，按照依据有关规定应当冲减建设工程成本的部分，贷记“资本性支出”科目，按照其差额，贷记“其他应付款”或“其他收入”科目。

3.由于自然灾害、管理不善等原因造成的单项工程或单位工程报废或毁损，扣除残料价值和过失人或保险公司等赔款后的净损失，报经批准后计入继续施工的工程成本的，按照工程成本扣除残料价值和过失人或保险公司等赔款后的净损失，借记本科目（待摊投资），按照报废或毁损的工程成本，贷记本科目（建筑安装工程投资），按照其差额，借记“资产基金——在建工程”科目；同时，按照残料变价收入、过失人或保险公司赔款等，借记“银行存款”“其他应收款”等科目，贷记“资本性支出”科目。

4.工程交付使用时，按照合理的分配方法分配待摊投资，借记本科目（建筑安装工程投资、设备投资），贷记本科目（待摊投资）。待摊投资中有按规定应当分摊计入待核销基建支出和转出投资价值的，应当借记本科目（待核销基建支出、基建转出投资），贷记本科目（待摊投资）。

待摊投资的分配方法，可按照下列公式计算：

（1）按照实际分配率分配。适用于建设工期较短、整个项目的所有单项工程一次竣工的建设项目。

实际分配率=待摊投资明细科目余额÷（建筑工程明细科目余额+安装工程明细科目余额+设备投资明细科目余额）×100%

（2）按照概算分配率分配。适用于建设工期长、单项工程分期分批建成投入使用的建设项目。

概算分配率=（概算中各待摊投资项目的合计数–其中可直接分配部分）÷（概算中建筑工程、安装工程和设备投资合计）×100%

（3）某项固定资产应分配的待摊投资=该项固定资产的建筑工程成本或该项固定资产（设备）的采购成本和安装成本合计×分配率

（四）其他投资。

1.工会为建设工程发生的房屋购置支出，基本畜禽、林木等的购置、饲养、培育支出，办公生活用家具、器具购置支出，软件研发和不能计入设备投资的软件购置等支出，按照实际发生金额，借记本科目（其他投资），贷记“资产基金——在建工程”科目；同时，借记“资本性支出”科目，贷记“银行存款”“零余额账户用款额度”“政府补助收入”等科目。

2.工程完成将形成的房屋、基本畜禽、林木等各种财产以及无形资产交付使用时，按照其实际成本，借记“资产基金——在建工程”科目，贷记本科目（其他投资）；同时，借记“固定资产”“无形资产”等科目，贷记“资产基金——固定资产”“资产基金——无形资产”等科目。

（五）待核销基建支出。

1.建设项目发生的江河清障、航道清淤、飞播造林、补助群众造林、水土保持、城市绿化等不能形成资产的各类待核销基建支出，按照实际发生金额，借记本科目（待核销基建支出），贷记“资产基金——在建工程”科目；同时，借记“资本性支出”科目，贷记“银行存款”“零余额账户用款额度”“政府补助收入”等科目。

2.取消的建设项目发生的可行性研究费，按照实际发生金额，借记本科目（待核销基建支出），贷记本科目（待摊投资）。

3.由于自然灾害等原因发生的建设项目整体报废所形成的净损失，报经批准后转入待核销基建支出，按照项目整体报废所形成的净损失，借记本科目（待核销基建支出），按照报废的工程成本，贷记本科目（建筑安装工程投资等），按照其差额，借记“资产基金——在建工程”科目；同时，按照报废工程回收的残料变价收入、保险公司赔款等，借记“银行存款”“其他应收款”等科目，贷记“资本性支出”科目。

4.建设项目竣工验收并交付使用时，对发生的待核销基建支出进行冲销，借记“资产基金——在建工程”科目，贷记本科目（待核销基建支出）。

（六）基建转出投资。

为建设项目配套而建成的、产权不归属本工会的专用设施，在项目竣工验收并交付使用时，按照转出的专用设施的成本，借记本科目（基建转出投资），贷记本科目（建筑安装工程投资）；同时，借记“资产基金——在建工程”科目，贷记本科目（基建转出投资）。

（七）代建制项目的会计处理。

1.拨付代建单位工程款时，按照拨付的款项金额，借记本科目（预付工程款），贷记“资产基金——在建工程”科目；同时，借记“资本性支出”科目，贷记“银行存款”“零余额账户用款额度”“政府补助收入”等科目。

2.按照工程进度结算工程款或年终代建单位对账确认在建工程成本时，按照确定的金额，借记本科目下的“建筑安装工程投资”等明细科目，贷记本科目（预付工程款）。

3.确认代建管理费时，按照确定的金额，借记本科目（待摊投资），贷记本科目（预付工程款）。

4.项目完工交付使用资产时，按照代建单位转来在建工程成本中尚未确认入账的金额，借记本科目“建筑安装工程投资”等明细科目，贷记本科目（预付工程款）。按照在建工程成本，借记“资产基金——在建工程”科目，贷记本科目（建筑安装工程投资）；同时，借记“固定资产”等科目，贷记“资产基金——固定资产”等科目。

工程结算、确认代建费或竣工决算时涉及补付资金的，应当在确认在建工程和资产基金的同时，按照补付的金额，借记“资本性支出”科目，贷记“银行存款”“零余额账户用款额度”“政府补助收入”等科目。

四、本科目的期末借方余额，反映工会尚未完工的各项在建工程发生的实际成本。

第162号科目　固定资产

一、本科目核算工会各项固定资产的原值。

二、工会应当设置固定资产明细账，按照类别和项目进行明细核算。

三、固定资产核算时，应当考虑以下情况：

（一）购入需要安装的固定资产，应当先通过“在建工程”科目核算，安装完毕交付使用时再转入本科目核算。

（二）单位行政方面提供工会使用的、工会以经营租赁方式取得的固定资产，不通过本科目核算，应当设置备查簿进行登记。

四、固定资产的主要账务处理如下：

（一）固定资产在取得时，应当分以下情况进行处理：

1.购入、有偿调入固定资产，按照确定的成本，借记本科目［不需安装］或“在建工程”科目［需安装］，贷记“资产基金——固定资产”［不需安装］或“资产基金——在建工程”［需安装］科目；同时，按照实际支付的金额，借记“资本性支出”科目，贷记“银行存款”“零余额账户用款额度”“政府补助收入”等科目。

购入固定资产扣留质量保证金的，在取得固定资产时，按照确定的固定资产成本，借记本科目［不需安装］或“在建工程”科目［需安装］，贷记“资产基金——固定资产”［不需安装］或“资产基金——在建工程”［需安装］科目。同时取得固定资产全款发票的，按照构成资产成本的全部支出金额，借记“资本性支出”科目，按照实际支付的金额，贷记“银行存款”“零余额账户用款额度”“政府补助收入”等科目，按照扣留的质量保证金金额，贷记“其他应付款”科目；取得的发票金额不包括质量保证金的，按照不包括质量保证金的支出金额，借记“资本性支出”科目，贷记“银行存款”“零余额账户用款额度”“政府补助收入”等科目。

实际支付质量保证金时，借记“其他应付款”科目或“资本性支出”科目，贷记“银行存款”“零余额账户用款额度”“政府补助收入”等科目。

2. 自行建造固定资产，工程完工交付使用时，按照自行建造过程中发生的实际支出，借记本科目，贷记“资产基金——固定资产”科目；同时，借记“资产基金——在建工程”科目，贷记“在建工程”科目。

已交付使用但尚未办理竣工决算手续的固定资产，按照估计价值入账，待办理竣工决算后再按照实际成本调整原来的暂估价值。按照实际成本与暂估价值的差额，借记或贷记本科目，贷记或借记“资产基金——固定资产”科目。

3. 接受捐赠、无偿调入的固定资产，按照确定的成本，借记本科目［不需安装］或“在建工程”科目［需安装］，贷记“资产基金——固定资产”［不需安装］或“资产基金——在建工程”［需安装］科目；按照发生的相关税费、运输费等，借记“其他支出”科目，贷记“银行存款”“零余额账户用款额度”等科目。

4. 在原有固定资产基础上进行改建、扩建、大型修缮的固定资产，将固定资产转入改建、扩建、大型修缮时，按照固定资产的账面价值，借记“资产基金——固定资产”科目，按照固定资产已计提折旧金额，借记“累计折旧”科目，按照固定资产的账面余额，贷记本科目；同时，按照固定资产的账面价值，借记“在建工程”科目，贷记“资产基金——在建工程”科目。工程完工交付使用时，按照确定的固定资产成本，借记本科目，贷记“资产基金——固定资产”科目；同时，借记“资产基金——在建工程”科目，贷记“在建工程”科目。

（二）按月计提固定资产折旧时，按照应计提的金额，借记“资产基金——固定资产”科目，贷记“累计折旧”科目。

（三）与固定资产有关的后续支出，应当分以下情况进行处理：

1.为增加固定资产使用效能或延长其使用寿命而发生的改建、扩建或大型修缮等后续支出，应当计入固定资产成本，通过“在建工程”科目核算，完工交付使用时转入本科目。有关账务处理参见“在建工程”科目。

2.为维护固定资产正常使用而发生的日常修理等后续支出，应当计入当期支出但不计入固定资产成本，借记“行政支出”等科目，贷记“银行存款”“零余额账户用款额度”等科目。

（四）按规定报经批准处置固定资产，应当分以下情况进行处理：

1.以固定资产对外进行股权投资，按照投出固定资产的账面价值，借记“资产基金——固定资产”科目，按照已计提折旧，借记“累计折旧”科目，按照固定资产的账面余额，贷记本科目。同时，按照确定的投资成本，借记“投资”科目，贷记“资产基金——投资”科目。

2.出售固定资产，按照出售固定资产的账面价值，借记“资产基金——固定资产”科目，按照已计提折旧，借记“累计折旧”科目，按照固定资产的账面余额，贷记本科目。按照出售过程中取得的价款，借记“银行存款”等科目，贷记“其他收入”科目，按规定应上缴同级财政的，贷记“其他应付款”科目。出售过程中工会发生的税费等支出，借记“其他支出”科目，贷记“银行存款”等科目。

3.经批准对外捐赠、无偿调出固定资产，按照固定资产的账面价值，借记“资产基金——固定资产”科目，按照已计提折旧，借记“累计折旧”科目，按照固定资产的账面余额，贷记本科目。发生的由工会承担的运输费、装卸费等，按照实际支付的金额，借记“其他支出”科目，贷记“银行存款”等科目。

五、固定资产应当每年至少盘点一次，对盘盈、盘亏、毁损或报废的，应当查明原因，写出书面报告，按规定报经批准认定后及时进行账务处理，同时将有关情况在会计报表附注中予以披露。

（一）盘盈的固定资产，按照确定的入账成本，借记本科目，贷记“待处理财产损溢”科目。

（二）盘亏或者毁损、报废的固定资产，按照账面价值，借记“待处理财产损溢”科目，按照已计提折旧，借记“累计折旧”科目，按照固定资产的账面余额，贷记本科目。

六、本科目期末借方余额，反映工会固定资产的原值。

第163号科目　累计折旧

一、本科目核算工会计提的固定资产累计折旧。

二、本科目应当按照所对应固定资产的类别、项目进行明细核算。

三、固定资产累计折旧的主要账务处理如下：

（一）按月计提固定资产折旧时，按照应计提折旧金额，借记“资产基金——固定资产”科目，贷记本科目。

（二）经批准处置固定资产时，按照所处置固定资产的账面价值，借记“资产基金——固定资产”[对外捐赠、无偿调出等]或“待处理财产损溢”[盘亏、毁损、报废等]科目，按照固定资产已计提折旧，借记本科目，按照固定资产的账面余额，贷记“固定资产”科目。

四、本科目期末贷方余额，反映工会计提的固定资产折旧累计数。

第171号科目　无形资产

一、本科目核算工会各项无形资产的原值。

二、工会应当设置无形资产明细账，按照类别、项目等进行明细核算。

三、无形资产的主要账务处理如下：

（一）无形资产在取得时，应当分以下情况进行处理：

1.外购的无形资产，按照确定的成本，借记本科目，贷记“资产基金——无形资产”科目；同时，按照实际支付的金额，借记“资本性支出”科目，贷记“银行存款”“零余额账户用款额度”“政府补助收入”等科目。

2.委托软件公司开发软件视同外购无形资产进行处理。支付软件开发费时，按照实际支付的金额，借记“资本性支出”科目，贷记“银行存款”“零余额账户用款额度”“政府补助收入”等科目。软件开发完成交付使用时，按照确定的成本，借记本科目，贷记“资产基金——无形资产”科目。

3.接受捐赠、无偿调入的无形资产，按照确定的成本，借记本科目，贷记“资产基金——无形资产”科目；按照发生的相关税费等，借记“其他支出”科目，贷记“银行存款”“零余额账户用款额度”等科目。

（二）按月摊销无形资产时，按照应摊销的金额，借记“资产基金——无形资产”科目，贷记“累计摊销”科目。

（三）按规定报经批准处置无形资产时，应当分以下情况进行处理：

1.以无形资产对外进行股权投资，按照投出无形资产的账面价值，借记“资产基金——无形资产”科目，按照已计提摊销，借记“累计摊销”科目，按照无形资产的账面余额，贷记本科目；同时，按照确定的投资成本，借记“投资”科目，贷记“资产基金——投资”科目。

2.出售无形资产，按照出售无形资产的账面价值，借记“资产基金——无形资产”科目，按照已计提摊销，借记“累计摊销”科目，按照无形资产的账面余额，贷记本科目。按照取得的价款金额，借记“银行存款”等科目，贷记“其他收入”科目，按规定应上缴同级财政的，贷记“其他应付款”科目。出售过程中发生的税费等支出，借记“其他支出”科目，贷记“银行存款”等科目。

3.对外捐赠、无偿调出无形资产，按照无形资产的账面价值，借记“资产基金——无形资产”科目，按照已计提摊销，借记“累计摊销”科目，按照无形资产的账面余额，贷记本科目。

4.无形资产预期不能为工会带来服务潜力或经济利益，应当按规定报经批准后将该无形资产的账面价值予以核销。转入待处理资产时，按照待核销无形资产的账面价值，借记“待处理财产损溢”科目，按照已计提摊销，借记“累计摊销”科目，按照无形资产的账面余额，贷记本科目。报经批准予以核销时，按照核销无形资产的账面价值，借记“资产基金——无形资产”科目，贷记“待处理财产损溢”科目。

四、无形资产应当每年至少盘点一次，对盘盈、盘亏的无形资产，参照“固定资产”科目相关规定进行账务处理。

五、本科目期末借方余额，反映工会无形资产的原值。

第172号科目　累计摊销

一、本科目核算工会对使用年限有限的无形资产计提的累计摊销。

二、本科目应当按照所对应无形资产的类别、项目进行明细核算。

三、无形资产累计摊销的主要账务处理如下：

（一）按月对无形资产进行摊销时，按照应摊销的金额，借记“资产基金——无形资产”科目，贷记本科目。

（二）经批准处置无形资产时，按照所处置无形资产的账面价值，借记“资产基金——无形资产”［对外捐赠、无偿调出等］或“待处理财产损溢”［盘亏、待核销等］科目，按照已计提摊销，借记本科目，按照无形资产的账面余额，贷记“无形资产”科目。

四、本科目期末贷方余额，反映工会计提的无形资产摊销累计数。

第181号科目　长期待摊费用

一、本科目核算工会已经支出，但应由本期和以后各期负担的分摊期限在1年以上（不含1年）的各项支出。如对以经营租赁方式租入的固定资产的改良支出等。

二、本科目应当按照对应资产的类别进行明细核算。

三、长期待摊费用的主要账务处理如下：

（一）发生长期待摊费用时，按照支出金额，借记本科目，贷记“资产基金——长期待摊费用”科目；同时，同时，按照实际支付的金额，借记“资本性支出”科目，贷记“银行存款”“零余额账户用款额度”“政府补助收入”等科目。

（二）在受益期间摊销长期待摊费用时，按照摊销金额，借记“资产基金——长期待摊费用”科目，贷记本科目。

（三）如果某项长期待摊费用已经不能使工会受益，应当将其摊余金额一次性转销。按照剩余待摊销金额，借记“资产基金——长期待摊费用”科目，贷记本科目。

四、本科目期末借方余额，反映工会尚未摊销完毕的长期待摊费用。

第182号科目　待处理财产损溢

一、本科目核算工会待处理财产的价值及财产处理损溢。

工会财产的处理包括资产的盘盈、盘亏、报废、毁损以及非实物资产损失核销等。

二、本科目应当按照待处理的资产项目进行明细核算；对于在资产处理过程中取得收入或发生相关费用的项目，还应当设置“待处理财产价值”“处理净收入”明细科目，进行明细核算。

三、工会财产的处理，一般应当先记入本科目，按照规定报经批准后及时进行账务处理。年末结账前一般应处理完毕。

四、待处理财产损溢的主要账务处理如下：

（一）账款核对时发现短缺或溢余的库存现金。

1.每日账款核对中发现现金短缺或溢余，属于现金短缺的，按照实际短缺的金额，借记本科目，贷记“库存现金”科目；属于现金溢余的，按照实际溢余的金额，借记“库存现金”科目，贷记本科目。

2.如为现金短缺，属于应由责任人等赔偿的，借记“其他应收款”科目，贷记本科目；属于无法查明原因的，报经批准核销时，借记“其他支出”科目，贷记本科目。

3.如为现金溢余，属于应支付给有关人员或单位的，借记本科目，贷记“其他应付款”科目；属于无法查明原因的，报经批准后，借记本科目，贷记“其他收入”科目。

（二）按规定报经批准予以核销的其他应收款、股权投资、无形资产。

1.转入待处理资产时，按照资产的账面价值，借记本科目［核销无形资产的，还应按照计提的摊销金额，借记“累计摊销”科目］，按照资产的账面余额，贷记“其他应收款”“投资”“无形资产”科目。

2.报经批准予以核销时，借记“其他支出”科目［其他应收款核销］或“资产基金——投资”“资产基金——无形资产”科目［投资、无形资产核销］，贷记本科目。

（三）资产清查过程中发现的盘盈、盘亏或报废、毁损的库存物品、固定资产、无形资产等各种资产。

1.盘盈的各类资产。

（1）转入待处理资产时，按照确定的成本，借记“库存物品”“固定资产”“无形资产”等科目，贷记本科目（待处理财产价值）。

（2）按照规定报经批准后处理时，借记本科目（待处理财产价值），贷记“资产基金”科目。

2.盘亏或者毁损、报废的各类资产。

（1）转入待处理资产时，借记本科目（待处理财产价值）［盘亏、毁损、报废固定资产、无形资产的，还应借记“累计折旧”“累计摊销”科目］，贷记“库存物品”“在建工程”“固定资产”“无形资产”等科目。

报经批准处理时，借记“资产基金”科目，贷记本科目（待处理财产价值）。

（2）处理毁损、报废实物资产过程中取得的残值或残值变价收入、保险理赔和过失人赔偿等，借记“库存现金”“银行存款”“其他应收款”等科目，贷记本科目（处理净收入）；处理毁损、报废实物资产过程中发生的相关费用，借记本科目（处理净收入），贷记“库存现金”“银行存款”等科目。

处理收支结清，如果处理收入大于相关费用的，按照处理收入减去相关费用后的净收入，借记本科目（处理净收入），贷记“其他收入”科目，需按规定上缴同级政府财政的，贷记“其他应付款”科目；如果处理收入小于相关费用的，按照相关费用减去处理收入后的净支出，借记“其他支出”科目，贷记本科目（处理净收入）。

五、本科目期末如为借方余额，反映工会尚未处理完毕的各种资产的净损失；期末如为贷方余额，反映尚未处理完毕的各种资产净溢余。年末，经批准处理后，本科目一般应无余额。

二、负债类科目

第201号科目　应付职工薪酬

一、本科目核算县级以上工会按照有关规定应付给本单位职工及为职工支付的各种薪酬，包括基本工资、国家统一规定的津贴补贴、规范津贴补贴（绩效工资）、改革性补贴、社会保险费（如职工基本养老保险费、职业年金、基本医疗保险费等）和住房公积金等。

二、本科目应当根据国家有关规定按照“基本工资”（含离休费及退休人员统筹外养老保险待遇）、“国家统一规定的津贴补贴”“规范津贴补贴（绩效工资）”“改革性补贴”“社会保险费”“住房公积金”“其他个人收入”等进行明细核算。其中，“社会保险费”“住房公积金”明细科目核算内容包括工会从职工工资中代扣代缴的社会保险费、住房公积金，以及工会为职工计算缴纳的社会保险费、住房公积金。

三、应付职工薪酬的主要账务处理如下：

（一）计算确认当期应付职工薪酬（含工会为职工计算缴纳的社会保险费、住房公积金）时，借记“行政支出”科目，贷记本科目。

（二）向职工支付工资、津贴补贴等薪酬时，按照实际支付的金额，借记本科目，贷记“银行存款”等科目。

（三）按照税法规定代扣职工个人所得税时，借记本科目，贷记“其他应付款”科目。

从应付职工薪酬中代扣为职工垫付的水电费、房租等费用时，按照实际扣除的金额，借记本科目（基本工资），贷记“其他应收款”等科目。

从应付职工薪酬中代扣社会保险费和住房公积金，按照代扣的金额，借记本科目（基本工资），贷记本科目（社会保险费、住房公积金）。

（四）按照国家有关规定缴纳职工社会保险费和住房公积金时，按照实际支付的金额，借记本科目（社会保险费、住房公积金），贷记“银行存款”等科目。

（五）从应付职工薪酬中支付的其他款项，借记本科目，贷记“银行存款”等科目。

四、本科目期末贷方余额，反映县级以上工会应付未付的职工薪酬。

第211号科目　应付上级经费

一、本科目核算工会按规定应上缴的工会拨缴经费。

二、应付上级经费的主要账务处理如下：

（一）本级工会确认工会拨缴经费时，按照下级工会经费收缴报告表中的相关金额或实际收到的总金额，借记“应收下级经费”“银行存款”等科目，按规定属于本级工会的部分，贷记“拨缴经费收入”科目，按规定应上缴上级工会的部分，贷记本科目，按规定应转拨下级工会的部分，贷记“应付下级经费——应付下级转拨经费”科目。

（二）实际上缴工会经费时，借记本科目，贷记“银行存款”科目。

三、本科目期末贷方余额，反映工会应缴上级但尚未上缴的工会拨缴经费。

第212号科目　应付下级经费

一、本科目核算县级以上工会应付下级工会的各项补助和应转拨下级工会的工会拨缴经费。

二、工会可以根据需要在本科目下设置以下明细科目：

21201 应付下级补助：核算县级以上工会应拨付给下级工会的一般性转移支付补助和专项转移支付补助。

21202 应付下级转拨经费：核算县级以上工会采用税务代收、财政划拨的形式收缴的应划转给下级工会作为下级工会拨缴经费收入的工会拨缴经费。

三、应付下级经费的主要账务处理如下：

（一）本级工会年末清算对下级工会的补助时，根据补助通知中的相关金额，借记“补助下级支出”科目，贷记本科目（应付下级补助）。

次年，实际拨付补助时，借记本科目（应付下级补助），贷记“银行存款”科目。

（二）采用税务代收、财政划拨方式收缴工会经费的：

1.本级工会通过税务部门代收、财政部门划拨的工会经费，按照实际收到的总金额，借记“银行存款”科目，按规定属于本级工会的部分，贷记“拨缴经费收入”科目，按规定应上缴上级工会的部分，贷记“应付上级经费”科目，按规定应转拨下级工会的部分，贷记本科目（应付下级转拨经费）。

实际转拨下级工会经费时，借记本科目，贷记“银行存款”科目。

2.本级工会确认上级工会通过税务部门代收、财政部门划拨的工会经费，按照上级工会经费转拨通知中的金额或实际收到的总金额，借记“应收上级经费——应收上级转拨经费”“银行存款”科目，按规定属于本级工会的部分，贷记“拨缴经费收入”科目，按规定应转拨下级工会的部分，贷记本科目（应付下级转拨经费）。

实际转拨下级工会经费时，借记本科目，贷记“银行存款”科目。

四、本科目期末贷方余额，反映县级以上工会应拨付下级但尚未拨付的补助和工会拨缴经费。

第215号科目　其他应付款

一、本科目核算工会除应付上下级经费之外的其他应付及暂存款项，包括工会按规定收取的下级工会的建会筹备金、应支付的税金等。

二、本科目应按对方单位或个人设置明细账，进行明细核算。

三、其他应付款的主要账务处理如下：

（一）本级工会收到筹建单位交来的建会筹备金，按照实际收到的总金额，借记“银行存款”科目，贷记本科目。

在筹建单位建立工会后，本级工会按照规定对建会筹备金进行处理。按照对应的金额，借记本科目，按规定属于本级工会的部分，贷记“拨缴经费收入”科目，按规定应上缴上级工会的部分，贷记“应付上级经费”科目，按规定需返还筹建单位工会的部分，贷记“应付下级经费”科目。

（二）发生房产税等纳税义务，以及按照税法规定应代扣代缴个人所得税的，按照应交税费金额，借记“行政支出”“应付职工薪酬”等科目，贷记本科目。工会实际缴纳上述各种税费时，借记本科目，贷记“银行存款”科目。

（三）发生其他应付及暂存款项，借记“库存现金”“银行存款”等科目，贷记本科目。支付款项时，借记本科目，贷记“库存现金”“银行存款”等科目。

四、本科目期末贷方余额，反映工会尚未支付的其他应付及暂存款项。

第221号科目　代管经费

一、本科目核算其他组织委托工会代管的有指定用途的、不属于工会收入的资金，如代管的社团活动费、职工互助保险等。

二、本科目应当按照拨入代管经费的项目或单位设置明细账。

三、代管经费的主要账务处理如下：

（一）收到代管的资金时，按照实际收到的金额，借记“库存现金”“银行存款”科目，贷记本科目。

（二）实际支出时，按照实际支出的金额，借记本科目，贷记“库存现金”“银行存款”科目。

四、本科目期末贷方余额，反映工会受托代管的资金。

三、净资产类科目

第301号科目　资产基金

一、本科目核算工会库存物品、投资、在建工程、固定资产、无形资产、长期待摊费用等非货币性资产在净资产中占用的金额。

二、本科目应当设置“库存物品”“投资”“在建工程”“固定资产”“无形资产”“长期待摊费用”等明细科目，进行明细核算。

三、资产基金的主要账务处理如下：

（一）确认资产基金时，按照确定的成本或金额，借记“库存物品”“固定资产”“在建工程”“无形资产”“投资”“长期待摊费用”科目，贷记本科目；同时，按照实际发生的支出，借记“职工活动支出”“行政支出”“资本性支出”“工会资金结余”等科目，贷记“银行存款”“零余额账户用款额度”等科目。

（二）领用和发出库存物品时，按照领用和发出库存物品的成本，借记本科目（库存物品），贷记“库存物品”科目。

（三）在建工程完工交付使用时，按照确定的固定资产成本，借记“固定资产”科目，贷记本科目（固定资产）；同时，借记本科目（在建工程），贷记“在建工程”科目。

（四）计提固定资产折旧、无形资产摊销及分摊长期待摊费用时，按照计提的折旧、摊销及分摊的长期待摊费用的金额，借记本科目（固定资产、无形资产、长期待摊费用），贷记“累计折旧”“累计摊销”“长期待摊费用”科目。

（五）以库存物品、固定资产、无形资产对外进行股权投资时，按照确定的投资成本，借记“投资”科目，贷记本科目（投资）；同时，按投出资产的账面价值，借记本科目（库存物品、固定资产、无形资产），按已计提的折旧、摊销金额，借记“累计折旧”“累计摊销”科目，按投出资产的账面余额，贷记“库存物品”“固定资产”“无形资产”科目。

收回投资时，按照收回投资的账面余额，借记本科目（投资），贷记“投资”科目；同时，按照实际取得的价款，借记“银行存款”等科目，按照收回投资的账面余额，贷记“工会资金结余”科目；按照其差额，贷记或借记“投资收益”科目。

（六）对外捐赠、无偿调出库存物品、固定资产、无形资产时，应当按照资产的账面价值，借记本科目（库存物品、固定资产、无形资产），按照已计提的折旧、摊销金额，借记“累计折旧”“累计摊销”科目，按照资产的账面余额，贷记“库存物品”“固定资产”“无形资产”科目。

（七）通过“待处理财产损溢”科目核算的资产处置，有关本科目的账务处理参见“待处理财产损溢”科目。

四、本科目期末贷方余额，反映工会非货币性资产在净资产中占用的金额。

第311号科目　专用基金

一、本科目核算县级以上工会根据国家和全国总工会有关规定，依法提取和使用的有专门用途的基金，包括权益保障金、住房改革支出等。

二、专用基金的主要账务处理如下：

（一）提取专用基金时，借记“维权支出”“其他支出”等科目，贷记本科目。

（二）实际使用专用基金时，借记本科目，贷记“库存现金”“银行存款”等科目。

三、本科目期末贷方余额，反映县级以上工会专用基金的数额。

第321号科目 工会资金结转

一、本科目核算工会资金结转的调整、结转和滚存情况。

二、本科目应当设置以下明细科目：

32101 年初余额调整：核算工会因发生会计差错更正、以前年度支出收回等原因，需要调整工会资金结转的金额。

32102 单位内部调剂：核算工会经批准对工会结余资金改变用途，调整用于工会其他未完成项目等的金额。

32103 本年收支结转：核算工会本期专项工会资金收支相抵后的余额。

32104 累计结转：核算工会滚存的工会资金专项资金结转金额。

三、工会资金结转的主要账务处理如下：

（一）因发生会计差错更正、以前年度支出收回的，按照调整或收回的属于工会资金结转的金额，借记或贷记“银行存款”等科目，贷记或借记本科目（年初余额调整）。

（二）经批准对工会资金结余资金改变用途，调整用于工会其他未完成项目的，按照批准的金额，借记“工会资金结余——单位内部调剂”科目，贷记本科目（单位内部调剂）。

（三）期末，将各类财政拨款以外的工会经费专项资金的收入、支出本期发生额转入本科目，借记“拨缴经费收入”“上级补助收入”“政府补助收入——非同级财政拨款收入”“行政补助收入”“附属单位上缴收入”“投资收益”“其他收入”科目下各专项资金收入明细科目，贷记本科目（本年收支结转）；借记本科目（本年收支结转），贷记“职工活动支出”“职工活动组织支出”“职工服务支出”“维权支出”“业务支出”“行政支出”“资本性支出”“补助下级支出”“对附属单位的支出”“其他支出”的“工会资金”明细科目下各专项资金支出明细科目。

（四）年末，冲销有关明细科目余额。将本科目（本年收支结转、年初余额调整、单位内部调剂）余额转入本科目（累计结转）。结转后，本科目除“累计结转”明细科目外，其他明细科目应无余额。

（五）年末，对工会结转资金各项目执行情况进行分析，按照有关规定将符合结余资金性质的剩余资金转入“工会资金结余”科目。借记本科目（累计结转），贷记“工会资金结余——结转转入”科目。

四、本科目期末贷方余额，反映工会滚存的工会资金结转资金数额。

第322号科目　工会资金结余

一、本科目核算工会结余资金的调整、结余和滚存情况。

二、本科目应当设置以下明细科目：

32201 年初余额调整：核算工会因发生会计差错更正、以前年度支出收回等原因，需要调整工会资金结余的金额。

32202 单位内部调剂：核算工会经批准对工会结余资金改变用途，调整用于工会其他未完成项目等的金额。

32203 本年收支结转：核算工会本期各非专项工会资金收支相抵后的余额。

32204 结转转入：核算工会按规定转入工会资金结余的工会结转资金。

32205 累计结余：核算工会滚存的工会结余资金。

三、工会资金结余的主要账务处理如下：

（一）因发生会计差错更正、以前年度支出收回的，按照调整或收回的属于工会结余资金的金额，借记或贷记“银行存款”等科目，贷记或借记本科目（年初余额调整）。

（二）经批准对工会结余资金改变用途，调整用于工会其他未完成项目的，按照批准的金额，借记本科目（单位内部调剂），贷记“工会资金结转——单位内部调剂”科目。

（三）以货币资金对外投资时，按照投资成本金额，借记本科目（累计结余），贷记“银行存款”等科目；同时，按照确定的投资成本，借记“投资”科目，贷记“资产基金——投资”科目。

转让或收回投资时，按照实际取得的价款，借记“银行存款”等科目，按照转让或收回投资的账面余额，贷记本科目（累计结余），按照其差额，贷记或借记“投资收益”科目；同时，按照转让或收回投资的账面余额，借记“资产基金——投资”科目，贷记“投资”科目。

（四）期末，将除财政拨款以外的各工会经费非专项资金的收入、支出本期发生额转入本科目，借记“会费收入”“拨缴经费收入”“上级补助收入”“政府补助收入——非同级财政拨款收入”“行政补助收入”“附属单位上缴收入”“投资收益”“其他收入”科目下各非专项资金收入明细科目和“动用预算稳定调节基金”科目，贷记本科目（本年收支结转）；借记本科目（本年收支结转），贷记“职工活动支出”“职工活动组织支出”“职工服务支出”“维权支出”“业务支出”“行政支出”“资本性支出”“补助下级支出”“对附属单位的支出”“其他支出”的“工会资金”明细科目下各非专项资金支出明细科目和“安排预算稳定调节基金”科目。

（五）年末，对工会结转资金各明细项目执行情况进行分析，按照有关规定将符合结余资金性质的项目余额转入本科目，借记“工会资金结转——累计结转”科目，贷记本科目（结转转入）。

（六）年末，冲销有关明细科目余额。将本科目（本年收支结转、年初余额调整、单位内部调剂、结转转入）余额转入本科目（累计结余）。结转后，本科目除“累计结余”明细科目外，其他明细科目应无余额。

四、本科目期末贷方余额，反映工会滚存的工会资金结余资金数额。

第331号科目　财政拨款结转

一、本科目核算从同级政府财政部门取得财政拨款的县级以上工会财政拨款结转资金的调整、结转和滚存情况。

二、本科目应当设置以下明细科目：

33101 年初余额调整：核算工会因发生会计差错更正、以前年度支出收回等原因，需要调整财政拨款结转的金额。

33102 单位内部调剂：核算工会经财政部门批准对财政拨款结余资金改变用途，调整用于工会其他未完成项目等的金额。

33103 本年收支结转：核算工会本期财政拨款收支相抵后的余额。

33104 累计结转：核算工会滚存的财政拨款结转资金。

本科目还应按照“基本支出结转”和“项目支出结转”进行明细核算，在“基本支出结转”明细科目下按照“人员经费”和“公用经费”进行明细核算，在“项目支出结转”明细科目下按照具体项目进行明细核算；同时，按照《政府收支分类科目》中“支出功能分类科目”的项级科目进行明细核算。

三、财政拨款结转的主要账务处理如下：

（一）因发生会计差错更正、以前年度支出收回的，按照调整或收回的金额，借记或贷记“零余额账户用款额度”“财政应返还额度”等科目，贷记或借记本科目（年初余额调整）。

（二）经财政部门批准对财政拨款结余资金改变用途，调整用于工会其他未完成项目的，按照批准的金额，借记“财政拨款结余——单位内部调剂”科目，贷记本科目（单位内部调剂）。

（三）期末，将财政拨款收入、支出的本期发生额转入本科目，借记“政府补助收入——财政拨款收入”科目，贷记本科目（本年收支结转）；借记本科目（本年收支结转），贷记“职工活动组织支出”“职工服务支出”“维权支出”“业务支出”“行政支出”“资本性支出”“补助下级支出”“对附属单位的支出”和“其他支出”科目的“财政拨款”明细科目。

（四）年末，冲销有关明细科目余额。将本科目（本年收支结转、年初余额调整、单位内部调剂）余额转入本科目（累计结转）。结转后，本科目除“累计结转”明细科目外，其他明细科目应无余额。

（五）年末，对各项目执行情况进行分析，按照有关规定将符合结余资金性质的金额转入“财政拨款结余”科目。借记本科目（累计结转），贷记“财政拨款结余——结转转入”科目。

四、本科目期末贷方余额，反映县级以上工会滚存的财政拨款结转资金数额。

第332号科目　财政拨款结余

一、本科目核算从同级政府财政部门取得财政拨款的县级以上工会财政拨款项目支出结余资金的调整、结转和滚存情况。

二、本科目应当设置以下明细科目：

33201 年初余额调整：核算工会因发生会计差错更正、以前年度支出收回等原因，需要调整财政拨款结余的金额。

33202 归集上缴：核算工会按规定上缴财政拨款结余资金时，实际核销的额度数额或上缴的资金数额。

33203 单位内部调剂：核算工会经财政部门批准对财政拨款结余资金改变用途，调整用于工会其他未完成项目等的金额。

33204 结转转入：核算工会按规定转入财政拨款结余的财政拨款结转资金。

33205 累计结余：核算工会滚存的财政拨款结余资金。

本科目还应当按照具体项目、《政府收支分类科目》中“支出功能分类科目”的项级科目进行明细核算。

三、结余资金的主要账务处理如下：

（一）因发生会计差错更正、以前年度支出收回的，按照调整或收回的金额，借记或贷记“零余额账户用款额度”“财政应返还额度”等科目，贷记或借记本科目（年初余额调整）。

（二）按规定上缴财政拨款结余资金或注销财政拨款结余资金额度的，按照实际上缴资金数额或注销资金额度，借记本科目（归集上缴），贷记

“零余额账户用款额度”“财政应返还额度”等科目。

（三）经财政部门批准对财政拨款结余资金改变用途，调整用于工会其他未完成项目的，按照批准的金额，借记本科目（单位内部调剂），贷记“财政拨款结转——单位内部调剂”科目。

（四）年末，对财政拨款结转各项目执行情况进行分析，按照有关规定将符合结余资金性质的金额转入本科目。借记“财政拨款结转——累计结转”科目，贷记本科目（结转转入）。

（五）年末，冲销有关明细科目余额。将本科目（年初余额调整、归集上缴、单位内部调剂、结转转入）余额转入本科目（累计结余）。结转后，本科目除“累计结余”明细科目外，其他明细科目应无余额。

四、本科目期末贷方余额，反映县级以上工会滚存的财政拨款结余资金数额。

第341号科目　预算稳定调节基金

一、本科目核算县级以上工会按照工会预算管理规定设置的预算稳定调节基金的滚存情况。

二、预算稳定调节基金的主要账务处理如下：

（一）按规定使用超收的拨缴经费收入设置和补充预算稳定调节基金时，按照计提的金额，借记“安排预算稳定调节基金”科目，贷记本科目。

（二）按规定动用预算稳定调节基金用于弥补本年预算收入的不足时，按照动用的金额，借记本科目，贷记“动用预算稳定调节基金”科目。

三、本科目期末贷方余额，反映县级以上工会预算稳定调节基金的滚存金额。

四、收入类科目

第401号科目　会费收入

一、本科目核算基层工会会员依照规定向工会组织缴纳的会费。

二、会费收入的主要账务处理如下：

（一）取得会费时，按照实际收到的金额，借记“库存现金”“银行存款”科目，贷记本科目。

（二）期末结转时，将本科目本年发生额转入工会资金结余，借记本科目，贷记“工会资金结余——本年收支结转”科目。

三、本科目期末结转后无余额。

第402号科目　拨缴经费收入

一、本科目核算基层单位行政拨缴、下级工会按规定上缴及上级工会按规定转拨的工会拨缴经费中归属于本级工会的经费。

二、工会可以根据需要在本科目下设置明细科目，进行明细核算。拨缴经费收入中如有专项资金收入，还应当按照具体项目进行明细核算。

三、拨缴经费收入的主要账务处理如下：

（一）采用自主拨缴方式收缴工会经费的：

收到工会经费，按照实际收到的总金额，借记“银行存款”科目，按规定属于本级工会的部分，贷记本科目，按规定应上缴上级工会的部分，贷记“应付上级经费”科目。

年末，存在应收未收的拨缴经费收入的，按照下级工会经费收缴报告表中的金额，借记“应收下级经费”科目，按规定属于本级工会的部分，贷记本科目，按规定应上缴上级工会的部分，贷记“应付上级经费”科目。

（二）采用税务代收、财政划拨方式收取工会经费的：

1.本级工会通过税务部门代收、财政部门划拨的工会经费，按实际收到的总金额，借记“银行存款”科目，按规定属于本级工会的部分，贷记本科目，按规定应上缴上级工会的部分，贷记“应付上级经费”科目，按规定应转拨下级工会的部分，贷记“应付下级经费——应付下级转拨经费”科目。

2.本级工会收到上级工会转拨的通过税务部门代收、财政部门划拨的工会经费，按照实际收到的总金额，借记“银行存款”科目，按规定属于本级工会的部分，贷记本科目，按规定属于下级工会的部分，贷记“应付下级经费——应付下级转拨经费”科目。

年末，存在应收未收的拨缴经费收入的，按照上级工会经费转拨通知中的金额，借记“应收上级经费——应收上级转拨经费”科目，按规定属于本级工会的部分，贷记本科目，按规定属于下级工会的部分，贷记“应付下级经费——应付下级转拨经费”科目。

（三）期末结转时，将本科目本期发生额中的专项资金收入转入工会资金结转，借记本科目各专项资金收入明细科目，贷记“工会资金结转——本年收支结转”科目；将本科目本期发生额中的非专项资金收入转入工会资金结余，借记本科目各非专项资金收入明细科目，贷记“工会资金结余——本年收支结转”科目。

四、本科目期末结转后无余额。

第403号科目　上级补助收入

一、本科目核算本级工会收到的上级工会补助的款项。

二、本科目应当设置以下明细科目：

40301 一般性转移支付补助：核算上级工会按照有关规定拨付给下级工会的未指定专门用途的补助。

40302 专项转移支付补助：核算上级工会拨付的指定专门用途的项目补助，包括帮扶困难职工的补助、用于开展向困难职工和家庭送温暖活动的补助、救灾补助等。

三、上级补助收入的主要账务处理如下：

（一）收到上级补助收入时，按照银行收款单的金额，借记“银行存款”科目，贷记本科目。

（二）年末清算时，存在上级应付未付补助款项的，借记“应收上级经费——应收上级补助”科目，贷记本科目。

（三）期末结转时，将本科目本期发生额中的专项资金收入转入工会资金结转，借记本科目（专项转移支付补助），贷记“工会资金结转——本年收支结转”科目；将本科目本期发生额中的非专项资金收入转入工会资金结余，借记本科目（一般性转移支付补助），贷记“工会资金结余——本年收支结转”科目。

四、本科目期末结转后无余额。

第404号科目　政府补助收入

一、本科目核算县级以上工会收到的各级人民政府按照工会法和国家的有关规定给予工会的补助款项，包括工会收到财政拨付的离退休人员离退休费和生活补贴、帮扶资金、送温暖经费、疗养事业补助、劳模补助、基建、维修及大型活动补助等。

二、本科目应当设置以下明细科目：

40401 财政拨款收入：核算县级以上工会从同级政府财政部门取得的财政拨款。

本明细科目下应当设置“基本支出”和“项目支出”两个明细科目，在“基本支出”明细科目下按照“人员经费”和“公用经费”进行明细核算，在“项目支出”明细科目下按照具体项目进行明细核算；同时，按照《政府收支分类科目》中“支出功能分类科目”的项级科目进行明细核算。

40402 非同级财政拨款收入：核算县级以上工会从非同级政府财政部门取得的政府补助收入。

本明细科目应当按照非同级财政拨款收入的类别、来源等进行明细核算。如有专项资金收入，还应按照具体项目进行明细核算。

三、政府补助收入的主要账务处理如下：

（一）财政拨款收入。

1.财政直接支付方式下，根据收到的“财政直接支付入账通知书”及相关原始凭证，按照通知中直接支付的入账金额，借记有关支出科目，贷记本科目（财政拨款收入）。形成非货币性资产的，应当同时按照确定的资产成本，借记相关资产科目，贷记“资产基金”科目。

年末，根据本年度财政直接支付预算指标数与当年财政直接支付实际支出数的差额，借记“财政应返还额度”科目，贷记本科目（财政拨款收入）。

2.财政授权支付方式下，根据收到的“授权支付到账通知书”，按照通知书中的授权支付额度，借记“零余额账户用款额度”科目，贷记本科目（财政拨款收入）。

年末，工会本年度财政授权支付预算指标数大于零余额账户用款额度下达数的，按照两者差额，借记“财政应返还额度”科目，贷记本科目（财政拨款收入）。

3.其他方式下，按照本期预算收到财政拨款收入时，按照实际收到的金额，借记“银行存款”科目，贷记本科目（财政拨款收入）。

4.因差错更正、购货退回等发生国库直接支付款项退回的，属于本年度支付的款项，按照退回金额，借记本科目（财政拨款收入），贷记“维权支出”“资本性支出”等科目。

（二）非同级财政拨款收入。

取得非同级财政拨款收入时，按照实际收到的金额，借记“银行存款”科目，贷记本科目（非同级财政拨款收入）。

（三）期末结转时，将本科目本期发生额中的财政拨款收入转入财政拨款结转，借记本科目（财政拨款收入），贷记“财政拨款结转——本年收支结转”科目；将本科目本期发生额中的非同级财政拨款专项资金收入转入工会资金结转，借记本科目（非同级财政拨款收入），贷记“工会资金结转——本年收支结转”科目；将本科目本期发生额中的非同级财政拨款非专项资金收入转入工会资金结余，借记本科目（非同级财政拨款收入），贷记“工会资金结余——本年收支结转”科目。

四、本科目期末结转后无余额。

第405号科目　行政补助收入

一、本科目核算基层工会取得的所在单位行政方面按照工会法和国家的有关规定给予工会的补助款项，包括工会收到行政拨付的劳动竞赛经费、工会开展活动的费用补助等，不包括行政方面按规定向工会拨缴的工会经费。

二、行政补助收入中如有专项资金收入，应当按照具体项目进行明细核算。

三、行政补助收入的主要账务处理如下：

（一）收到行政补助时，借记“银行存款”等科目，贷记本科目。

（二）期末结转时，将本科目本期发生额中的专项资金收入转入工会资金结转，借记本科目各专项资金收入明细科目，贷记“工会资金结转——本年收支结转”科目；将本科目本期发生额中的非专项资金收入转入工会资金结余，借记本科目各非专项资金收入明细科目，贷记“工会资金结余——本年收支结转”科目。

四、本科目期末结转后无余额。

第406号科目　附属单位上缴收入

一、本科目核算工会所属的企事业单位按规定上缴的收入。

二、本科目应当按照缴款项目或缴款单位名称设明细账。

所属单位上缴收入中如有专项资金收入，还应当按照具体项目进行明细核算。

三、附属单位上缴收入的主要账务处理如下：

（一）收到相关收入时，借记“银行存款”等科目，贷记本科目。

（二）期末结转时，将本科目本期发生额中的专项资金收入转入工会资金结转，借记本科目各专项资金收入明细科目，贷记“工会资金结转——本年收支结转”科目；将本科目本期发生额中的非专项资金收入转入工会资金结余，借记本科目各非专项资金收入明细科目，贷记“工会资金结余——本年收支结转”科目。

四、本科目期末结转后无余额。

第407号科目　投资收益

一、本科目核算工会对外投资发生的损益。

二、投资收益中如有专项资金收入，应当按照具体项目进行明细核算。

三、投资收益的主要账务处理如下：

（一）投资持有期间，收到利息、股利等投资收益时，按照实际收到的金额，借记“银行存款”科目，贷记本科目。

（二）对外转让或到期收回债券投资本息，按照实际收到的金额，借记“银行存款”科目，按照收回投资的账面余额，贷记“工会资金结余”科目，按照其差额，贷记或借记本科目；同时，按照收回投资的账面余额，借记“资产基金——投资”科目，贷记“投资”科目。

（三）期末结转时，将本科目本期发生额中的专项资金收入转入工会资金结转，借记本科目各专项资金收入明细科目，贷记“工会资金结转——本年收支结转”科目；将本科目本期发生额中的非专项资金收入转入工会资金结余，借记本科目各非专项资金收入明细科目，贷记“工会资金结余——本年收支结转”科目。

四、本科目期末结转后无余额。

第408号科目　其他收入

一、本科目核算除上述收入以外的各项收入，如资产盘盈、固定资产处置净收入、接受捐赠收入、银行存款利息收入等。

二、其他收入中如有专项资金收入，应当按照具体项目进行明细核算。

三、其他收入的主要账务处理如下：

（一）取得银行存款利息收入，借记“银行存款”等科目，贷记本科目。

（二）接受捐赠的款项，借记“银行存款”等科目，贷记本科目。

（三）每日现金账款核对中如发现现金溢余，属于无法查明原因的，报经批准后处理时，借记“待处理财产损益”科目，贷记本科目。

（四）已核销其他应收款在以后期间收回的，按照实际收回的金额，借记“银行存款”等科目，贷记本科目。

（五）盘亏或者毁损、报废的各类资产，报经批准处理后收支结清时，如果处理收入大于相关费用的，按照处理收入减去相关费用后的净收入，借记“待处理财产损溢”科目，贷记本科目，需按规定上缴同级政府财政的，贷记“其他应付款”科目。

（六）有偿调出、出售的固定资产和无形资产，按照有偿调出、出售过程中取得的价款，借记“银行存款”等科目，贷记本科目，按规定应上缴同级财政的，贷记“其他应付款”科目；同时，按照有偿调出、出售资产的账面价值，借记“资产基金”科目，按照已计提折旧或摊销，借记“累计折旧”“累计摊销”科目，按照资产的账面余额，贷记“固定资产”“无形资产”科目。

（七）期末结转时，将本科目本期发生额中的专项资金收入转入工会资金结转，借记本科目各专项资金收入明细科目，贷记“工会资金结转——本年收支结转”科目；将本科目本期发生额中的非专项资金收入转入工会资金结余，借记本科目各非专项资金收入明细科目，贷记“工会资金结余——本年收支结转”科目。

四、本科目期末结转后无余额。

第411号科目　动用预算稳定调节基金

一、本科目核算县级以上工会按照工会预算管理规定动用的预算稳定调节基金。

二、动用预算稳定调节基金的主要账务处理如下：

（一）按规定动用预算稳定调节基金时，按照动用的金额，借记“预算稳定调节基金”科目，贷记本科目。

（二）期末结转时，将本科目本期发生额转入工会资金结余科目，借记本科目，贷记“工会资金结余——本年收支结转”科目。

三、本科目期末结转后无余额。

五、支出类科目

第501号科目　职工活动支出

一、本科目核算基层工会开展职工教育活动、文体活动、宣传活动、劳模疗休养活动、会员活动等发生的支出。

二、本科目应当设置以下明细科目：

50101 职工教育支出：核算基层工会用于开展政治、法律、科技、业务等专题培训和职工技能培训所需的教材资料、教学用品、场地租金等方面的支出，用于支付职工教育活动聘请授课人员的酬金，用于基层工会开展的职工素质提升补助和职工教育培训优秀学员的奖励。

50102 文体活动支出：核算基层工会用于开展或参加上级工会组织的职工业余文体活动所需器材、服装、用品等购置、租赁与维修方面的支出以及活动场地、交通工具的租金支出等，用于文体活动优胜者的奖励支出，用于文体活动中必要的伙食补助费。

50103 宣传活动支出：核算基层工会用于开展重点工作、重大主题和重大节日宣传活动所需的材料消耗、场地租金、购买服务等方面的支出，用于培育和践行社会主义核心价值观，弘扬劳模精神、劳动精神、工匠精神等经常性宣传活动方面的支出，用于基层工会开展或参加上级工会举办的知识竞赛、宣讲、演讲比赛、展览等宣传活动的支出。

50104 劳模职工疗休养支出：核算基层工会用于组织和开展的劳动模范和先进职工疗休养活动的公杂费等补助。

50105 会员活动支出：核算基层工会用于组织会员观看电影、文艺演出、开展春游秋游，为会员购买当地公园年票等的支出；用于基层工会在重大节日（传统节日）和会员生日、婚丧嫁娶、退休离岗的慰问支出。

50106 其他活动支出：核算基层工会用于开展其他活动的各项职工活动支出。

三、职工活动支出的主要账务处理如下：

（一）发生职工活动支出时，借记本科目，贷记“库存现金”“银行存款”等科目。支出的款项中有形成库存物品等资产的，应当同时按照确定的成本借记“库存物品”等科目，贷记“资产基金”科目。

（二）期末结转时，将本科目本期发生额中的工会资金专项资金支出转入工会资金结转，借记“工会资金结转——本年收支结转”科目，贷记本科目；将本科目本期发生额中的工会资金非专项资金支出转入工会资金结余，借记“工会资金结余——本年收支结转”科目，贷记本科目。

四、本科目期末结转后无余额。

第502号科目　职工活动组织支出

一、本科目核算县级以上工会组织开展职工教育活动、文体活动、宣传活动、劳模疗休养活动等发生的支出。

二、本科目应当按照工会预算管理等规定，参照“职工活动支出”科目设置明细科目。

三、职工活动组织支出的主要账务处理如下：

（一）发生职工活动组织支出时，借记本科目，贷记“库存现金”“银行存款”“零余额账户用款额度”等科目。支出的款项中有形成库存物品等资产的，应当同时按照确定的成本借记“库存物品”等科目，贷记“资产基金”科目。

（二）期末结转时，将本科目本期发生额中的财政拨款支出转入财政拨款结转，借记“财政拨款结转——本年收支结转”科目，贷记本科目；将本科目本期发生额中的工会资金专项资金支出转入工会资金结转，借记“工会资金结转——本年收支结转”科目，贷记本科目；将本科目本期发生额中的工会资金非专项资金支出转入工会资金结余，借记“工会资金结余——本年收支结转”科目，贷记本科目。

四、本科目期末结转后无余额。

第503号科目　职工服务支出

一、本科目核算工会开展职工劳动和技能竞赛活动、职工创新活动、建家活动、职工书屋、职工互助保障、心理咨询等工作发生的支出。

二、本科目应当设置以下明细科目：

50301 劳动和技能竞赛活动支出：核算工会组织开展合理化建议、技术革新、发明创造、岗位练兵、技术比武、技术培训等劳动和技能竞赛活动支出及其奖励支出。

50302 建家活动支出：核算工会组织建设、建家活动方面的支出。

50303 职工创新活动支出：核算工会开展的劳模和工匠人才创新工作、职工创新工作活动发生的支出。

50304 职工书屋活动支出：核算工会为建设职工书屋而发生的图书购置以及维护的支出。

50305 其他服务支出：核算工会组织和开展会员和职工普惠制服务、心理咨询、互助保障等其他方面的职工服务支出。

三、职工服务支出主要账务处理如下：

（一）发生职工服务支出时，按照实际支付的金额，借记本科目，贷记“库存现金”“银行存款”“零余额账户用款额度”等科目。支出的款项中有形成库存物品等资产的，应当同时按照确定的成本借记“库存物品”等科目，贷记“资产基金”科目。

（二）期末结转时，将本科目本期发生额中的财政拨款支出转入财政拨款结转，借记“财政拨款结转——本年收支结转”科目，贷记本科目；将本科目本期发生额中的工会资金专项资金支出转入工会资金结转，借记“工会资金结转——本年收支结转”科目，贷记本科目；将本科目本期发生额中的工会资金非专项资金支出转入工会资金结余，借记“工会资金结余——本年收支结转”科目，贷记本科目。

四、本科目期末结转后无余额。

第504号科目　维权支出

一、本科目核算工会用于维护职工权益的支出，包括劳动关系协调、劳动保护、法律援助、困难职工帮扶、送温暖和其他维权支出。

二、本科目应当设置以下明细科目：

50401 劳动关系协调支出：核算工会用于推进创建劳动关系和谐企业活动、加强劳动争议调解和队伍建设、开展劳动合同咨询活动、集体合同示范文本印制与推广等方面的支出。

50402 劳动保护支出：核算工会用于开展群众性安全生产和职业病防治活动、加强群众安全监督检查员队伍建设、开展职工心理健康维护等以促进安全健康生产、保护职工生命安全为宗旨开展的职工劳动保护发生的支出。

50403 法律援助支出：核算工会用于向职工群众提供法律咨询、法律服务等发生的支出。

50404 困难职工帮扶支出：核算工会用于对困难职工提供资金和物质帮助等发生的支出。

50405 送温暖支出：核算工会用于开展春送岗位、夏送清凉、金秋助学和送温暖等活动发生的支出。

50406 其他维权支出：核算工会用于补助职工等其他方面的维权支出。

三、维权支出的主要账务处理如下：

（一）发生维权支出时，借记本科目，贷记“库存现金”“银行存款”“零余额账户用款额度”等科目。支出的款项中有形成库存物品等资产的，应当同时按照确定的成本借记“库存物品”等科目，贷记“资产基金”科目。

（二）县级以上工会提取工会干部权益保障金时，借记本科目，贷记“专用基金”科目。

（三）期末结转时，将本科目本期发生额中的财政拨款支出转入财政拨款结转，借记“财政拨款结转——本年收支结转”科目，贷记本科目；将本科目本期发生额中的工会资金专项资金支出转入工会资金结转，借记“工会资金结转——本年收支结转”科目，贷记本科目；将本科目本期发生额中的工会资金非专项资金支出转入工会资金结余，借记“工会资金结余——本年收支结转”科目，贷记本科目。

四、本科目期末结转后无余额。

第505号科目　业务支出

一、本科目核算工会培训工会干部、加强自身建设及开展业务工作发生的各项支出。

二、本科目应当设置以下明细科目：

50501 培训支出：核算工会用于开展工会干部和积极分子培训发生的支出。

50502 会议支出：核算工会用于工会会员大会或会员代表大会、委员会、常委会、经费审查委员会以及其他专业工作会议的各项支出。

50503 专项业务支出：核算工会用于开展组织建设、专题调研、专项工作、劳模津贴、劳模专项补助、扶贫活动及外事活动的支出。

50504 其他业务支出：核算工会发生的不属于以上业务开支的其他业务支出，如工会用于发放兼职工会干部和专职社会化工会工作者补贴的支出等。

三、业务支出主要账务处理如下：

（一）发生业务支出时，借记本科目，贷记“库存现金”“银行存款”“零余额账户用款额度”等科目。支出的款项中有形成库存物品等资产的，应当同时按照确定的成本借记“库存物品”等科目，贷记“资产基金”科目。

（二）期末结转时，将本科目本期发生额中的财政拨款支出转入财政拨款结转，借记“财政拨款结转——本年收支结转”科目，贷记本科目；将本科目本期发生额中的工会资金专项资金支出转入工会资金结转，借记“工会资金结转——本年收支结转”科目，贷记本科目；将本科目本期发生额中的工会资金非专项资金支出转入工会资金结余，借记“工会资金结余——本年收支结转”科目，贷记本科目。

四、本科目期末结转后无余额。

第 506 号科目　行政支出

一、本科目核算县级以上工会为行政管理、后勤保障等发生的各项日常支出。

二、本科目应当设置以下明细科目：

50601 工资福利支出：核算工会开支的专职工作人员和长期聘用人员的各类劳动报酬，以及为上述人员缴纳的各项社会保险费等。包括：基本工资、津贴补贴、奖金、社会保障缴费、伙食补助费、住房公积金等。

50602 商品和服务支出：核算工会购买商品和服务的支出（不包括用于购置固定资产、无形资产的支出）。包括：办公费、印刷费、咨询费、手续费、水费、电费、邮电费、物业管理费、公务用车运行维护费（燃料费、维修费、过桥过路费、保险费、安全奖励费用等）、其他交通费用、差旅费（住宿费、城市间交通费、市内交通费、伙食补助费、杂费）、维修（护）费、租赁费、公务接待费、专用材料费、劳务费、委托业务费、工会经费、福利费等。

50603 对个人和家庭的补助支出：核算工会用于对个人和家庭的补助支出。包括：离休费、退休费、退职费、抚恤金、生活补助、医疗费补助等。

50604 其他行政支出：核算不能划分到上述明细科目的其他行政支出。

三、行政支出的主要账务处理如下：

（一）计算确认当期人员经费时，借记本科目，贷记“应付职工薪酬”科目。

（二）支出公用经费时，借记本科目，贷记“库存现金”“银行存款”“零余额账户用款额度”等科目。支出的款项中有购入库存物品的，应当同时按照确定的成本借记“库存物品”科目，贷记“资产基金”科目。

（三）期末结转时，将本科目本期发生额中的财政拨款支出转入财政拨款结转，借记“财政拨款结转——本年收支结转”科目，贷记本科目；将本科目本期发生额中的工会资金专项资金支出转入工会资金结转，借记“工会资金结转——本年收支结转”科目，贷记本科目；将本科目本期发生额中的工会资金非专项资金支出转入工会资金结余，借记“工会资金结余——本年收支结转”科目，贷记本科目。

四、本科目期末结转后无余额。

第507号科目　资本性支出

一、本科目核算工会从事建设工程、设备工具购置、大型修缮和信息网络购建而发生的实际支出。

二、本科目应当设置以下明细科目：

50701 房屋建筑物购建：核算工会用于购买、自行建造办公用房、仓库、食堂等建筑物（含附属设施，如电梯、通讯线路、电缆、水气管道等）的支出。

50702 办公设备购置：核算工会购置纳入固定资产核算范围的办公家具和办公设备的支出。

50703 专用设备购置：核算工会购置具有专门用途、纳入固定资产核算范围的各类专用设备的支出。

50704 交通工具购置：核算工会用于购置各类交通工具的支出（含车辆购置税）。

50705 大型修缮：核算工会各类设备、建筑物等的大型修缮支出。

50706 信息网络购建：核算工会用于信息网络方面的支出。如计算机硬件、软件购置、开发、应用支出等。购建的计算机硬件、软件等不符合固定资产、无形资产确认标准的，不在此科目核算。

50707 其他资本性支出：核算工会其他上述科目中未包括的资本性支出。

三、资本性支出的主要账务处理如下：

（一）购置、有偿调入固定资产、无形资产等时，按照实际支出的金额，借记本科目，贷记“银行存款”“零余额账户用款额度”“政府补助收入”等科目；同时，按照确定的资产成本，借记“固定资产”“无形资产”科目，贷记“资产基金”科目。

（二）自行建造房屋建筑物等固定资产、对固定资产进行大型修缮等时，按照自行建造过程中发生的实际支出，借记本科目，贷记“银行存款”“零余额账户用款额度”“政府补助收入”等科目；同时，借记“在建工程”科目，贷记“资产基金——在建工程”科目。

（三）发生长期待摊费用时，按照实际支出的金额，借记本科目，贷记“银行存款”“零余额账户用款额度”“政府补助收入”等科目；同时，借记“长期待摊费用”科目，贷记“资产基金——长期待摊费用”科目。

（四）期末结转时，将本科目本期发生额中的财政拨款支出转入财政拨款结转，借记“财政拨款结转——本年收支结转”科目，贷记本科目；将本科目本期发生额中的工会资金专项资金支出转入工会资金结转，借记“工会资金结转——本年收支结转”科目，贷记本科目；将本科目本期发生额中的工会资金非专项资金支出转入工会资金结余，借记“工会资金结余——本年收支结转”科目，贷记本科目。

四、本科目期末结转后无余额。

第 508 号科目　补助下级支出

一、本科目核算县级以上工会为解决下级工会经费不足或根据有关规定给予下级工会的各类补助款项。

二、本科目应当设置以下明细科目：

50801 一般性转移支付补助：核算工会按有关规定对下级未指定用途的补助。

50802 专项转移支付补助：核算工会按有关规定对下级指定专门用途的项目补助，包括对下级的帮扶困难职工的补助、用于开展向困难职工和家庭送温暖活动的补助、救灾补助等。

三、补助下级支出的主要账务处理如下：

（一）发生补助下级支出时，按照实际支付的金额，借记本科目，贷记“银行存款”“零余额账户用款额度”等科目。

（二）年末清算时，存在应付未付下级补助款项的，借记本科目，贷记“应付下级经费——应付下级补助”科目。

（三）期末结转时，将本科目本期发生额中的财政拨款支出转入财政拨款结转，借记“财政拨款结转——本年收支结转”科目，贷记本科目；将本科目本期发生额中的工会资金专项资金支出转入工会资金结转，借记“工会资金结转——本年收支结转”科目，贷记本科目；将本科目本期发生额中的工会资金非专项资金支出转入工会资金结余，借记“工会资金结余——本年收支结转”科目，贷记本科目。

四、本科目期末结转后无余额。

第509号科目　对附属单位的支出

一、本科目核算工会按规定对所属企事业单位的补助。

二、本科目应当按照单位设置明细科目。

三、对附属单位的支出的主要账务处理如下：

（一）发生相关支出时，借记本科目，贷记“银行存款”“零余额账户用款额度”等科目。

（二）期末结转时，将本科目本期发生额中的财政拨款支出转入财政拨款结转，借记“财政拨款结转——本年收支结转”科目，贷记本科目；将本科目本期发生额中的工会资金专项资金支出转入工会资金结转，借记“工会资金结转——本年收支结转”科目，贷记本科目；将本科目本期发生额中的工会资金非专项资金支出转入工会资金结余，借记“工会资金结余——本年收支结转”科目，贷记本科目。

四、本科目期末结转后无余额。

第510号科目　其他支出

一、本科目核算工会除上述支出以外的各项支出，如资产盘亏、资产处置净损失、捐赠支出、汇兑损益以及按规定计提有关专用基金等。

二、其他支出的主要账务处理如下：

（一）每日现金账款核对中如发现现金短缺，属于无法查明原因的部分，报经批准后，借记本科目，贷记“待处理财产损溢”科目。

（二）核销预计无法收回的其他应收款时，报经批准后，借记本科目，贷记“待处理财产损溢”科目。

（三）接受捐赠、无偿调入或对外捐赠、无偿调出实物资产、无形资产时，发生应由本级工会承担的相关税费、运输费等的，借记本科目，贷记“银行存款”“零余额账户用款额度”等科目。

（四）报废、毁损的实物资产，处理收支结清时，如果处理收入小于相关费用的，按照相关费用减去处理收入后的净支出，借记本科目，贷记“待处理财产损溢”科目。

（五）对外捐赠支出，借记本科目，贷记“库存现金”“银行存款”等科目。

（六）提取专用基金时，借记本科目，贷记“专用基金”科目。

（七）期末确认外币汇兑损益时，借记或贷记本科目，贷记或借记“银行存款”等科目。

（八）期末结转时，将本科目本期发生额中的财政拨款支出转入财政拨款结转，借记“财政拨款结转——本年收支结转”科目，贷记本科目；将本科目本期发生额中的工会资金专项资金支出转入工会资金结转，借记“工会资金结转——本年收支结转”科目，贷记本科目；将本科目本期发生额中的工会资金非专项资金支出转入工会资金结余，借记“工会资金结余——本年收支结转”科目，贷记本科目。

三、本科目期末结转后无余额。

第521号科目　安排预算稳定调节基金

一、本科目核算县级以上工会按照工会预算管理规定使用超收的拨缴经费收入安排的预算稳定调节基金。

二、安排预算稳定调节基金的主要账务处理如下：

（一）按规定安排预算稳定调节基金时，按照计提的金额，借记本科目，贷记“预算稳定调节基金”科目。

（二）期末，将本科目本期发生额转入工会资金结余科目，借记“工会资金结余——本年收支结转”科目，贷记本科目。

三、本科目期末结转后无余额。

第四部分　会计报表格式

编 号	会计报表名称	编制期	编制主体
工会01表	资产负债表	月度、年度	各级工会
工会02表	收入支出表	月度、年度	各级工会
工会附01表	财政拨款收入支出表	年度	县级以上工会
工会附02表	国有资产情况表	年度	县级以上工会
工会附03表	成本费用表	月度、年度	县级以上工会

（报表格式略）

第五部分　会计报表编制说明

一、资产负债表编制说明

（一）本表反映工会某一特定日期全部资产、负债和净资产的情况。工会至少应当编制月度、年度资产负债表，可以根据需要编制季度、半年度资产负债表。

（二）编制年度资产负债表时，将“期末余额”栏改为“年末余额”栏。

（三）本表“年初余额”栏内各项目，应当根据上年度资产负债表“年末余额”栏内各对应项目数字填列。

（四）本表“期末余额”栏各项目的内容和填列方法。

1.资产类项目。

（1）“货币资金”项目，反映工会期末库存现金、银行存款的合计数。本项目应当根据“库存现金”“银行存款”科目的期末余额的合计数填列。

（2）“零余额账户用款额度”项目，反映县级以上工会期末尚未支用的零余额账户用款额度金额。本项目仅在中期报表中列示，年度报表中不列示。本项目应当根据“零余额账户用款额度”科目的期末余额填列。

（3）“财政应返还额度”项目，反映县级以上工会期末财政应返还额度的金额。本项目应当根据“财政应返还额度”科目的期末余额填列。

（4）“应收上级经费”项目，反映工会期末应收未收的上级工会应转拨（或拨付）的工会拨缴经费及补助金额。本项目应当根据“应收上级经费”科目的期末余额填列。

（5）“应收下级经费”项目，反映县级以上工会期末应收未收的下级工会应上缴的工会拨缴经费金额。本项目应当根据“应收下级经费”科目的期末余额填列。

（6）“其他应收款”项目，反映工会期末尚未收回的其他应收款金额。本项目应当根据“其他应收款”科目的期末余额填列。

（7）“库存物品”项目，反映工会期末存储的库存物品的实际成本。本项目应当根据“库存物品”科目的期末余额填列。

（8）“流动资产合计”项目，反映工会期末流动资产的合计数。本项目应当根据本表中“货币资金”“零余额账户用款额度”[中期报表]、“财政应返还额度”“应收上级经费”“应收下级经费”“其他应收款”和“库存物品”项目金额的合计数填列。

（9）“投资”项目，反映工会期末持有的投资账面余额。本项目应当根据“投资”科目的期末余额填列。

（10）“在建工程”项目，反映工会期末所有的建设项目工程的实际成本。本项目应当根据“在建工程”科目的期末余额填列。

（11）“固定资产原值”项目，反映工会期末固定资产的原值。本项目应当根据“固定资产”科目的期末余额填列。

“累计折旧”项目，反映工会期末固定资产已计提的累计折旧金额。本项目应当根据“累计折旧”科目的期末余额填列。

“固定资产净值”项目，反映工会期末固定资产的账面价值。本项目应当根据“固定资产”科目期末余额减去“累计折旧”科目期末余额后的金额填列。

（12）“无形资产原值”项目，反映工会期末无形资产的原值。本项目应当根据“无形资产”科目的期末余额填列。

“累计摊销”项目，反映工会期末无形资产已计提的累计摊销金额。本项目应当根据“累计摊销”科目的期末余额填列。

“无形资产净值”项目，反映工会期末无形资产的账面价值。本项目应当根据“无形资产”科目期末余额减去“累计摊销”科目期末余额后的金额填列。

（13）“长期待摊费用”项目，反映工会期末已经支出，但应由本期和以后各期负担的分摊期限在1年以上（不含1年）的各项支出金额。本项目应当根据“长期待摊费用”科目的期末余额填列。

（14）“待处理财产损溢”项目，反映工会期末尚未处理完毕的各种资产的净损失或净溢余。本项目应当根据“待处理财产损溢”科目的期末借方余额填列；如“待处理财产损溢”科目期末为贷方余额，以“-”号填列。

（15）“资产总计”项目，反映工会期末资产的合计数。本项目应当根据本表中“流动资产合计”“投资”“在建工程”“固定资产净值”“无形资产净值”“长期待摊费用”和“待处理财产损溢”项目金额的合计数填列。

2.负债类项目。

（1）“应付职工薪酬”项目，反映县级以上工会期末按有关规定应付给职工及为职工支付的各种薪酬金额。本项目应当根据“应付职工薪酬”科目的期末余额填列。

（2）“应付上级经费”项目，反映工会期末应缴未缴上级的工会拨缴经费金额。本项目应当根据“应付上级经费”科目的期末余额填列。

（3）“应付下级经费”项目，反映县级以上工会期末应付未付下级的转拨（或拨付）工会拨缴经费及补助金额。本项目应当根据“应付下级经费”科目的期末余额填列。

（4）“其他应付款”项目，反映工会期末尚未支付的其他应付及暂收款项金额。本项目应当根据“其他应付款”科目的期末余额填列。

（5）“代管经费”项目，反映工会期末受托代管的其他组织的资金金额。本项目应当根据“代管经费”科目的期末余额填列。

（6）“负债合计”项目，反映工会期末负债的合计数。本项目应当根据本表中“应付职工薪酬”“应付上级经费”“应付下级经费”“其他应付款”和“代管经费”项目金额的合计数填列。

3.净资产类项目。

（1）“资产基金”项目，反映工会期末库存物品、投资、在建工程、固定资产、无形资产、长期待摊费用等非货币性资产在净资产中占用的金额。本项目应当根据“资产基金”科目的期末余额填列。

（2）“专用基金”项目，反映县级以上工会期末累计提取但尚未使用的专用基金余额。本项目应当根据“专用基金”科目的期末余额填列。

（3）“工会资金结转”项目，反映工会累计滚存的除财政拨款外的工会经费结转金额。本项目应当根据“工会资金结转”科目的期末余额填列。

（4）“工会资金结余”项目，反映工会累计滚存的除财政拨款外的工会经费结余金额。本项目应当根据“工会资金结余”科目的期末余额填列。

（5）“财政拨款结转”项目，反映县级以上工会累计滚存的财政拨款结转金额。本项目应当根据“财政拨款结转”科目的期末余额填列。

（6）“财政拨款结余”项目，反映县级以上工会累计滚存的财政拨款结余金额。本项目应当根据“财政拨款结余”科目的期末余额填列。

（7）“预算稳定调节基金”项目，反映县级以上工会累计滚存的预算稳定调节基金金额。本项目应当根据“预算稳定调节基金”科目的期末余额填列。

（8）“净资产合计”项目，反映工会期末净资产合计数。本项目应当根据本表中“资产基金”“专用基金”“工会资金结转”“工会资金结余”“财政拨款结转”“财政拨款结余”和“预算稳定调节基金”项目金额的合计数填列。

（9）“负债与净资产总计”项目，应当根据本表中“负债合计”和“净资产合计”项目金额的合计数填列。

二、收入支出表编制说明

（一）本表反映工会某一会计期间全部收入、支出和结转结余的情况。工会至少应当编制月度、年度收入支出表，可以根据需要编制季度、半年度收入支出表。

（二）编制年度收入支出表时，将“本月数”栏改为“本年数”栏，将

"本年累计数"栏改为"上年数"栏。

（三）本表"本月数"栏内各项目，根据本月各项目的实际发生额填列。年度收入支出表"本年数"栏内各项目，根据本年度各项目的实际发生额填列。

本表"本年累计数"栏内各项目，根据自年初至本期期末各项目的累计实际发生额填列，也可以根据上月收入支出表"本年累计数"加上本月收入支出表"本月数"后的金额填列。

年度收入支出表"上年数"栏内各项目，根据上年度收入支出表"本年数"栏内各对应项目数字填列。

（四）本表"本月数"栏各项目的内容和填列方法。

1."年初资金结转结余"项目及其所属各明细项目，反映工会本年初所有资金结转结余的金额。本项目及其所属各明细项目，仅在编制年度收入支出表时填列。

"年初资金结转结余"项目根据各明细项目的合计数填列。"年初资金结转"项目根据"工会资金结转""财政拨款结转"科目年初余额的合计数填列。"年初资金结余"项目根据"工会资金结余""财政拨款结余"科目年初余额的合计数填列。

本项目及其所属各明细项目的数额，应当与上年年度收入支出表中"年末资金结转结余"中各项目的金额相等。

2."资金结转结余调整及变动"项目，反映工会因发生需要调整以前年度各项资金结转结余的事项导致各项资金结转结余发生变动的金额。本项目根据"工会资金结转""工会资金结余""财政拨款结转""财政拨款结余"科目下"年初余额调整""归集上缴"科目本期发生额的合计数填列。若为负数，以"-"号填列。

3.收入类项目。

（1）"收入合计"项目，反映工会本期收入总额。本项目应当根据本表中“会费收入”“拨缴经费收入”“上级补助收入”“政府补助收入”“行政补助收入”“附属单位上缴收入”“投资收益”“其他收入”和“动用预算稳定调节基金”项目金额的合计数填列。

（2）“会费收入”项目，反映基层工会收到的工会会员会费的金额。本项目应当根据“会费收入”科目的本期发生额填列。

（3）“拨缴经费收入”项目，反映工会收到的基层单位行政拨缴、下级工会按规定上缴及上级工会按规定转拨的工会拨缴经费中归属于本级工会的经费金额。本项目应当根据“拨缴经费收入”科目的本期发生额填列。

（4）“上级补助收入”项目，反映工会收到的上级工会给予的补助金额。本项目应当根据“上级补助收入”科目的本期发生额填列。

（5）“政府补助收入”项目，反映县级以上工会收到的各级人民政府按照工会法和国家的有关规定给予工会的补助金额。本项目应当根据“政府补助收入”科目的本期发生额填列。

（6）“行政补助收入”项目，反映基层工会收到的所在单位行政方面按照工会法和国家的有关规定给予工会的补助金额。本项目应当根据“行政补助收入”科目的本期发生额填列。

（7）“附属单位上缴收入”项目，反映工会收到的所属企事业单位按规定上缴的金额。本项目应当根据“附属单位上缴收入”科目的本期发生额填列。

（8）“投资收益”项目，反映工会收到的对外投资发生的损益金额。本项目应当根据“投资收益”科目的本期发生额填列；如为投资净损失，以“-”号填列。

（9）“其他收入”项目，反映工会收到的各类其他收入的金额。本项目应当根据“其他收入”科目的本期发生额填列。

（10）“动用预算稳定调节基金”项目，反映县级以上工会按照工会预算管理规定动用的预算稳定调节基金金额。本项目应当根据“动用预算稳定调节基金”科目的本期发生额填列。

4. 支出类项目。

（1）“支出合计”项目，反映工会本期支出总额。本项目应当根据本表中“职工活动支出”“职工活动组织支出”“职工服务支出”“维权支出”“业务支出”“行政支出”“资本性支出”“补助下级支出”“对附属单位的支出”“其他支出”和“安排预算稳定调节基金”项目金额的合计数填列。

（2）“职工活动支出”项目，反映基层工会开展职工教育活动、文体活动、宣传活动、劳模疗休养活动、会员活动等发生的支出金额。本项目应当根据“职工活动支出”科目的本期发生额填列。

（3）“职工活动组织支出”项目，反映县级以上工会组织开展职工教育活动、文体活动、宣传活动、劳模疗休养活动等发生的支出金额。本项目应当根据“职工活动组织支出”科目的本期发生额填列。

（4）“职工服务支出”项目，反映工会开展职工劳动和技能竞赛活动、职工创新活动、建家活动、职工书屋、职工互助保障、心理咨询等工作发生的支出金额。本项目应当根据“职工服务支出”科目的本期发生额填列。

（5）“维权支出”项目，反映工会用于维护职工权益的支出金额。本项目应当根据“维权支出”科目的本期发生额填列。

（6）“业务支出”项目，反映工会培训工会干部、加强自身建设及开展业务工作发生的支出金额。本项目应当根据“业务支出”科目的本期发生额填列。

（7）“行政支出”项目，反映县级以上工会为行政管理、后勤保障等发生的各项日常支出金额。本项目应当根据“行政支出”科目的本期发生额填列。

（8）“资本性支出”项目，反映工会从事建设工程、设备工具购置、大型修缮和信息网络购建而发生的实际支出金额。本项目应当根据“资本性支出”科目的本期发生额填列。

（9）“补助下级支出”项目，反映县级以上工会为解决下级工会经费不足或根据有关规定给予下级工会的各类补助金额。本项目应当根据“补助下级支出”科目的本期发生额填列。

（10）“对附属单位的支出”项目，反映工会按规定对所属企事业单位的补助金额。本项目应当根据“对附属单位的支出”科目的本期发生额填列。

（11）“其他支出”项目，反映工会发生的各项其他支出的金额。本项目应当根据“其他支出”科目的本期发生额填列；如为贷方发生额，以“—”号填列。

（12）“安排预算稳定调节基金”项目，反映县级以上工会按照有关规定使用超收的拨缴经费收入安排的预算稳定调节基金金额。本项目应当根据“安排预算稳定调节基金”科目的本期发生额填列。

5. “本期收支差额”项目，反映工会本期发生的各项资金收入和支出相抵后的余额。本项目应当根据本表中“收入合计”项目金额减去“支出合计”项目金额后的余额填列。如为负数，以“—”号填列。

6. “年末资金结转结余”项目及其所属各明细项目，反映工会本年各项资金结转结余的年末余额。本项目及其所属各明细项目，仅在编制年度收入支出表时填列。

“年末资金结转结余”项目根据各明细项目的合计数填列。“年末资金结转”项目根据“工会资金结转”“财政拨款结转”科目年末余额的合计数填列。“年末资金结余”项目根据“工会资金结余”“财政拨款结余”科目年末余额的合计数填列。

三、财政拨款收入支出表编制说明

（一）本表反映县级以上工会本年财政拨款的收入、支出和结转结余的情况。县级以上工会应当按年度编制财政拨款收入支出表。

不从同级政府财政部门取得财政拨款的县级以上工会，不填列本表。

（二）本表“项目”栏内各项目，应当根据县级以上工会取得的财政拨款分项设置。其中“项目支出”项目下，根据每个项目设置。

（三）本表各栏及其对应项目的内容和填列方法。

1.“年初财政拨款结转结余”栏中各项目，反映县级以上工会年初各项财政拨款结转结余的金额。各项目应当根据“财政拨款结转”“财政拨款结余”科目及其明细科目的年初余额填列。本栏中各项目的数额应当与上年度财政拨款收入支出表中“年末财政拨款结转结余”栏中各项目的数额相等。

2.“调整年初财政拨款结转结余”栏中各项目，反映县级以上工会对年初财政拨款结转结余的调整金额。各项目应当根据“财政拨款结转”“财政拨款结余”科目下“年初余额调整”明细科目及其所属明细科目的本年发生额填列；如调整减少年初财政拨款结转结余，以“–”号填列。

3.“本年归集上缴”栏中各项目，反映县级以上工会本年按规定实际上缴的财政拨款结余资金金额。各项目应当根据“财政拨款结余”科目下“归集上缴”科目及其所属明细科目的本年发生额，以“–”号填列。

4.“单位内部调剂”栏中各项目，反映县级以上工会本年财政拨款结转结余资金在工会内部不同项目等之间的调剂金额。各项目应当根据“财政拨款结转”和“财政拨款结余”科目下的“单位内部调剂”明细科目及其所属明细科目的本年发生额填列；对工会内部调剂减少的财政拨款结余金额，以“–”号填列。

5.“本年财政拨款收入”栏中各项目，反映县级以上工会本年从同级政府部门取得的财政预算拨款金额。各项目应当根据“政府补助收入”科目下“财政拨款收入”明细科目及其所属明细科目的本年发生额填列。

6.“本年财政拨款支出”栏中各项目，反映县级以上工会本年发生的财政拨款支出金额。各项目应当根据除“安排预算稳定调节基金”科目以外的各支出类科目下“财政拨款”明细科目及其所属明细科目的本年发生额填列。

7.“年末财政拨款结转结余”栏中各项目，反映县级以上工会年末财政拨款结转结余的金额。各项目应当根据“财政拨款结转”“财政拨款结余”科目及其所属明细科目的年末余额填列。

四、国有资产情况表编制说明

（一）本表反映县级以上工会年末持有的国有资产情况。县级以上工会应当按年度编制国有资产情况表。

（二）本表“年初余额”栏各项目金额，应当根据上年度国有资产情况表“年末余额”栏内各对应项目数字填列。

（三）本表“年末余额”栏各项目的内容和填列方法。

1.“货币资金”项目，反映县级以上工会年末库存现金及银行存款中财政拨款的合计数。本项目应当根据“库存现金”“银行存款”科目下“国有资产”明细科目年末余额的合计数填列。

2.“财政应返还额度”项目，反映县级以上工会年末财政应返还额度的金额。本项目应当根据“财政应返还额度”科目的年末余额填列。

3.“库存物品”项目，反映县级以上工会年末存储的财政拨款形成的库存物品的实际成本。本项目应当根据“库存物品”科目下“国有资产”明细科目的年末余额填列。

4.“流动资产合计”项目，反映工会期末流动资产中国有资产的合计数。本项目应当根据本表中“货币资金”“财政应返还额度”“库存物品”项目金额的合计数填列。

5.“在建工程”项目，反映县级以上工会年末所有的建设项目工程中国有资产部分的实际成本。本项目应当根据“在建工程”科目下“国有资产”明细科目的年末余额填列。

6.“固定资产原值”项目，反映县级以上工会年末固定资产中国有资产部分的原值。本项目应当根据“固定资产”科目下“国有资产”明细科目的年末余额填列。

“累计折旧”项目，反映县级以上工会年末固定资产中国有资产部分已计提的累计折旧金额。本项目应当根据“累计折旧”科目下“国有资产”明细科目的年末余额填列。

“固定资产净值”项目，反映县级以上工会年末固定资产中国有资产部分的账面价值。本项目应当根据“固定资产原值”项目减去“累计折旧”项目后的金额填列。

7.“无形资产原值”项目，反映县级以上工会年末无形资产中国有资产部分的原值。本项目应当根据“无形资产原值”科目下“国有资产”明细科目的年末余额填列。

“累计摊销”项目，反映县级以上工会年末无形资产中国有资产部分已计提的累计摊销金额。本项目应当根据“累计摊销”科目下“国有资产”明细科目的年末余额填列。

“无形资产净值”项目，反映县级以上工会年末无形资产中国有资产部分的账面价值。本项目应当根据“无形资产原值”项目减去“累计摊销”项目后的金额填列。

8.“长期待摊费用”项目，反映县级以上工会年末已经支出的，应由本期和以后各期负担的分摊期限在1年以上（不含1年）的财政拨款支出。本项目应当根据“长期待摊费用”科目下“国有资产”明细科目的年末余额填列。

9.“非流动资产合计”项目，反映县级以上工会年末非流动资产中国有资产的合计数。本项目应当根据本表中“在建工程”“固定资产净值”“无形资产净值”“长期待摊费用”项目金额的合计数填列。

10.“资产总计”项目，反映县级以上工会年末国有资产的合计数。本项目应当根据“流动资产合计”项目与“非流动资产合计”项目金额的合计数填列。

五、成本费用表编制说明

（一）本表反映县级以上工会某一会计期间内的成本费用情况。县级以上工会至少应当编制月度、年度成本费用表，可以根据需要编制季度、半年度成本费用表。

（二）编制年度成本费用表时，将“本月数”栏改为“本年数”栏，将“本年累计数”栏改为“上年数”栏。

（三）本表“本月数”栏内各项目，根据本月各项目的实际发生额填列。年度成本费用表“本年数”栏内各项目，根据本年度各项目的实际发生额填列。

本表“本年累计数”栏内各项目，根据自年初至本期期末各项目的累计实际发生额填列，也可以根据上月成本费用表“本年累计数”加上本月成本费用表“本月数”后的金额填列。

年度成本费用表“上年数”栏内各项目，根据上年度成本费用表“本年数”栏内各对应项目数字填列。

（四）本表“本月数”栏各项目的内容和填列方法。

1.“职工活动组织费用”项目，反映县级以上工会组织开展职工教育活动、文体活动、宣传活动、劳模疗休养活动等所发生的费用。本项目根据“职工活动组织支出”科目的本期发生额填列。

2.“职工服务费用”项目，反映县级以上工会开展职工劳动和技能竞赛活动、职工创新活动、建家活动、职工书屋、职工互助保障、心理咨询等工作发生的费用。本项目根据“职工服务支出”科目的本期发生额填列。

3.“维权费用”项目，反映县级以上工会用于维护职工权益的费用。本项目根据“维权支出”科目的本期发生额填列。

4.“业务费用”项目，反映县级以上工会培训工会干部、加强自身建设及开展业务工作发生的费用。本项目根据“业务支出”科目的本期发生额填列。

5.“行政费用”项目，反映县级以上工会为行政管理、后勤保障等发生的各项费用。本项目根据“行政支出”科目的本期发生额填列。

6.“补助下级费用”项目，反映县级以上工会补助下级发生的费用。本项目根据“补助下级支出”科目的本期发生额填列。

7.“对附属单位的费用”项目，反映县级以上工会按规定对附属企事业单位补助发生的费用。本项目根据“对附属单位的支出”科目的本期发生额填列。

8.“折旧及摊销费用”项目，反映县级以上工会应承担的折旧、摊销及待摊费用。本项目根据“累计折旧”“累计摊销”“长期待摊费用”科目本期贷方发生额的合计数填列。

9.“其他费用”项目，反映县级以上工会发生的除以上费用项目外的其他费用。本项目根据“其他支出”科目的本期发生额填列。

10.“调整事项”项目，反映由于会计核算基础差异导致的费用调整金额。本项目根据本期调整事项的实际发生额填列，若为调减事项，以“-”号填列。

11.“费用总计”项目，反映县级以上工会发生的成本费用合计数。本项目根据本表中“职工活动组织费用”“职工服务费用”“维权费用”“业务费用”“行政费用”“补助下级费用”“对附属单位的费用”“折旧及摊销费用”“其他费用”和“调整事项”项目金额的合计数填列。

（五）调整事项。

1.调整库存物品对当期费用的影响。

当期购入库存物品的支出，不作为当期费用；当期领用、发出库存物品对应的支出，作为当期费用。县级以上工会应当将“库存物品”科目期初余额减去期末余额后的差额，作为当期费用的调增金额。

2.调整在建工程对当期费用的影响。

建设项目竣工验收并交付使用时，县级以上工会应当将在建工程中“待核销基建支出”明细科目的本期发生额计入当期费用，作为当期费用的调增金额。

3.调整其他事项对当期费用的影响。

存在其他事项因核算基础不同导致当期费用与支出存在差异的，比照上述原则进行处理。

第六部分　会计报表附注

一、工会的年度会计报表附注至少应当披露下列内容：

（一）遵循《工会会计制度》的声明；

（二）整体财务状况、预算执行情况的说明；

（三）重要会计政策、会计估计及其变更情况的说明；

（四）会计报表重要项目的进一步说明，包括其主要构成、增减变动情况等；

（五）重要资产处置、资产重大损失情况的说明；

（六）以名义金额计量的资产名称、数量等情况，以及以名义金额计量理由的说明；

（七）以前年度结转结余调整情况的说明；

（八）有助于理解和分析会计报表需要说明的其他事项。

二、法律、行政法规和国家统一的会计制度另有规定的，从其规定。

附录1-2　工会固定资产折旧年限表

工会固定资产折旧年限表

<table>
<tr><th>固定资产类别</th><th colspan="2">内容</th><th>折旧年限（年）</th></tr>
<tr><td rowspan="7">房屋及构筑物</td><td rowspan="4">业务及管理用房</td><td>钢结构</td><td>不低于50</td></tr>
<tr><td>钢筋混凝土结构</td><td>不低于50</td></tr>
<tr><td>砖混结构</td><td>不低于30</td></tr>
<tr><td>砖木结构</td><td>不低于30</td></tr>
<tr><td colspan="2">简易房</td><td>不低于8</td></tr>
<tr><td colspan="2">房屋附属设施</td><td>不低于8</td></tr>
<tr><td colspan="2">构筑物</td><td>不低于8</td></tr>
</table>

续表

固定资产类别	内容	折旧年限（年）
通用设备	计算机设备	不低于6
	办公设备	不低于6
	车辆	不低于8
	图书档案设备	不低于5
	机械设备	不低于10
	电气设备	不低于5
	雷达、无线电和卫星导航设备	不低于10
	通信设备	不低于5
	广播、电视、电影设备	不低于5
	仪器仪表	不低于5
	电子和通信测量设备	不低于5
	计量标准器具及量具、衡器	不低于5
专用设备	食品加工专用设备	10–15
	纺织设备	10–15
	缝纫、服饰、制革和毛皮加工设备	10–15
	医疗设备	5–10
	安全生产设备	10–20
	环境污染防治设备	10–20
	文艺设备	5–15
	体育设备	5–15
	娱乐设备	5–15
家具、用具及装具	家具	不低于15
	用具、装具	不低于5

附录2 工会新旧会计制度有关衔接问题的处理规定

财政部对《工会会计制度》(财会〔2009〕7号)(以下称原制度)进行了全面修订，于2021年4月14日印发了新《工会会计制度》(财会〔2021〕7号)(以下称新制度)，自2022年1月1日起施行。为了确保新旧会计制度顺利过渡，现对各级工会执行新制度有关衔接问题规定如下：

一、新旧制度衔接总要求

(一)自2022年1月1日起，工会应当严格按照新制度进行会计核算、编报财务报表。

(二)工会应当按照本规定做好新旧会计制度衔接相关工作，主要包括以下几个方面：

1.根据原账编制2021年12月31日的科目余额表。

2.按照新制度设立2022年1月1日的新账。

3.按照本规定要求，登记新账的科目余额，包括将原账科目余额转入新账会计科目(新旧制度会计科目对照表见附表)、将未入账事项登记新账科目、对相关新账科目余额进行调整、将基建账套相关数据并入新账等。原账科目是指按照原制度规定设置的会计科目。

4.按照登记及调整后新账的各会计科目余额，编制2022年1月1日的科目余额表，作为新账各会计科目的期初余额。

5.根据新账各会计科目期初余额，按照新制度编制2022年1月1日资产负债表。

（三）工会应当对资产进行清查盘点，进一步清理核实和归类统计固定资产、无形资产、库存物品等资产数据。按照相关规定依法确认为国有资产的，转账时应当将原账国有资产对应的科目余额转入新账相关资产科目的“国有资产”明细科目；依法确认为工会资产的，将原账工会资产对应的科目余额转入新账相关资产科目的“工会资产”明细科目。

（四）及时调整会计信息系统。工会应当按照新制度要求对原有会计信息系统进行及时更新和调试，实现数据准确转换，确保新旧账套的有序衔接。

二、将原账会计科目余额转入新账

（一）资产类

1.“库存现金”“银行存款”科目。

新制度设置了“库存现金”“银行存款”科目。转账时，工会应当将原账的“库存现金”“银行存款”科目余额转入新账的“库存现金”“银行存款”科目。其中，存在代管经费的，还应当将原账“库存现金”“银行存款”科目余额中属于代管经费的金额，转入新账“库存现金”“银行存款”科目下的“代管经费”明细科目。

2.“财政应返还额度”“投资”科目。

新制度设置了“财政应返还额度”“投资”科目，其核算内容与原账的上述相应科目的核算内容基本相同。转账时，工会应当将原账的上述科目余额直接转入新账的相应科目。

3.“库存物品”科目。

新制度设置了“库存物品”科目，并规定库存物品取得时应当同时确认资产基金。转账时，工会应当将原账的“库存物品”科目余额直接转入新账的“库存物品”科目，同时，按照原账“库存物品”科目余额，将“结余”科目对应余额转入新账的“资产基金——库存物品”科目。

4.“应收上级经费”科目。

新制度设置了“应收上级经费”科目，该科目的核算内容包括工会应收未收的上级工会拨付或转拨的工会经费和专项补助。转账时，工会应当按照相关规定将原账的“应收上级经费”科目余额中的工会建会筹备金转入新账的“其他 应收款”科目，将原账的“应收上级经费”科目余额减去建会筹备金后的差额转入新账的“应收上级经费”科目。

5.“应收下级经费”科目。

新制度设置了“应收下级经费”科目，该科目的核算内容包括工会应收未收的下级工会上缴的工会经费。转账时，工会应当按照相关规定将原账的“应收下级经费”科目余额 中的工会建会筹备金转入新账的“其他应收款”科目，将原账的“应收下级经费”科目余额减去建会筹备金后的差额转入新账的“应收下级经费”科目。

6.“借出款”科目。

新制度未设置“借出款”科目，但设置了“其他应收款”科目。转账时，工会应当将原账的“借出款”科目余额，转入新账的“其他应收款”科目。

7.“其他应收款”科目。

新制度设置了“其他应收款”科目，该科目的核算内容包括原账“其他应收款”科目的核算内容。转账时，工会应当将原账的“其他应收款”科目余额，转入新账的“其他应收款”科目。

8.“在建工程”科目。

新制度设置了“在建工程”科目。转账时，对于在原账“在建工程”科目核算的建设项目，工会应当将原账的“在建工程”科目余额转入新账的“在建工程”各明细科目。对于未在原账“在建工程”科目核算的建设项目，按照新制度规定，不再通过基建账单独核算，工会应当将基建账相关数据并入新账，具体处理参见本规定第五部分。

9.“固定资产”科目。

新制度设置了“固定资产”科目。由于新制度中固定资产价值标准与原制度相比有所提高，原账中作为固定资产核算的实物资产，将有一部分要按照新制度转为库存物品。同时，新制度设置了“无形资产”科目，原在“固定资产”科目核算的无形资产，需转入新账的“无形资产”科目。转账时，工会应当根据重新确定的固定资产目录，对原账中“固定资产”科目的余额进行分析：

（1）对于达不到新制度中固定资产确认标准的实物资产，应当将相应余额转入新账的“库存物品”科目，将相应的“固定基金”科目余额转入新账的“资产基金——库存物品”科目。

（2）对于原在“固定资产”科目核算的无形资产，应当将相应余额转入新账的“无形资产”科目，将相应的“固定基金”科目余额转入新账的“资产基金——无形资产”科目。

（3）对于符合新制度中固定资产确认标准的，应当将相应余额转入新账的“固定资产”科目，将相应的“固定基金”科目余额转入新账的“资产基金——固定资产”科目。

10.“零余额账户用款额度”科目。

新制度设置了“零余额账户用款额度”科目。由于原账的“零余额账户用款额度”科目年末无余额，该科目无需进行转账处理。

（二）负债类。

1.“应付工资（离退休费）”“应付地方（部门）津贴补贴”“应付其他个人收入”科目。

新制度设置了“应付职工薪酬”科目，该科目的核算内容包含了原账“应付工资（离退休费）”“应付地方（部门）津贴补贴”“应付其他个人收入”科目的核算内容。转账时，工会应当将原账的“应付工资（离退休费）”“应付地方（部门）津贴补贴”“应付其他个人收入”科目余额转入新账的“应付职工薪酬”科目。

2.“应付上级经费”科目。

新制度设置了“应付上级经费”科目，该科目的核算内容包括工会应上缴上级工会的工会拨缴经费。转账时，工会应当按照相关规定将原账的“应付上级经费”科目余额中的工会建会筹备金转入新账的“其他应付款”科目，将原账的“应付上级经费”科目余额减去建会筹备金后的差额转入新账的“应付上级经费”科目。

3.“应付下级经费”科目。

新制度设置了“应付下级经费”科目，该科目的核算内容包括工会应付下级工会的各项补助及应转拨下级工会的工会拨缴经费。转账时，工会应当按照相关规定将原账的“应付下级经费”科目余额中的工会建会筹备金转入新账的“其他应付款”科目，将原账的“应付下级经费”科目余额减去建会筹备金后的差额转入新账的“应付下级经费”科目。

4.“借入款”科目。

新制度未设置“借入款”科目，但设置了“其他应付款”科目。转账时，工会应当将原账的“借入款”科目余额，转入新账的“其他应付款”科目。

5.“其他应付款”科目。

新制度设置了“其他应付款”科目，该科目的核算内容包括原账“其他应付款”科目的核算内容。转账时，工会应当将原账的“其他应付款”科目余额，转入新账的“其他应付款”科目。

6.“代管经费”科目。

新制度设置了“代管经费”科目。转账时，工会应当将原账的“代管经费”科目余额，转入新账的“代管经费”科目。

（三）净资产类。

1.“固定基金”“在建工程占用资金”“投资基金”科目。

新制度设置了“资产基金”科目，该科目的核算内容包含了原账“固定基金”“在建工程占用资金”“投资基金”科目的核算内容。转账时，工会应当将“固定基金”“在建工程占用资金”“投资基金”科目余额对应转入新账的“资产基金”相关明细科目：

（1）工会应当对原账“固定基金”科目余额进行分析，将原账在“固定资产”科目核算的不再符合新制度固定资产确认标准的库存物品对应余额转入新账的“资产基金——库存物品”科目；将原账在“固定资产”科目核算的无形资产对应余额转入新账的“资产基金——无形资产”科目；将原账“固定基金”科目余额减去转入新账“资产基金——库存物品”和“资产基金——无形资产”科目金额后的余额转入新账的“资产基金——固定资产”科目。

（2）工会应当将原账的“投资基金”科目余额转入新账的“资产基金——投资”科目。

（3）工会应当将原账的“在建工程占用资金”科目余额转入新账的“资产基金——在建工程”科目。

2.“专用基金”科目。

新制度设置了“专用基金”科目，该科目的核算内容不再包括增收留成基金和财务专用基金，新制度下不再设置“增收留成基金”“财务专用基金”明细科目。转账时，工会应当将原账的“专用基金——权益保障金”科目余额转入新账的“专用基金”科目，将原账的“专用基金——增收留成基金、财务专用基金”科目余额转入新账的“工会资金结余”科目。

3.“后备金”科目。

新制度未设置“后备金”科目。转账时，工会应当将原账的“后备金”科目余额转入新账的“工会资金结余”科目。

4.“结余”科目。

新制度未设置“结余”科目，但设置了“工会资金结转”“工会资金结余”“财政拨款结转”“财政拨款结余”科目。转账时，工会应当结合预算编制与执行情况进行分析，将原账的“结余”科目余额（扣除转入新账中“资产基金——库存物品”科目金额）转入新账相关会计科目：

（1）基层工会应当根据分析结果，将符合结转性质的资金余额转入新账的“工会资金结转”科目；将剩余的资金余额转入“工会资金结余”科目。

（2）县级以上工会应当根据分析结果，将符合财政拨款结转性质的资金余额转入“财政拨款结转”科目；将符合财政拨款结余性质的资金余额转入“财政拨款结余”科目；将符合工会资金结转性质的资金余额转入“工会资金结转”科目；将剩余的资金余额转入“工会资金结余”科目。

（四）收入类、支出类。

由于原账中收入类、支出类科目年末无余额，无需进行转账处理。自2022年1月1日起，应当按照新制度设置收入类、支出类科目并进行账务处理。

（五）其他要求。

工会存在其他本规定未列举的原账科目余额的，应当比照本规定转入新账的相应科目。新账的科目设有明细科目的，应将原账中对应科目的余额加以分析，分别转入新账中相应科目的相关明细科目。

工会在进行新旧衔接的转账时，应当编制转账工作底稿，并将转入新账的对应原科目余额及分拆原科目余额的依据作为原始凭证。

三、将原未入账事项登记新账

（一）资产类。

1.无形资产。

工会在新旧制度转换时，应当将2021年12月31日前未入账的无形资产按照新制度规定记入新账。登记新账时，按照确定的无形资产成本，借记“无形资产”科目，贷记“资产基金——无形资产”科目。

2.其他资产。

工会在新旧制度转换时，应当将2021年12月31日前未入账的其他资产按照新制度规定记入新账。登记新账时，按照确定的资产及其成本，分别借记相关资产科目，贷记相关净资产科目。

（二）负债类。

工会在新旧制度转换时，应当将2021年12月31日前未入账的负债按照新制度规定记入新账。登记新账时，按照确定的负债金额，借记“工会资金结余”科目，贷记相关负债科目。

（三）其他事项。

工会存在2021年12月31日前未入账的其他事项的，应当比照本规定登记新账的相应科目。

工会对新账的会计科目补记未入账事项时，应当编制记账凭证，并将补充登记事项的确认依据作为原始凭证。

四、对新账的相关会计科目余额进行调整

（一）转销已领用出库的库存物品对应余额。

工会应当对在原账“固定资产”科目核算的不符合新制度固定资产确认标准的库存物品进行分析，对于已领用出库的库存物品，应当将其成本一次性转销，按照确定的成本，借记“资产基金——库存物品”科目，贷记“库存物品”科目，同时做好相关实物资产的登记管理工作。

（二）补提折旧。

新制度设置了“累计折旧”科目，核算工会对固定资产计提的累计折旧。工会应当全面核查截至2021年12月31日符合新制度固定资产确认标准的固定资产的预计使用年限、已使用年限、尚可使用年限等，并于2022年1月1日对前期未计提折旧的固定资产补提折旧，按照应计提的折旧金额，借记“资产基金——固定资产”科目，贷记“累计折旧”科目。

（三）补提摊销。

新制度设置了“累计摊销”科目，核算工会对无形资产计提的累计摊销。工会应当全面核查截至2021年12月31日无形资产的预计使用年限、已使用年限、尚可使用年限等，并于2022年1月1日对前期未计提摊销的无形资产补提摊销，按照应计提的摊销金额，借记“资产基金——无形资产”科目，贷记“累计摊销”科目。

（四）转销不符合新制度规定的代管经费对应余额。

新制度“代管经费”科目的核算内容与原制度相比有所调整，对于不符合新制度规定的代管经费，工会应当对相应余额予以转销，按照确定的金额，借记“代管经费”科目，贷记“库存现金”“银行存款”科目。

工会对新账的期初余额进行调整时，应当编制记账凭证，并将调整事项的确认依据作为原始凭证。

五、将基建账套相关数据并入新账

新制度执行后，工会的基本建设工程项目均通过新账的“在建工程”科目核算，不再执行《国有建设单位会计制度》（财会字〔1995〕45号）。新旧制度转换时，工会应当将基建账相关数据并入新账。工会将2021年12月31日原基建账中相关科目余额并入新账时：

按照基建账中“建筑安装工程投资”“设备投资”“待摊投资”“预付工程款”等科目余额，借记新账中“在 建工程”科目相关明细科目；按照基建账中“交付使用资产”等科目余额，借记新账中“固定资产”等科目；按照基建账中“现金”“银行存款”“零余额账户用款额度”“财政应返还额度”“其他应收款”等科目余额，分别借记新账中“库存现金”“银行存款”“零余额账户用款额度”“财政应返还额度”“其他应收款”等科目；按照基建账中“基建投资借款”“应付工程款”“其他应付款”等科目余额，贷记新账中“其他应付款”科目；对基建账中“基建拨款”科目余额进行分析：按照归属于财政拨款结转结余 的部分，贷记新账中“财政拨款结转”“财政拨款结余”科目，按照归属于工会资金结转的部分，贷记新账中“工会资金结转”科目；按照基建账中“建筑安装工程投资”、“设备投资”“待摊投资”“预付工程款”“交付使用资产”等科目余额，贷记新账中“资产基金”科目相关明细科目；按照基建账中其他科目余额，分析调整新账中相应科目；按照上述借贷方差额，贷记或借记新账中“工会资金结余”科目。

基建并账后，工会可以通过在新账有关会计科目下设置与基本建设项目相关的明细科目或增加标记，或设置基建项目辅助账等方式，满足基本建设项目竣工决算报表编制的需要。

工会将基建账并入新账时，应当编制记账凭证，将基建账各科目余额转入新账相关科目的依据作为原始凭证。

六、财务报表新旧衔接

（一）编制2022年1月1日资产负债表和国有资产情况表。

工会应当根据2022年1月1日新账的会计科目余额，按照新制度编制2022年1月1日资产负债表和国有资产情况表（仅要求填列各项目“年初余额”）。

（二）2022年度财务报表的编制。

工会应当按照新制度编制2022年财务报表。在编制2022年度收入支出表、成本费用表时，不要求填列上年比较数。工会应当根据2022年1月1日新账会计科目余额，填列2022年收入支出表的“年初资金结转结余”项目和财政拨款收入支出表的“年初财政拨款结转结余”项目。

附表：新旧制度会计科目对照表

附表

新旧制度会计科目对照表

序号	新制度会计科目		原制度会计科目	
	编号	名称	编号	名称
一、资产类科目				
1	101	库存现金	101	库存现金
2	102	银行存款	102	银行存款

续表

序号	新制度会计科目		原制度会计科目	
	编号	名称	编号	名称
3	111	零余额账户用款额度	111	零余额账户用款额度
4	121	财政应返还额度	112	财政应返还额度
5	131	应收上级经费	131	应收上级经费
6	132	应收下级经费	132	应收下级经费
7	135	其他应收款	121	借出款
8			135	其他应收款
9	141	库存物品	141	库存物品
10	151	投 资	151	投 资
11	161	在建工程	161	在建工程
12	162	固定资产	162	固定资产
13	163	累计折旧		
14	171	无形资产		
15	172	累计摊销		
16	181	长期待摊费用		
17	182	待处理财产损溢		
二、负债类科目				
18	201	应付职工薪酬	201	应付工资（离退休费）
19			202	应付地方（部门）津贴补贴
20			203	应付其他个人收入
21	211	应付上级经费	221	应付上级经费
22	212	应付下级经费	222	应付下级经费
23	215	其他应付款	211	借入款
24			225	其他应付款
25	221	代管经费	231	代管经费

续表

序号	新制度会计科目		原制度会计科目	
	编号	名称	编号	名称
三、净资产类科目				
26	301	资产基金	301	固定基金
27			302	在建工程占用资金
28			311	投资基金
29	311	专用基金	321	专用基金
30	322	工会资金结余	322	后备金
31	321	工会资金结转	331	结余
32	331	财政拨款结转		
33	332	财政拨款结余		
34	341	预算稳定调节基金		
四、收入类科目				
35	401	会费收入	401	会费收入
36	402	拨缴经费收入	402	拨缴经费收入
37	403	上级补助收入	403	上级补助收入
38	404	政府补助收入	404	政府补助收入
39	405	行政补助收入	405	行政补助收入
40	406	附属单位上缴收入	406	事业收入
41	407	投资收益	407	投资收益
42	408	其他收入	408	其他收入
43	411	动用预算稳定调节基金		
五、支出类科目				

续表

序号	新制度会计科目		原制度会计科目	
	编号	名称	编号	名称
44	501	职工活动支出	501	职工活动支出
45	502	职工活动组织支出		
46	503	职工服务支出	503	业务支出
47	505	业务支出		
48	504	维权支出	502	维权支出
49	506	行政支出	504	行政支出
50	507	资本性支出	505	资本性支出
51	508	补助下级支出	506	补助下级支出
52	509	对附属单位的支出	507	事业支出
53	510	其他支出	508	其他支出
54	521	安排预算稳定调节基金		

附录3

关于做好《工会会计制度》贯彻实施准备工作的通知

财办会〔2021〕29号

各省、自治区、直辖市、计划单列市财政厅（局），新疆生产建设兵团财政局，各省、自治区、直辖市总工会，中华全国铁路总工会、中国民航工会、中国金融工会，中央和国家机关工会联合会：

2021年4月14日，财政部修订发布了《工会会计制度》（财会〔2021〕7号），自2022年1月1日起在全国各级工会组织范围内施行。为了做好新制度贯彻实施的准备工作，现就有关事项通知如下：

一、统一思想，提高认识

修订后的新《工会会计制度》与原制度相比，在制定理念和具体内容等方面都作了调整完善。新制度借鉴政府会计改革的经验，适应了新时期工会业务发展的需要，全面体现了近年来工会财务管理的改革成果，有效满足了财政部门和不同层级工会会计主体的会计信息需求。新《工会会计制度》的发布实施，进一步完善了我国会计核算制度体系，必将有效促进各级工会组织统一核算标准，规范会计行为，强化会计监督，提升管理水平，对保障工运事业的健康发展和工会职能的有效发挥具有重要意义。

作为国家统一的会计制度的重要组成部分，《工会会计制度》具有其特殊适用性。各级财政部门和工会组织要充分认识《工会会计制度》修订实施的重要意义，统一思想、提高认识，深刻理解新《工会会计制度》的新内容新变化，准确把握新《工会会计制度》的新任务新要求，确保新《工会会计制度》平稳有效实施。

二、加强领导，明确责任

各级工会组织应当依据《中华人民共和国民法典》的有关规定，及时取得社会团体法人资格，依法承担独立使用管理工会经费的权利义务。工会主席作为各级工会组织的法定代表人，要认真落实《中华人民共和国会计法》关于“单位负责人对本单位的会计工作和会计资料的真实性、完整性负责”的规定，把新《工会会计制度》的贯彻实施作为一件大事来抓，加强对工会会计工作的组织领导，组织制定详细的实施方案，指导督促新《工会会计制度》有效实施。同时，健全会计机构，充实会计人员，加强基础管理，健全完善内部控制制度，加强会计制度实施与预决算管理的衔接，为新《工会会计制度》有效实施提供有力保障。上一级工会要加强对下级工会的会计业务指导，切实保证新《工会会计制度》的贯彻实施。

各级财政部门应当按照新《工会会计制度》的规定和要求，加强与各级工会组织合作，采取有效措施，认真做好制度实施的指导工作，依法对工会会计工作进行监督。

三、加强培训，全面覆盖

各级财政部门和工会组织应当加强配合，因地制宜开展培训。财政部、全国总工会负责省级工会财会干部的师资培训。在财政部、全国总工会的统一领导下，各级财政部门和工会组织要制定本地区、本系统的培训计划，认真组织新《工会会计制度》培训工作。要以新《工会会计制度》为依据，结合工会财务制度，逐级培训，扩大覆盖面，直至基层工会，使各级工会财会干部尽快熟悉和掌握新制度的各项规定和具体要求，高水平、高质量做好工会会计工作。

四、夯实基础，有效衔接

做好新旧会计制度衔接是贯彻实施新《工会会计制度》的关键环节。在2022年1月1日之前，各级工会组织要对现有资产和负债进行全面清查和盘点，明晰产权，完善记录，做好各项会计基础工作和新旧制度衔接的准备工作。

一是要清理核实和分类统计固定资产、无形资产、库存物品等资产数据，为准确计提折旧、摊销提供基础信息。

二是要根据国有资产和工会资产使用管理的相关规定，依法依规对毁损报废等资产进行处置，确保2021年12月31日前资产账实相符。

三是要及时清理往来款项，按照《中华全国总工会办公厅关于规范建会筹备金收缴管理的通知》（厅字〔2021〕20号）要求，对以前年度收取的长期挂账的建会筹备金进行全面清理；对上下级工会组织之间因经费缴拨关系形成的应收应付款项，要认真核对，及时办理缴拨款；对其他往来款项，要根据《工会经费呆账处理办法》（总工发〔2002〕20号）等有关规定，及时作出相应处理。

四是要严格基本建设会计账务管理，及时将已交付使用的建设项目转为固定资产等，按规定及时办理基本建设项目竣工财务决算手续，为基建账相关数据并入工会“大账”做好准备。

五是要梳理和分析结余资金的构成和性质，按新制度规定确定应转入新账的各类预算结转结余科目的金额。

六是要进一步核实代管经费的来源和性质，对于不符合新制度规定的代管经费，应当摸清底数，明确其核算要求，为转账工作做好准备。

在上述工作基础上，各级工会组织应当严格按照财政部发布的《工会新旧会计制度有关衔接问题的处理规定》（财会〔2021〕16号），做好新旧转账及调整工作，必要时可聘请会计师事务所等中介机构参与其中，确保新旧制度有序衔接、平稳过渡。

五、补齐短板，提升水平

原《工会会计制度》实施十多年来，通过各级财政部门和工会组织的共同努力，工会会计基础工作不断规范，工会系统财务管理水平明显提高。各级工会组织要以贯彻实施新《工会会计制度》为契机，勇于直面问题，补齐短板，做强弱项，进一步推进工会财会工作高质量发展。

（一）强化绩效管理意识。县级以上工会要切实增强绩效管理意识，加强对成本费用表的分析和应用。各级工会组织要牢固树立过紧日子思想，坚持勤俭办一切事业的工作方针，切实增强全成本观念，降低机构运行费用，最大限度地将工会经费直接服务职工群众。

（二）加强资产管理。新《工会会计制度》要求县级以上工会应当根据实际情况在资产类科目下设置“国有资产”“工会资产”明细科目，分别核算工会依法确认的国有资产和工会资产。各级工会组织要以增强公益性、服务性为目标，加强国有资产和工会资产的使用管理监督，理顺产权关系，严格执行国有资产与工会资产管理的相关规定，充分发挥工会服务阵地作用，确保国有资产和工会资产安全完整与有效使用。

（三）加强工会账户管理。各级工会组织要严格按照银行账户管理的有关规定，单独开立工会经费银行账户，确保工会经费独立核算、专款专用。各级财政部门、工会组织要加强对基层工会单独开立经费账户的指导，切实维护基层工会依法独立管理工会经费的职责。

（四）加强财会人员队伍建设。上级工会组织要加强对下级工会组织的领导，督促具备条件的基层工会设置会计机构，或者在内设机构中设置会计人员并指定会计主管人员；确不具备设置条件的，可以通过购买服务等方式委托经财政部门批准设立的代理记账机构代为办理会计事务，妥善解决基层工会财会力量相对薄弱的问题。

（五）大力加强工会财务信息化建设。全国总工会正在按照财务管理一体化建设的总体思路，积极推进工会系统财务信息化建设，工会财务管理核心业务将纳入全国工会财务管理一体化平台，相关业务规范和技术标准将陆续公布。各级工会特别是省级工会可根据本地区、本系统、本行业财务信息化建设的实际，加大投入力度，加快工作进度，加强财务信息化建设，进一步推进工会财会工作高质量发展。

财政部办公厅　全国总工会办公厅

2021年9月15日